KB203038

설교는 글쓰기다

들리는 설교에서 보이는 설교로 - **3**

김도인 지음

글과길

추천사

'한 송이 국화꽃을 피우기 위해 봄부터 소쩍새는 그렇게 울었나 보다'라는 시인의 시구(詩句)이다. 시인은 '대추 한 알에 태풍이 몇 개, 우레가 몇 개가 들어 있다'고 노래한다. 시인들의 메타포를 읽다 보면, 한 여름날의 태풍과 우렛소리가 들리는 듯하다.

얼마 전 교역자들과 함께 『네루다의 우편배달부』를 읽었다. 글씨만 겨우 쓸 수 있는 우편배달부 마리오는 질문한다. 메타포가 뭐에요? 메타포를 배운 마리오는 드디어 네루다처럼 시인이 된다. 시인이 되어 예쁜 아내를 얻는다. 그는 시인이 되어 무지한 민중을 일깨우기도 한다. 소설에서 평범한 사람을 위대한 사람으로 만드는 힘이 메타포 안에 있음을 읽었다.

김도인 목사는 신학대학원 동기이지만, 존경하는 분이다. 조국 교회의 목회자들을 너무나 사랑한다. 목회자를 돕는 일은 곧 하나님 나라를 세우는 일이라고 늘 강조한다. 저자의 집필한 책을 다

읽었다. 이번에 출간하는 『설교는 글쓰기다3』는 그 중 백미라고 생각한다. 이 책은 시대를 관통하는 이미지 시대에 최적화된 교본이기에 그렇다.

이미지 시대의 최고의 교본인 이 책을 읽는 많은 독자가 행복하게 설교하는 모습을 그려보며 기쁘게 추천한다. 이 책으로 조국 교회의 강단이 푸른 초장과 잔잔한 시내가 되기를 기도한다.

박윤성 목사 | 기쁨의교회 담임

김도인 목사의 『설교는 글쓰기다』가 출간되었을 때, 제목을 보자마자 무릎을 쳤다. 시대에 필요한 내용을 그 한 문장으로 정곡을 찔렀기 때문이다. 많은 설교자들이 종교개혁의 유산을 이어가려고 한다. 그렇다면 우리는 종교개혁자들보다 더 나은 메시지를 전하고 있을까? 500년 전보다 학력은 높아졌을지는 모르겠지만, 시대를 변화시키는 힘이 줄어드는 이유는 명료한 설교를 통한 소통이 부족하기 때문이다.

『설교는 글쓰기다3』를 한 문장으로 말한다면 '설교는 이미지다'이다. 16세기의 많은 예술작품들이 종교개혁자들의 설교를 통해 배출될 수 있었던 이유는 명확한 이미지를 기반으로 하고 있었기에 가능했다. 오늘날 설교의 여진(餘震)이 사라진 이유는 관념과 추상을 떠도는 모호함 때문일 것이다. 그런 면에서 '설교는 글쓰기다'라는 말이나 '설교는 이미지다'라는 말은 본질적으로 같다.

마음을 진동하는 설교를 원한다면 이 책을 읽고 따라해 볼 것을 권한다. 요즘 시대는 더 많은 지식을 쌓아서 성도들과의 간극을 드러내는 설교가 필요한 것이 아니라 명료함으로 소통해서 귀에 들리고 눈에 보이는 설교가 필요하기 때문이다.

박양규 목사 | 작가, 교회교육연구소 소장

안식년을 가지며 북미주 10개 교단 45개 교회를 탐방했다. 그때 받은 충격이 컸다. 형식이 길고 복잡할수록 젊은이들과 어린이들이 없다. 70대 이상의 노년들만 있다. 설교는 지식의 나열로, 너무 고리타분했다. 주위를 둘러보니 회중의 절반 이상은 딴 생각을 하는 듯 보였다.

젊은이들과 어린이들이 모이는 교회들도 있었다. 그러한 교회들은 예배와 설교가 이미지로 전달되어 영적 분위기가 하나님의 은혜로 그득했다. 예배와 설교의 전체적인 흐름에는 오감이 녹아 있었다. '새 포도주를 새 부대에'라는 예수님의 비유가 와 닿았다. '아하' 하는 깨달음으로 다가왔다.

지금은 이미지의 시대이고 영상의 시대이다. 설교를 이미지로 표현하고 영상처럼 들려지고, 보여 지는 설교를 해야 한다. 그러면 젊은 세대와 다음세대가 모여드는 교회가 된다.

김도인 목사의 『설교는 글쓰기다3』는 보이고, 들리는 설교를 하기 원하는 설교자들에게 큰 도움이 될 것이다. 이미지 글쓰기를 하고, 이미지 말하기가 된다면 목회는 새로운 파도를 넘어설 것이 틀림없다.

오늘 우리 시대에 예수님처럼 비유로, 은유로 보여지고, 들려지는 설교를 한다면 여전히 메마른 뼈들이 살아날 것이다.

이상갑 목사 | 산본교회 담임, 청년사역연구소 소장

세상이 격변하고 있다. 설교자는 변하는 세상을 알아야 한다. 세상 속에 살아가는 청중에게 설교를 해야 하기 때문이다. 바른 방향을 제시해야 하기 때문이다.

현대는 스토리를 지나 이미지 시대가 되었다. 설교자는 이제 이미지 시대에 맞는 설교를 해야 한다. 김도인 목사는 끊임없이 시대에 맞는 설교를 강조했다. 이에 맞춰 『설교 글쓰기다3』 책을 출간한다. 김도인 목사는 이렇게 말한다. "말의 시대에 '설교는 들려야 한다.' 이미지 시대에 '설교는 보여야 한다.' 설교가 들리는 것에 머무르면 안 된다. 청중에게 보여주어야 한다. 이미지 시대의 설교는 청중의 두 귀에 들리는 것을 지나 청중의 두 눈에 똑똑히 보여주어야 한다. 이미지로 보여주어야 하는 시대에 설교자는 '들리는 설교'를 지나 '보이는 설교'로 가야 한다."

20세기 최고의 기독교 사상가이자 베스트셀러 작가인 C.S 루이스도 "말하지 말고 보여주라."고 말했다. 한국교회는 코로나 19 이후 더 큰 위기를 맞고 있다. 교회의 위기는 설교의 위기다. 위기를 기회로 바꾸기 위해 설교가 달라져야 한다. 이미지 시대에 들려주는 설교를 넘어 보여주는 설교를 해야 한다. 보여주는 설교에 갈급한 설교자들에게 이 책은 귀한 마중물이 될 것이다.

이재영 목사 | 아트설교연구원 부대표

프롤로그

현대는 이미지 시대다

현대는 이미지 시대다. 유튜브 등 영상이 대세가 되었다. 근래까지 스토리가 강했다면, 지금은 이미지가 더 강한 시대다. 이미지가 대세라면 이미지에 관심을 가져야 한다. 글쓰기를 한다면 이미지 글을 써야 한다. '현대는 이미지 시대라고 한다. 그래서 글에서 이미지를 강조하고 많이 쓰는 것 같다. 예전에는 확실히 스토리가 강한 작품들이 더 많았다.'[1]

지금 사람들은 활자보다는 이미지인 영화, 유튜브, 드라마, 사진 등의 영상이나 그림에 더 익숙하다. 이미지 시대에 맞게 활자보다는 영상을 더 가까이한다. 책은 읽지 않고 동영상을 보느라 시간 가는 줄 모른다. '우리는 활자보다 이미지에 익숙한 시대에 살고 있다. 당연히 이미지의 대세는 영상이다.'[2]

설교자는 설교 글을 이미지로 써야 한다. 이미지는 가장 뛰어난 기록 수단이기 때문이다. '영상매체는 인간이 발명한 가장 뛰어난 기록 수단이다.'[3] 설교도 이미지로 기록해야 한다.

소비에서도 이미지가 대세다. '현대의 소비자들은 상품 자체를 소비하는 것이 아니라 이미지를 소비한다.'[4] 소비자가 상품을 소비하지 않고 이미지를 소비하는 까닭은 현대인들은 이미지를 통한 콘텐츠, 즉 이미지에 호의적인 반응을 보이기에 그렇다. '현대인들은 이미지 자체에 의존하는 경향도 강하고, 단순한 텍스트로 구성된 것보다는 이미지화된 메시지에 더 호의적인 반응을 보인다.'[5]

디지털과 인공지능으로 대변되는 이미지 시대이므로 세상은 이미지로 꽉 차 있다. 이미지로 꽉 차 있으니 청중은 이미지에만 몰두한다. '디토소비'라는 말이 있다. 이는 자신의 가치관에 맞춰 대리체가 제안하는 선택을 추종하는 소비를 말한다. 소비 가치관이 이미지이므로 청중은 이미지 글을 읽는 것이다.

이미지 글이 아니면 읽지 않는다. 대중은 기독교 글을 잘 읽지 않는다. 이는 통계로도 알 수 있다. 대한출판문화협회에서 2023년 4월 27일에 발표한 '2022년 출판시장 통계 보고서(수정 5.2.)'에 따르면 2022년 종교(기독교, 가톨릭, 불교) 관련 신간 발행 종수는 점유율 4.9%다. 여기서 신간 발행 부수의 점유율이 3.72%로 떨어진 것을 미루어 보면, 간접적으로 종교 글을 읽지 않는다는 것을 알 수 있다. 상황이 이럴진대 설교자도 이제 이미지 글로 승부해야 한다.

말의 시대에 '설교는 들려야 한다.' 이미지 시대에 '설교는 보여야 한다.' 설교가 들리는 것에 머무르면 안 된다. 청중에게 보여주어야 한다. 이미지 시대의 설교는 청중의 두 귀에 들리는 것을 지나 청중의 두 눈에 똑똑히 보여주어야 한다.

이미지로 보여주어야 하는 시대에 설교자는 '들리는 설교'를 지나 '보이는 설교'로 가야 한다. 만약 보이지 않으면 청중은 세상이 보여주는 곳, 보여지는 곳으로 빠르게 이동할 것이다.

보이지 않으면 방황한다

설교가 보이지 않으면 진리가 세상에서 방황한다. 청중은 길을 찾지 못해 발만 동동 구른다. 책 쓰기 여행을 태국 치앙마이로 갔다. 치앙마이 공항에서 택시를 타고 작은 호텔에 도착했다. 전날 호텔에서 메일이 왔다. 오후 8시까지만 직원이 있으므로 이후에 도착한 손님은 키를 박스에서 받아 입실해야 한다는 것이다. 그러면서 호스트는 친절하게 전화번호까지 알려주었다.

그동안 해외여행 숙소에서는 직원이 상주해 직원의 안내로 입실했다. 하지만 이번 여행은 작은 호텔이라 오후 8시 이후 투숙객은 호스트가 알려준 방식에 따라 입실해야 했다. 처음 겪는 일이라 난감하고 당황스러웠다. 보내진 메일에는 입실하는 순서에 따른 사진 9장이 첨부되어 있었다. 사진 9장의 순서에 따라 키를 박스에서 받아 현관문을 열고 숙소로 입실해야 했다.

9장의 사진을 보고 그에 따라 문을 열고자 했다. 호스트가 보내준 사진은 쉽게 다가오지 않았다. 결국 문을 여는 데 실패했다. 이때부터 호텔 입실을 위한 전쟁이 시작이었다. 30분 동안 문을 못열어 밤 11시가 넘어가 버렸다. 밤 11시가 넘으니 마음이 초조해지기 시작했다. 어둡기까지 하니 보내준 사진을 뚫어지게 쳐다봐도 알 수 없었다. 아주 작은 키 번호가 있었는데 작은 키 번호는 보이지조차 않아 핸드폰 손전등을 켜고 이리저리 돌려 번호를 맞추었다. 하지만 그다음이 문제였다. 동그란 것을 돌리라고 하는데 돌아가지 않았다. 이 방법, 저 방법 사용했지만 문맹치라 입실이 아득해져 갔다.

그때 한마디 말이 떠올랐다. '이 유심칩은 태국에서 15분 통화가 가능합니다.' 인천공항에서 유심칩을 구입할 때 직원이 던진 말이다. 그 말을 의지해 호스트에게 무작정 전화를 걸었다. 필자는 영어를 못한다. 호스트가 문장으로 물으면 필자는 단어로 대답했다. 때론 단어도 생각나지 않았다. 난관은 호스트의 영어가 전혀들리지 않는 것이었다. 그러니 대화가 될 리 만무하고, 대화가 안되자 먼저 전화를 끊었다. 어떻게, 어떻게 씨름하며 키 박스 안에 있던 키를 손에 쥐었다. 입실까지의 난관이 더 컸다. 대문 구멍에키를 넣고 아무리 돌려도 돌아가지 않았기 때문이다. 한참이 지난후 걱정이 되었는지 호스트가 눈을 비비며 나왔다. 호스트는 키를

문에 넣고 돌리지 않았다. 한곳에 키를 가져다 댈 뿐. 그러자 요술 램프처럼 문이 열렸다.

문이 열리자 기뻐 겨울옷과 목도리만 들고 2층 방으로 올라갔다. 방에 불을 켜고 숙소를 둘러보는데 누군가 '똑똑!' 문을 두드린다. 호스트가 무거운 캐리어(약 20킬로그램)를 끌고 올라왔다. 무거운 것을 들고 올라왔다고 생각하니 무척 미안하고 감사했다. 알려준 대로 했지만 보이지 않으니 문을 열지 못해 헤맸다. 반면 볼 수 있었던 호스트는 문을 손쉽게 열었다.

보여야 잠긴 호텔 문을 열 수 있다. 설교도 보여야 청중이 하나님을 만날 수 있다. 설교는 청중에게 보여야 한다. 만약 설교자가 청중에게 설교를 보여주지 않으면, 들은 말로 하나님을 만날 수 없다. 하나님을 만나는 문을 열 수 없다. 그저 한없이 헤매는 신앙생활이 이어질 뿐이다. 반대로, 보여주면 헤매지 않는다. 보인 말씀을 삶으로 살아낸다.

보이야 하는 시대, 설교가 청중에게 선명하게 보여야 한다. 보이지 않으면 헛수고다. 이미지 시대인데 청중은 한없이 헤맨다. 찾고 있는 진리로 들어가지 못해 당황하고 발발 동동 구른다.

경전과 고전은 비유로 가득 차 있다

왜 지금도 청중에게 성경이 먹히는가? 이미지 글이기 때문이다.

설교가 청중으로부터 외면받고 있는가? 이미지 글이 아니기 때문이다.

성경을 포함해 경전은 이미지 글의 대명사다. 경전은 이미지로 가득 차 있다. 경전 중의 경전인 성경은 이미지 글로 넘쳐 난다. 특히 비유로 꽉 차 있다. 이외수는 『글쓰기의 공중부양』에서 수사법을 가장 적절하고도 다양하게 활용한 문장을 보고 싶다면 지상 최대의 베스트셀러로 알려진 성경을 읽으란다. 성경은 가장 다양한 수사적 표현들을 소장하고 있기 때문이다. 그는 '성경은 한마디로 수사법의 표본실'이라고 말한다.[6] 성경이 수사법의 표본실이라면 설교자는 수사법 중 비유를 능통하게 사용할 수 있어야 한다. 이미지 글인 비유를 사용해 이미지 글을 써야 한다. 수사법은 효과적, 미적, 표현을 위해 문장과 언어를 꾸미는 방법이기에 그렇다.

예수님은 설교를 비유로 했다. 비유를 사용해 하나님 나라를 선포했다. 비유가 아니면 말씀하지 않으실 정도였다. '예수님은 비유가 아니면 말씀하지 않으셨을 정도로 예수님의 말씀은 비유로 가득 차 있다.'[7] 이제 설교자인 우리가 비유를 사용해야 한다.

성경만 비유로 가득 차 있는 것은 아니다. 소크라테스, 플라톤, 노자, 장자, 불경 등도 비유로 가득 차 있다. 경전과 고전이 비유로 가득한 것은 우연이 아니다. 비유가 보이지 않는 세계, 진리의 세계를 선명하게 조명해 주는 데 최적이기 때문이다. '비유는 보이지 않는 세계, 진리의 세계를 선명하게 조명해 주는 힘이 있기 때문이다. 유독 경전들이 비유로 가득한 것은 우연이 아니다. 비유는 존재의 이동으로 새로운 의미, 정서적 충격, 새로운 예지 등 다양한 효과를 드러낼 수 있다.'[8]

성경, 경전, 고전이 비유를 적극적으로 사용한다. 비유는 경전을 설명하는 최적의 문학적인 도구다. 매주 일요일 아침 울려 퍼지는 찬송가를 생각해 보자. 굳건한 반석이시니 그 위에 내가 서리라에서 우리가 설 것은 우리가 반석이 아니라 반석과 같다는 뜻이다. 다른 찬송가에서는 기독교 병사들을 노래한다. '전쟁을 행진하는 병사들'에서 병사들은 진짜 병사들이 아니고 자신들의 종교적 서약이 병사의 서약과 비슷하다'는 뜻이다. 이처럼 설교자는 비유를 통해 설교해야 한다.

예수님이 비유를 사용해 설교했다면 설교자도 이미지 글의 최고인 비유를 사용해 설교해야 한다. 작가인 설교자는 비유로 설교해야 한다. 권대근은 '비유를 구사하지 못하는 사람은 문학가가 될 수 없다'[9]고 한다. 설교자는 설교 문학가다. 설교 문학가인 설교자는 비유를 설교에 사용해야 한다. 비유를 사용하지 못하면 설교자라고 말하기 곤란하다.

성경, 경전, 고전은 비유를 사용해 이미지를 효과적으로 전달해 준다. 론 로젤은 이렇게 말한다. "비유는 표현하고 싶은 이미지를 효과적으로 전달하는 방법 중 하나이다."[10] 비유에는 유익이 많다. 표현하고 싶은 이미지를 효과적으로 전달한다. 다른 것에 견주어 무언가를 깨닫게 한다. 성경을 비롯한 경전과 고전이 비유로 이미지를 보여준다면 설교자도 비유로 청중을 향한 설득력을 높여야 한다.

비유가 청중을 변화시킨다

비유가 청중을 변화시킨다. 예수님은 비유로 청중을 세상 자녀에서 하나님의 자녀로 변화시켰다. 청중이 변화되자 청중이 예수님 따르기를 즐겨했다. 하지만 설교자가 설교를 1주일에 10회 이상 하는데 청중이 변화되지 않는다.

설교자들이 하는 말 중 하나가 '청중이 그렇게 설교를 많이 듣는데 왜 변화되지 않나?'다. 첫째는 청중을 분석하지 않은 결과다. 둘째는 설교가 1순위가 아닐뿐더러 설교에 목숨 걸지 않기 때문이다. 셋째는 신학과 인문학이 조화를 이루지 못했기 때문이다. 넷째는 시대가 원하는 설교를 하지 못하기 때문이다.

설교가 청중에게 전달되게 하려면 설교자는 시대 변화를 읽어야 한다. 이장연은 『청중분석과 설교』에서 이렇게 말한다. "급변하는 시대의 변화를 읽을 줄 알아야 한다. 급변하는 시대를 살아가는 사람들에게 중요한 것은 그들의 언어로 복음을 선포해야 된다는 것이다."[11]

설교자는 현대가 이미지 시대인 것을 읽어야 한다. 이미지 시대이므로 이미지 설교를 해야 한다. 비유로 이미지 설교를 해야 한다. 예수님처럼 비유를 사용해야 한다. 하지만 설교자는 이미지인 비유를 사용하지 않는다. 비유를 사용하지 않으니, 이미지로 설교한 예수님과 이미지로 설교하지 못한 설교자의 차이가 확연하다.

청중은 예수님의 비유를 듣고 변화를 받았다. 비유로 청중의 무장을 해제시켰기에 그렇다. "비유는 상대방을 무장해지시킬 수 있는 강력한 도구임이 틀림없다. 더불어 비유를 잘 쓰면 상대방에게 '통찰력이 있다', '이 사안을 완전히 장악하고 있다'는 인상을 심어 줄 수 있다. 대가는 어려운 내용을 쉽게 설명하는 법이다."[12]

우리가 청중을 변화시키려면 성경 주해만 할 것이 아니라 청중을 무장해제시키는 비유를 사용해야 한다.

예수님이 비유를 사용한 것은 비유가 청중을 변화시키는 숭고한 언어인 것을 알았기에 가능했다. '비유는 숭고한 언어'[13]로 청중 변화에 강력하다. 비유가 변화에 강력하니 청중이 비유로 전한 말씀을 듣자마자 말씀에 굴복한다. 청중은 말씀에 굴복당한 뒤라면 예수님 따르기를 주저하지 않는다. 당시 이스라엘 인구가 8만 명 정도에 불과했는데 한 번에 5,000명이 따랐다면 비유의 힘이 얼마나 강력한가?

비유로 사람을 변화시킨 예는 예수님뿐만이 아니다. 안토니오 스카르메타의 소설『네루다의 우편배달부』도 비유로 청중 변화의 강력함을 말한다.『네루다의 우편배달부』의 주인공 마리오가 은유로 베아트리스의 엄마인 루시의 극심한 반대를 뚫을 수 있었던 것은 비유의 강력한 힘으로 말미암는다. 주인공 마리오는 삶에서 소중한 것은 전부 은유를 통해 얻었다. 그리고 전혀 새로운 사람으로 다시 태어났다.『네루다의 우편배달부』는 한마디로 비유가 지닌 마술과 같은 기능과 놀라운 힘에 관한 이야기다.[14]

비유가 생각 이상으로 청중을 무장해제시킴으로 청중의 삶을 변화시킨다. 비유가 어떻게 사람을 설득해 변화시키는가? 다음과 같은 비유의 4가지 효과로 인한다.[15]

첫째, 쉽고 빠르게 설명해 준다.

둘째, 난해한 내용과 복잡한 내용 및 알 수 없는 내용을 이해하기 쉽게 전달해 준다.

셋째, 독자의 상상력을 풍성하게 만들어 준다. 단어가 곧바로 이미지화한다.

넷째, 뜻을 강조해 준다.

비유는 청중을 무장해제시킨다. 청중을 변화시킨다. 그것은 설교를 들은 청중에게 선명한 이미지를 남겼기 때문이다.

이미지가 청중을 변화시킨다

대표적인 이미지 글인 비유가 청중을 변화시킨다. 비유가 청중을 변화시킨다면 이미지가 청중을 변화시킨다고 할 수 있다.

하나님의 말씀은 강력하게 청중을 완전히 새로운 사람으로 변화시킨다. 하나님의 말씀이 청중을 변화시키는 이유 중 하나가 이미지 글이기 때문이다. 어떤 말이냐가 효과가 있고 없듯이, 어떤 글인가도 효과가 있고 없다. 이미지의 글에는 청중을 변화시키는 힘이 있다.

설교의 목적은 청중의 변화에 있다. 청중 변화는 이미지 글로 된다. 청중을 변화시켜야 하는 설교자는 이미지 글을 써야 한다. 설교자가 이미지 글을 써야 하는 이유는 두 가지다.

첫째는 인간의 두뇌는 이미지를 사용해서 이해하도록 만들어져 있기 때문이다. 20년간 하버드 신학대학원(The Divinity School at Harvard University)의 전임강사로 글쓰기를 가르친 바버라 베이그는 인간의 두뇌는 이미지를 사용해서 이해하도록 만들어져 있다고 말한다. "인간의 두뇌는 감각적인 이미지를 사용해서 세계를 이해하도록 만들어져 있다. 세상에 태어난 이후로 인간은 끊임없이 감각을 통해 주변 세계에 관한 정보를 흡수하고 그 정보를 정신적인 이미지로 바꾼다. 원하기만 한다면 새로운 이미지를 창조하기 위해 창조적인 기능과 상상력을 동시에 작용하게 할 수 있다." [16]

인간의 두뇌는 이미지를 통해 세계를 이해시키도록 만들어져 있다. 인간은 흡수한 정보를 이미지로 바꾼다. 청중이 정보를 정신적인 이미지로 바꾼다면 설교자는 기필코 이미지 글을 써야 한다.

둘째는 청중이 원하는 설교는 설명적인 글이 아니라 이미지 글이다. 청중이 설교에서 원하는 것은 두 가지로, 이야기와 이미지다. 청중은 이야기를 좋아할 뿐 아니라 이야기 속에서 산다. 청중은 이야기 형식을 기억하고 꿈꾸며 이야기를 통해 자신의 가치관을 형성한다. 그리고 이미지가 될 때 기억한다. 청중은 이미지가 될 때 기억하므로 설교자는 이미지 설교를 해야 한다.

이 책의 구성은 이렇다

이 책은 여섯 챕터로 구성되어 있다.

Chapter 1은 설교자가 왜 이미지 글을 써야 하는가를 설명한다. 이미지가 이마골로기(imaglogy)가 되었으므로 설교자는 이미지 글로 청중에게 전달해야 한다. 이미지 글로 전달하려면 설교자가 왜 이미지 글을 써야 하는지 그 당위성을 다룬다.

Chapter 2는 '묘사'가 무엇인지 구체적으로 다룬다. 묘사가 이미지이므로 보여주는 설교를 하려면 묘사를 해야 한다. 묘사를 통해 어떻게 이미지를 만들며 보여주는 묘사는 어떻게 하는 것인가, 청중의 마음을 빼앗는 묘사는 무엇인가에 대해 다룬다.

Chapter 3은 묘사하는 방법을 다룬다. '말하기'와 '보여주기'의 차이, 세부적인 묘사, 생생한 묘사를 다룬다.

Chapter 4는 이미지 글쓰기란 무엇인지 상세하게 다룬다. 이미지 글은 청중에게 설교를 보여준다. 보여주는 글이 청중의 마음을 빼앗는다. 그 실례가 성경이라는 것을 다룬다.

Chapter 5는 이 책의 핵심으로 이미지 글을 쓰기 위한 네 가지 방법을 다룬다. 구체적으로 쓰는 법, 함축적으로 쓰는 법, 상상력으로 쓰는 법, 감각적으로 쓰는 법을 다룬다.

Chapter 6은 이미지 글쓰기의 정수인 예수님의 비유와 비유 중 한 방법인 은유를 구체적으로 다룬다. 은유에 어떻게 청중이 압도당하는지를 다루고, 이미지 글보다 1,000배 더 효과가 있는 예수님의 비유를 다룬다. 예수님의 비유 중 '한 단어' 비유, '두 단어' 비유를 예로 들어가며 효과를 입증한다.

이 책을 쓰기 위해 오랜 시간 준비가 필요했다. 영상 시대에 이미지 글쓰기의 중요성을 알기 원하는 심정으로 이 책을 썼다.

이 책은 들리는 설교에서 보여주는 설교로의 전환을 촉구한다. 말의 시대에 '들리는 설교'에서 영상의 시대를 맞아 '보이는 설교'여야 한다고 처절하게 절규한다.

기독교는 이미지 종교다. 예수님처럼 강력한 설교를 하려면 묘사, 은유, 비유를 사용해 이미지로 설교해야 한다. 이미지로 설교할 때, 이미지 시대에 맞게 보이는 설교를 할 수 있다. 보이는 설교를 할 때 교회 강단을 물론, 한국 교회의 미래까지 책임진다는 사명감으로 이 책을 집필했다.

목차

Chapter 1

왜 이미지
글쓰기인가?

설교는 글쓰기다 3

이미지가 세상을
지배하고 있다

이미지 시대다

현대 사회는 이미지에 지배당한다. "이미지가 지배하는 현대 사회다"[17]라는 말에서 알 수 있듯이 이미지와 현대 사회는 한 묶음이다.

아날로그 시대가 활자 시대라면, 인공지능 시대는 이미지 시대다. 디지털과 인공지능 시대에 들어선 후 글자보다는 그림과 사진, 영상 즉, 이미지가 부각되었다. 이미지가 부각되니 청중이 이미지에 매료되어 살아간다. 청중은 이미지 시대에 맞게 활자보다 이미지에 더 친숙하다.

"생각해 보면 화면에서 가장 많은 비율을 차지하는 게 벽지잖아요. 저나 박찬욱 감독님이나 류성희 미술감독님은 정말로 사실적인 이야기에는 관심이 없는 거예요. 평소에 쓰지 않는 벽지를 바르면서 이 세계는 조금 다르다는 것을 사람들에게 보여주고 시작하고 싶은 거죠. 환상적인 세계지만 그것을 순간적으로 받아들이게 하는 시각적 요소를 좋아합니다."

tvn 드라마 '작은 아씨들'의 극본을 맡은 정서경 작가가 「씨네21X한겨레21 DRAMA WRITERS」 1397호 인터뷰에서 한 말이다.

청중이 이미지에 친숙하고 좋아한다면, 설교자는 이미지로 청중에게 다가가는 것에 스스럼없어야 한다.

디지털 시대, 인공지능 시대의 청중은 읽기 힘든 활자를 거부부터 한다. 책도 활자로 된 책이 덜 팔린다. 청중이 활자를 거부하는 시대가 오니 2023년에는 기독교 책이 2022년도보다 훨씬 덜 팔렸다.

청중은 힘든 활자를 읽기보다는 누워서 편하게 시청할 수 있는 동영상으로 이동했다. 청중이 동영상으로 이동하는 이유가 있다. 동영상은 시청할 때 노력을 기울일 필요가 없기 때문이다. 깊이 생각할 필요조차 느끼지 않는다. 힘들게 의미가 무엇인지 고민하지 않는다. 동영상을 시청해도 나름의 지식과 정보를 얻는다. 기대한 것 이상 나름의 행복도 누린다. 자신을 최고로 행복하게 만들어 주는 영상과 이미지를 마다할 청중은 없다.

디지털, 인공지능 시대는 이미지 시대로 전환됐다. 이미지가 대세가 되어, 이미지가 세상을 지배하고 있다. 설교도 직선적인 말이 아니라 입체적인 말, 즉 이미지로 말해야 한다. 이미지 시대는 설명 글이 아니라 이미지 글로 써야 한다. 들리는 글에서 보여주는 글로 전환해야 한다.

이미지의 효능이 강력하다

이미지의 효과는 생각보다 강렬하다. 청중은 자신을 강력하게 끌고 가는 이미지에 몸과 마음을 맡긴다. 청중이 이미지에 몸과 마음을 맡길 만큼 좋아하는 이유는 심플하다. 이미지는 사물로 그린 그림이며, 이미지는 심상이며, 이미지는 상상케 하기 때문이다. 이세 가지를 하나씩 살펴보자.

첫째, 이미지는 사물로 그린 그림이다. '이미지를 흔히 사물로 그린 그림이라고 한다. 이미지가 사물로 그린 그림임을 성립시키기 위해서는 필연적으로 사물과 만나는 감각적 작업이 선행되어야 하는데, 이 작업이 감각적 체험에 의존되어 있다고 보면 이미지는 감각적 체험의 산물이란 이치가 성립된다. 고로 감각적 체험과 이미지가 동의어는 아니지만 해석상의 원리로서는 같은 맥락의 연계성이나 상보적 상관성을 갖게 된다."[18]

어떤 청중도 이미지를 대표하는 그림 감상을 마다하지 않는다. 동영상인 영화 관람을 마다하지 않는다. 사물로 그린 그림이나 동영상을 감상하면 기쁨의 시간으로 만들 수 있으니 마다하지 않는 것이다.

이미지가 사물로 그린 그림이 되려면 조건이 있다. 대상이 있어야 한다. 대상이 있어야 언어로 표현이 가능해진다. '이미지란 사물로 그려지는 대상, 즉 사물이 있어야 한다. 그것이 나무이건, 강이건, 사람이건 간에 1차적으로 경험함으로써 이 경험을 고리로 엮어내는 기능인 상상력[19]을 동원, 언어로 재생할 수 있는 것이다. 이 점에서 이미지는 체험의 산물이고, 체험을 성립시키는 대상 존재나 대상 사물에 의해 떠올리는 상상의 산물이라고 할 수 있다. 달리 말하면 관념으로 드러내는 것을 체험으로 드러낸다는 뜻이다.'[20]

그림을 감상하면 체험으로 나타난다. 마찬가지로 이미지를 감상하면 생생한 체험이 발생한다. 이미지가 체험케 한다면 설교자는 이미지 시대에 사물과 만남이 이루어지는 설교를 해야 한다. 설교에서 사용한 사물을 이미지가 되도록 만들어야 한다.

둘째, 이미지는 심상이다. 이미지가 사물로 그린 그림이라면 다음으로 이미지는 청중의 마음에 구체적으로 떠오르거나 감각적으로 느껴 만들어진 영상이다. 이처럼 청중의 마음에 영상화된 이미지는 청중의 감각에 작동된다. 감각적으로 다가오는 이미지에 청중은 마음이 끌린다. 박진환은 『당신도 시인이 될 수 있다』에서 '이미지는 심상이다'라고 말한다. "이미지에 대한 설명은 여러 가지로 제시되고 있다. 흔한 말로 이미지를 심상이라고 한다. 이는 어떤 인상이 마음에 새겨져 있다는 뜻인데, 흔히 사물로 그린 그림이라고도 하고 말로 만들어진 그림, 혹은 언어의 회화라고도 한다."[21]

심상이란 감각기관에 대한 자극 작용 없이 마음속에 떠오르는 영상을 말한다. 이미지가 심상이 된다면 설교자는 이미지를 적극적으로 사용해야 한다. 청중이 이미지로 된 설교를 듣는 순간 그 마음속에 느껴진 그림을 스스로 그리는 것처럼 좋은 게 없다.

셋째, 이미지는 상상케 한다. 청중은 이미지가 다가오면 머릿속에 나름의 그림을 그린다. 그림 그리는 장소는 마음이다. 마음의 내면에서 무한한 상상을 시작하며 그림을 그린다. 만약 설교일 때 청중은 하나님을 향한 은혜, 감격, 충성에 대한 상상의 나래를 편다.

청중은 외부에서 자극받으면 내면에 상상이 시작된다. 음악을 들으면 음악가가 어떤 상황에서 작곡했는가를 상상한다. 음악은 언어 장벽 없이 청중의 내면에 큰 영향을 미치는 장르이기 때문이다.[22] 음악은 언어나 문법도 필요 없이 곧바로 청중의 무의식으로 들어간다.

책을 읽으면 독자는 책 내용을 상상하기 시작한다. 상상이 시작되면 청중 내면에 무시할 수 없는 영향이 미쳐진다. 설교도 마찬가지다. 설교자의 설교를 들으면 청중은 설교가 이미지로 다가온 순간, 하나님의 놀라움을 상상하기 시작한다.

언론인 리프만은 '이미지는 어떤 대상에 대해 갖는 머릿속 상상의 그림이다'라고 한다. 이미지가 머릿속 상상의 그림이라면, 청중은 이미지로 다가온 설교를 머릿속으로 하나님의 현재 역사와 미래 역사를 넘나들며 놀라운 상상을 시작한다.

이미지의 효력은 강력하다. 설교가 이미지일 때 청중에게 강렬한 이미지를 남기니, 설교는 이미지여야 한다. 또한 설교가 이미지여야 하는 이유는 청중은 이미지로 전달된 설교에만 듣겠다는 반응을 보이기 때문이다.

청중은 이미지에 설득당한다

청중은 이미지에 설득당한다. 이미지에 설득당한 청중은 이미지를 최고조로 활용한다. 유튜브, 틱톡, 숏폼, 릴스 등을 활용한다.

세상은 영상으로 뒤덮였다. 반면 설교자는 영상을 활용할 줄 아는 정도에 머무른다. 설교자도 영상으로 세상을 뒤덮어야 한다. 먼저 이미지로 뒤덮어야 한다. 성경은 이미지로 세상을 뒤덮었다. 설교자도 이미지로 세상을 뒤덮어야 한다. 그러면 이 세상을 하나님으로 뒤덮을 수 있다. 예수님은 이미지로 세상을 뒤덮었다. 설교자도 이미지로 세상을 뒤덮어야 한다. 이미지 시대 전에는 활자가 제 역할을 했다. 그러나 이미지 시대에 활자는 이미지 보조 역할에 머무른다. 이젠 활자를 이미지로 만들어야 한다. 설교도 성경처럼 이미지 글이어야 한다. 청중은 이미지에 설득당한다. 설교자는 청중 삶의 패턴 네 가지를 고민해야 한다.

첫째, 설교자는 지금껏 설교가 논리로 충분했다면 이제는 논리에 이미지까지 더해야 한다. 세상은 더 많은 것을 요구한다. 최근에는 장점과 단점이 함께 있는 인간을 원하지 않는다. '완전한 인간을 원한다. 바로 '육각형인간'이다. 육각형은 완벽이란 의미로 종종 쓰인다. 요즘 젊은이들은 외모, 학력, 자산, 직업, 집안, 성격, 특기 등 모든 측면에서 흠이 없는 '육각형인간'을 선망한다.'[23] 청중은 설교자에게도 마찬가지다. 논리적인 글뿐 아니라 이미지 글까지 쓰는 완벽한 설교자를 원한다.

설교는 1차적으로 논리적인 글쓰기다. 2차적으로 이미지 글쓰기다. 이미지 시대에는 논리적인 글쓰기는 물론 이미지 글까지 써야 한다. 이미지 글이어야 하는 이유가 있다. 청중은 이미지 글에 설복당하기를 즐겨한다. 온통 마음을 빼앗기기를 기뻐한다. 이미지 글에 마음을 내어주기를 주저하지 않는다.

둘째, 청중의 소비 패턴을 통해서 배워야 한다. 설교자는 상품 소비 패턴을 통해서 이미지의 중요성을 깨달을 수 있다. 생산자와 판매자가 소비자의 쾌락을 끌어내는 것은 논리가 아니라 이미지다. 소비자가 상품을 소비하는 것은 상품 자체가 아니라 이미지이기에 그렇다. 소비자의 욕망을 자극하는 것은 상품 자체가 아니고 이미지 그 자체다. 어떤 이미지냐에 따라 욕망의 자극 강도가 달라진다.

셋째, 대중소비사회에서는 의식이 이미지에 의해 지배당한다.

청중은 생각 없이 살지 않고 의식하며 살려 한다. 그 의식을 지배하는 것은 이미지다. 조동범은 『묘사』에서 이미지가 의식 작용에 지대한 영향을 미친다고 한다. '이미지는 우리가 감각하고 판단하는 상당수의 의식 작용에 지대한 영향을 미친다.'[24] 이에 그치지 않고 이미지는 의식도 지배한다. '의식 작용에 지대한 영향을 지나 의식을 지배하기까지 한다.'[25] 청중은 이미지에 의해 의식을 지배받는다.

청중은 논리를 처리하는 능력은 약하지만 패턴을 인식하는 능력은 놀라울 정도로 뛰어나다, '신피질은 기본적으로 거대한 패턴 인식기라는 것에서 더 선명해진다'라고 레이 커즈와일은 말한다. 대중소비사회는 욕망과 쾌락이 감각을 추구하므로 이미지를 즉흥적으로 채운다. '사유하지 않고 살아가는, 욕망과 쾌락이라는 감각을 추구하는 청중은 더 사물의 즉흥적인 이미지로 가득 채워지게 된다.'[26] 즉흥적인 이미지로 가득 채워지는 시대에 설교자는 더 적극적으로, 더 많이 이미지 글을 써야 한다.

넷째, 기독교는 이미지 종교다. 기독교는 오래전부터 이미지 종교였다. 교회 초기부터 이미지를 강조했다. 대표적인 것이 동방 종교다. 동방 종교는 한마디로 이미지 종교다. 기독교가 말씀의 종교라면, 동방 종교는 성화 같은 이미지 종교다. '성화상이 동방 종교의 교리를 모두 함축하고 있다.'[27] 말씀의 종교인 개신교, 예전의 종교인 가톨릭, 이미지의 종교인 동방 종교는 뿌리가 구약이다. 세

종교는 각기 다른 방식으로 지금까지 자리 잡고 있다.

동방 종교가 이미지인 성화상으로 2,000년 이상 올 수 있었던 것만으로도 이미지의 영향력을 가늠할 수 있다. 주후 8세기에 니케아 총대주교였던 레오파네스가 지은 성가는 동방 종교에서 성화성이 지닌 의미가 어떠함을 보여준다. '아무도 아버지의 말씀을 묘사할 수 없습니다. 그러나오, 테오토코스여! 그가 당신으로부터 육체를 취하셨을 때 그는 자신에 대해 묘사하는 것을 허락하셨습니다. 그리고 타락한 형상을 신적 아름다움과 연합함으로써 이전의 상태를 회복시키셨습니다. 우리는 말씀과 성화상으로 우리의 구원을 고백하고 선포합니다.'[28]

동방 종교는 이미지로 묘사했고, 이미지의 총제인 성화상으로 구원까지 고백한다. 동방 종교는 이미지 하나로 2,000년 이상 현존하는 힘을 보여주었다. 동방 종교가 이미지로 지금까지 이어져 왔다면, 이미지 시대에 설교자는 이미지로 설교해야 한다. 만약 설교가 이미지화되지 않는다면 설교는 헛된 수고다.

이미지로 설교해야 한다

이미지가 세상을 지배하고, 청중이 이미지에만 설득당한다면 설교자는 이미지로 설교해야 한다. 디지털, 인공지능 시대 청중의 삶은 이미지를 중심으로 돌아간다. 청중의 일상이 이미지 중심으로 돌아간다. 청중의 삶 주체가 이미지 중심으로 돌아간다.

설교는 말로 전달된다. 즉 활자로 전달되는 설교를 시대에 맞게 이미지로 만들어 전달해야 한다. 설교 글은 이미지 시대에 맞게 '이미지 언어', 곧 '그림 언어'가 돼야 한다.

무서운 것은 이미지는 일상만 점령하지 않았다는 것이다. 인간의 생각, 감각, 판단, 설득, 공감까지도 점령했다. 설교자에게는 세상에 빼앗긴 청중의 일상을 하나님께로 돌려야 할 책임이 있다. 하나님께로 돌리려면 설교를 이미지 글로 써야 한다. 이미지 글의 대표인 '묘사'와 '비유'로 써야 한다.

묘사는 쉽지 않고 어렵다. 하지만 묘사 글을 써야 한다. 그 방법은 소설과 시와 친숙해짐으로 답을 찾을 수 있다.

비유도 쉽지 않고 어렵다. 성경을 많이 읽고, 예수님의 설교를 분석하고, 이미지 글을 분석하고 연습해야 한다. 마지막으로 묘사 글쓰기, 이미지 글쓰기, 비유 글쓰기를 공부해야 한다.

02

이미지는
이마골로기가 되었다

이미지는 이마골로기(imagologie)다

시인 조동범은 이미지를 이마골로기라고 한다. '이마골로기는 이미지(image)와 이념(ideology)의 합성어다.' [29] 이마골로기라는 용어는 체코슬로바키아 소설가 밀란 쿤데라의 소설 『불멸』에 등장한다. 이마골로기란 '더 이상 논리적인 체계로 생각하고 말하고 행동하는 것이 아니라 감성적인 이미지에 지배를 받아 살아가는 존재'라는 뜻이다.

디지털, 인공지능 세상에서는 말이 아니라 이미지가 이마골로기가 되어 세상을 지배한다. 이에 이마골로기 시대에 설교도 이미지 글로 세상을 지배하려 해야 한다.

이마골로기 시대에는 청중이 더 이상 논리적인 체계로 생각하고 말하고 행동하지 않는다. 감성적인 이미지에 지배를 받아 살아간다. 논리적인 글에 머문 설교는 이미지 글로 전환해야 한다. 만약 이미지 글로 전환되지 않는다면 설교를 내려놓아야 할 수도 있다. 지금까지 해 왔던 단어를 설명하는 설교, 구절을 설명하는 설교로는 씨알도 먹히지 않기 때문이다.

당장 랄프 왈도 에머슨이 한 고민을 설교자도 해야 한다. 랄프 왈도 에머슨은 보스턴에서 1840년 12월 4일에서 그다음 해 2월 12일까지 설교하고 난 후 이런 글을 썼다.

'아아, 슬퍼라! 도대체가 감동적인 순간이 있었는지 기억이 나질 않으니. 그저 좋은 얘기, 예쁜 얘기, 혹은 지혜가 들어 있는 얘기를 갖고 근엄하게 설교하고, 또 그렇게 준비하는 차갑고 기계적인 과정은 있었을지언정, 화살이 날아가 꽂히듯, 도끼로 내리치듯, 혹은 달콤한 과즙으로 적시는 듯한 순간도 없었고, 으르렁거림, 꿰뚫음, 사랑, 매혹의 순간도 없었구나!'

에머슨도 자신의 설교가 청중의 마음에 꽂히거나, 도끼로 내리치거나, 으르렁거림, 꿰뚫음이 없었다고 슬퍼한다. 이러한 고통으로 보스턴 제2교회의 부목사로 부임한 뒤 목회를 그만두었다.

설교자도 청중의 반응이 차갑다면 슬퍼하고 통탄해야 한다. 더욱 설교하는 것을 심각하게 고민해야 한다. 이럴수록 하나님을 더욱 의지해야 한다.

설교자가 자기 설교에 만족할 때는 화살이 날아가 꽂히듯, 도끼로 내리치듯, 청중의 가슴에 와닿았을 때다. 그럴지라도 '설교자들은 하나님의 말씀에 능력이 있음을 믿어 의심치 않아야 한다. 설교를 듣는 청중은 가나 혼인 잔치 자리에 놓여 있던 여섯 개의 빈 물항아리와 같다고 할 수 있다(요 2:1-11). 설교는 청중의 생각과 감정에 물을 채워주는 것이다. 그러면 어느 날 갑자기 기적이 일어나 물이 포도주로 변화된다. 설교자가 청중의 마음과 가슴에 와닿게 말씀을 증거한다면, 그것이 곧 빛을 비추는 것이고(고후 4:6, 시 119:130), 씨를 뿌리는 것이며(눅 8:1-15), 약을 주는 것이고(시 107:20), 날선 검을 휘두르는 것과 같고(히 4:12, 엡 6:17), 먹을 것을 주는 것이며(마 4:4, 벧전 2:2, 렘 15:16), 물을 주고(요 15:3, 엡 5:25-27), 거울을 보여줌으로써 사람들이 거기서 그리스도를 보고 또한 그의 형상대로 닮도록 하는 일이다(고후 3:17-18).'

이마골로기 시대에 설교자는 청중의 생각과 감정에 이미지로 넣어주는 설교를 해야 한다. 청중의 생각과 감정에 이미지를 넣어주면 말씀이 청중의 마음에 와닿는다. 말씀이 청중의 마음에 와닿게 하려면 마틴 로이드 존스 목사처럼 설교를 '불의 논리… 즉 불 붙어 있는 사람을 통해 전달되는 신학'이 되도록 해야 한다. 그의 '불타는 논리'는 비유를 사용해 이미지를 만들어낸 설교다. 그는 이미지 설교로 청중 가슴에 불을 붙였다. 이미지 설교는 청중의 가슴에 불을 붙인다. 이미지 설교가 청중의 가슴에 불을 붙이기에 이마골로기 시대의 설교자는 이미지로 설교해야 한다.

청중은 성경 주해, 성경 설명이 아니라 오로지 이미지에 지배받는다. 설교자는 이미지 글로 하나님의 말씀에 지배받게 해야 한다. 마틴 로이드 존스 목사처럼 이미지 설교를 할 때 청중의 가슴에 말씀의 불이 타오른다.

이미지는 이데올로기만큼 강력하다

이미지는 이제 더 이상 논리적인 체계로 생각하고 말하고 행동하는 것이 아니라 감성적인 이미지에 지배를 받아 살아가는 존재인 이마골로기가 되었다. 이미지는 이데올로기만큼 강력해졌다. 이데올로기의 영향력은 강력하다. 청중은 이데올로기(이념)에 빠지면 헤어 나오지 못한다. 공산주의, 사회주의, 민주주의에 빠지면 그 이념에서 벗어나지 못한다. 특히 미약한 인간은 자신이 믿는 신념 체계 외에 다른 것을 받아들이기가 불가능에 가깝다.

이데올로기가 된 이미지는 청중의 생각, 행동, 삶까지 지배한다. 즉 이미지가 청중의 삶의 체계를 지배하므로 청중은 이미지 외에는 받아들이지 않는다.

이미지가 강력하게 작동되는 곳은 소비다. 현대의 대중소비사회는 모든 것을 이미지로 환원하여 감각화하며 자본의 이데올로기를 공고히 한다. '현대의 대중소비사회는 모든 것을 이미지로 환원하여 감각화하며 자본의 이데올로기를 공고히 하려고 한다. 이제 이미지로 대체되지 않는 것은 없다고 해도 과언이 아니다. 우리가 먹고 마시고 즐기고 소비하는 모든 재화는 실용적 사물이 아닌, 무형의 이미지라는 환영으로 자신의 실체를 드러낸다. 당연히 우리가 소비하는 이미지는 단순히 재화의 성격을 보여주는 물질적인 기표로만 기능하는 것이 아니다. 대중소비사회의 이미지는 물질적 기표가 전달하는 단편적인 기호의 성격에 머물지 않는다. 이때 이미지라는 기표는 그 안에 복잡다단한 기의를 내재함으로써 치밀하게 조직화되기 마련이다. 이미지는 우리의 욕망을 자극하여 물질적 욕망으로 치환되기도 하고, 원초적인 욕망을 통해 쾌락을 재현하기도 한다. 그곳에 깊이를 담보하는 사유는 이제 쓸모없는 존재로 전락하게 된다. 그럼으로써 대중소비사회의 이미지는 점점 더 강력한 괴물이 되어 가기에 이른다.' [30]

현대 사회가 이미지를 공고히 하면 시간, 공간, 직종에 관계없이 이미지는 괴물이 된다. 설교자는 괴물이 된 이미지를 설교에 활용해야 한다. 이미지로 설교해 청중의 마음에 파고들어야 한다. 청중이 하나님의 말씀에 가슴이 뛰도록 해야 한다.

이미지가 세상을 지배한다

이마골로기가 된 이미지는 이데올로기만큼 강력해졌다. 그러니 이미지가 세상을 지배하는 것은 당연하다. 세상이 이미지에 지배당하고 있다. 청중이 이미지에 지배당하고 있다. 설교자는 세상 이미지에 지배당한 청중을 설교에 지배당하도록 해야 한다. 설교로 지배당하도록 하려면 살아 있는 하나님의 말씀과 이미지를 결합시켜야 한다.

청중은 악으로 찌든 세상이 아니라 진리 자체인 말씀에 지배당하길 바란다. 가치 있는 삶, 의미 있는 삶, 생명력 있는 삶을 원한다. 청중은 진즉 진리가 이미지로 전해진 설교에 지배당하길 원했다. 이미지가 치상의 무기인 이마골로기 시대에 살고 있는데 정작 이미지 설교가 아니니 설교는 철저히 외면받고 있다.

현재 한국 교회 강단은 어떤가? 이미지가 아닌, 주해와 단어, 구절 설명 등으로 채워져 있다. 그 결과, 강단이 점점 초라해지고 있다. 여기에 그치지 않고 교회가 급격하게 쇠퇴하고 있다. 이럴 때 교회는 뉴디맨드 전략으로 선재적 대응을 해야 한다.

교회는 선재적 대응을 한 적이 없다. 들리는 설교의 시대에 설명적인 설교를 했다. 보이는 시대에 설명의 설교와 들리는 설교를 하고 있다. 선재적 대응 차원에서 이미지 시대에 맞게 이미지로 설교해야 한다.

변하지 않으면 쇠퇴한다. 쇠퇴가 지속되면 소멸된다. 변하지 않으면 결국 사라진다. 트렌드에 대한 청중의 관심은 지대하다. 『목회 트렌드 2024』, 『한국 교회 트렌드 2024』, 『트렌드 코리아

2024』,『대한민국 교육트렌드 2024』,『부동산 트렌드 2024』,『머니 트렌드 2024』 등 트렌드를 읽지 않으면 안 되는 시대다. 이런 책들은 변하지 않으면 안 됨을 분명하게 말해준다.

한때 노트북의 대명사로 불리던 일본 도시바가 결국 상장 폐지됐다. 전자왕국의 시대를 열었던 일본 전자제품이 노트북, 스마트폰 등 IT 제품으로 넘어오면서 몰락의 길을 걷고 있다. 변하지 않았기 때문이다.

강단도 변하지 않으면 쇠퇴한다. 강단은 30년째 거의 변하지 않았다. 원 포인트 설교 시대에 여전히 쓰리 포인트로 설교한다. 보이는 시대에 여전히 주해 중심 일색이다. 변화가 필요할 때 변하지 않으면 암 덩어리처럼 딱딱해져 결국은 사라진다.

지식이 짧은 시대에는 성경 설명으로 충분했다. 그러나 고도로 지식화된 인공지능 시대, 이미지가 이마골로기가 된 시대에는 설명 대신 이미지 글로 설교해야 한다.

아날로그 시대에는 교회가 세상을 이끌었다. 디지털, 인공지능 시대에 교회는 세상을 뒤따라가고 있다. 뒤따라가기도 버거우니 이제 교회는 급격하게 수직 낙하하고 있다. 강단도 변하지 않으니 설교도 청중으로부터 외면받고 있다

과거 경쟁률이 10대 1도 넘었던 신학교는 정원도 채우지 못하고 있다. 2024년도 총신대학교는 목회학 석사 과정 신입생 343명(특별전형 포함)을 모집했으나 지원자는 321명에 그쳤다. 1980년

개교 이래 첫 미달을 기록한 것이다. 2023학년도 신학과 정시 모집에서 목원대·칼빈대·협성대·고신대 등도 정원 미달이었다.

다음세대가 없는 교회가 중형 교회까지 확대되고 있다. 작은 교회 10개가 연합해야 다음세대 수련회를 할 수 있을 정도다. 시대의 흐름을 읽지 못하면 앞으로 어떤 상황을 맞을지 모른다. 교회가 세상의 변화에 앞장서야 한다.

팬데믹이 되자 세계가 어려움에 처했다. 팬데믹이 끝나자 세상은 회복했다. 그러나 교회는 팬데믹 여파에서 아직 헤어 나오지 못하고 있다.

교회는 변화의 시대에 그 중심에 있어야 한다. 시대의 흐름을 무시하면 큰일 난다. 일본 전자제품이 시대의 흐름을 무시해 몰락했다. 교회도 시대의 흐름을 무시해 급격하게 쇠퇴하고 있다. 세상의 흐름을 무시하니 교회 콘텐츠는 고리타분해졌다. 반대로 세상 콘텐츠는 현대적이다. 청중은 늘 새로운 것을 찾는다. 청중은 새로운 현대적 콘텐츠에 열심히 클릭한다.

옛날에 최고였던 교회 콘텐츠는 21세기에 바닥으로 추락했다. 교회의 대표적인 콘텐츠는 설교와 책이다. 설교와 책은 세상의 강연과 세상의 책과 경쟁조차 되지 못한다.

세상은 이미지 글로 가득 차 있다. 반면 설교자는 이미지 글쓰기에 관심조차도 없다. 글쓰기는 교회에서 천대받고 있다. 들리는 설교도 마스터하지 못했다. 그런데 이제는 보이는 설교, 이미지 설교를 해야 하니 교회의 미래는 불 보듯 뻔하다. 청중은 이미지 강의를 원하는데 이미지 설교자가 거의 없다. 이미지 글이 아니라 이미지 사진 몇 컷, 짧은 영상을 보여줄 뿐이다.

교회 쇠락의 주범은 설교다. 설교자는 교회 쇠락의 주범을 청중이라고 한다. 즉 설교를 받아들이는 청중의 마음가짐이 문제라고 한다. 그러나 이제는 이미지 시대다. 이미지가 세상을 지배한다. 청중은 이미지의 매력에 빠졌다. 그러므로 설교는 당연히 이미지여야 한다.

이미지가 생각하는 청중으로 만든다

설교가 왜 이미지여야 하는가? 청중이 이미지 설교를 들은 후 생각하게끔 하기 위함이다. 설교가 이미지면 청중은 이미지 설교와 부딪히는 순간, 들은 설교를 생각하기 시작한다. 설교가 이미지가 아니면 들은 뒤 10분도 지나지 않아 들은 설교 내용은 하나도 생각나지 않는다. 많은 말을 들은 것 같은 느낌뿐이다.

청중은 들은 설교를 마음에 새기기 위해 생각하고 싶어 한다. 그러나 오늘날의 설교는 아무리 들어도 아무런 생각도 나지 않는다. 이미지가 아니었으니 당연하다. 청중이 설교를 들었는데, 생각나지 않으면 설교를 들었다고 여기지 않는다. 귀에 들린 설교만 설교라고 생각한다. 이미지로 그림이 그려진 설교만 설교라고 생각한다.

청중은 활자로 생각하지 않는다. 이미지로 생각한다. 워렌 W 위어스비도 청중은 생각을 이미지로 한다고 말한다. '우리는 언어로 말하고 쓴다. 하지만 생각할 때는 언제나 영상이나 그림을 통해서 한다.'[31]

청중이 생각을 이미지로 한다면, 설교는 이미지 글이어야 한다. 이미지 글이 아니면 생각할 씨앗이 없다. 설교자는 청중이 그렇게 설교를 많이 듣고도 변하지 않는다고 하소연하기 전에 이미지로 생각할 단초를 주었는가를 고민해야 한다.

설교자는 이미지 글로 청중을 생각하게 만들어 주어야 한다. 이미지의 힘은 청중의 생각, 공동체의 조직 체계, 국가의 운영 방향까지 지배할 정도다. 이미지는 단편적인 생각이나 사유를 만들어내는 데 그치지 않는다. 이미지는 현재는 물론 다가올 미래의 모든 영역에까지 영향력을 끼칠 것이다.

설교자는 삶의 전반에 영향을 미치는 이미지 설교로 청중을 하나님의 세계관으로 끌어들여야 한다. 이미지 설교로 사유하도록 만들어야 한다. '이미지가 그 자체로 하나의 사유를 만들기에 이르렀기에 그러하다.'[32] 이미지가 사유하도록 한다. 이는 사유하지 않은 것은 이미지가 아니라는 반증이다.

청중은 읽은 것, 들은 것, 본 것을 주위 사람들에게 말한다. 청중은 성경을 읽으면 성경 이야기를 한다. 그런데 설교를 듣고는 설교 이야기를 거의 하지 않는다. 왜 그럴까. 청중이 성경을 읽으면 성경 이야기를 많이 하는 것은 성경은 이미지로 쓰여졌기에 그렇다. 청중이 설교를 듣고 설교 이야기를 거의 하지 않는 것은 이미지 설교가 아니기에 그렇다.

이미지가 이마골로기가 되었다. 이미지만이 청중이 들은 설교를 생각나게 한다. 이제 설교자에게는 이미지 설교로 청중이 설교를 생각나도록 할 일만 남았다.

이미지 시대는 텍스트와
이미지가 결합돼야 한다

현대는 텍스트와 이미지가 결합되어 있다

현대는 텍스트와 이미지가 결합됨이 합당하다. 설교자들이 설교
를 할 때 텍스트는 물론 사진, 동영상 등 이미지도 함께 사용한다.
페이스북이나 인스타그램도 글이나 이미지만 따로 사용하지 않는
다. 글과 이미지를 결합해 사용한다. 현대 사회는 텍스트와 이미지
가 하나하나 독립적으로 존재하지 않고, 텍스트와 이미지가 하나
로 결합되어 있다.

요즘 대세는 융합[33]이다. 퓨전은 음식의 융합이다. 학문도 융합
이 필수다. 설교 글도 성경 주석만이 아니라 이미지 글까지 융합돼
야 한다. 즉 논리적인 글, 서사 글, 그리고 이미지 글을 써야 한다.

20세기는 성경 주석 한 가지만으로 설교가 충분했다. 그러나 21세기에는 이 한 가지로는 설득과 감동을 줄 수 없다. 결합하든, 융합하든 해야 한다. 설교 글도 텍스트 글과 이미지 글이 융합돼야 한다.

시인도 글과 그림을 융합한다. 시인은 시를 쓸 때, 글이 그림이 되도록 쓴다. 설교 글도 서술적이면서 동시에 이미지적이어야 한다. 세미오시스 연구센터의 『이미지, 문자, 해석』에서는 중세 텍스트와 이미지 관계를 이렇게 말한다. "과거 한 수사학 교본이 강조했던 바인 '시는 말하는 그림이어야 하며, 그림은 말 없는 시가 되어야 한다'는 말은 중세의 텍스트와 이미지 관계에서도 항상 재조명할 필요가 있다."[34]

중세 때부터 텍스트와 이미지가 결합되었다면 융합의 시대인 현대에 있어 텍스트와 이미지의 결합은 필수적이다. 설교의 텍스트는 성경이어야 한다. 동시에 이미지 글이어야 한다.

설명과 느낌의 결합이다

한국 교회의 설교는 설명이 주를 이룬다. 그 뜻이 무엇인가를 주해하고, 이해시켜 교훈을 주려고 한다. 결합해야 하는 때인 지금은 설명과 함께 느낌도 담아야 한다. 즉 논리적이고 동시에 공감적이어야 한다.

많은 설교는 성경의 단어와 구절 등 그 뜻이 무엇인가를 설명하려고 든다. 역사적 배경, 사회적 배경, 문학적 배경 등을 설명한다. 이것으로 부족하다. 그 위에 공감되는 이미지로 결합해야 한다.

설교자는 성경의 저자가 주는 메시지에 공감할 수 있도록 느낌으로 표현해야 한다. 설명만으로는 부족하다. 느낌만으로도 부족하다. 둘이 융합돼야 한다. 융합될 때 이미지 글이 된다.

글에 대한 최종적인 평가는 독자의 느낌이어야 한다. 좋은 글이란 독자의 반응에 의해 결정된다. 그러므로 설교자는 읽은 성경의 느낌을 중요시해야 한다. 자세한 설명과 느낌이 결합된 글이 이미지 글이다.

설교자는 융합의 시대에 설명으로 그치는 글이 아니라 느낌까지 담아 텍스트와 이미지를 결합시켜야 한다.

광고는 텍스트와 이미지를 결합한다

텍스트와 이미지의 결합을 보여주는 것이 광고다. 광고는 텍스트와 이미지를 동시에 활용한다. 이때 이미지를 더 중요시한다. 텍스트보다는 이미지를 강조할 때 소비자의 눈길을 끄는 광고로 완성된다.

기업은 브랜드와 로고 등 이미지로 광고한다. "상품의 브랜드와 기업 심벌마크 및 로고에 의한 커뮤니케이션은 기업의 운명을 좌우하게 되었으며 이들의 즉각적인 영향은 시각전달의 역할이 얼마나 중요한지 깨우쳐 주고 있다. 심지어 출판물 하면 문자언어가 연상되었으나 지금은 만화나 일러스트레이션 출판물이 인쇄매체의 주류를 이루고 있다."[35]

'LG는 사랑입니다'는 텍스트와 이미지가 결합된 비유의 언어가 사용된 예시이다. 예전에 'LG'라는 기표(문자)는 '세탁기와 냉장고를 만들어 파는 기업'이라는 기의(의미)로 연결되었다. 그러나 이제는 '사랑'이라는 새로운 기의가 연상되도록 비유의 언어를 일부러 사용한 것이다.[36]

현대에는 이미지와 텍스트가 공존한다. 이미지가 텍스트의 역할을 하고, 텍스트가 이미지 역할을 하는 전이와 융합의 시도들이 빈번히 일어나고 있다. 특히 '이미지와 텍스트가 공존하는 대표적인 장이면서, 소비자에게 명확하게 메시지를 전달하고자 하는 광고 포스터에서는 이미지를 읽고 텍스트를 보고자 하는 역할 전환이 두드러지고 있다.'[37]

광고에서 텍스트와 이미지가 공존한다면, 설교에도 텍스트와 이미지가 공존해야 한다. 설교자는 텍스트와 이미지를 결합해 텍스트가 이미지 역할을 하도록 해야 한다. 텍스트와 이미지가 결합되면 청중은 본문의 의미에 귀, 눈, 그리고 마음 문을 열고 적극적으로 듣는다.

광고가 텍스트와 이미지를 결합해 소비자의 마음을 사로잡았

듯이, 설교자도 텍스트와 이미지를 결합해 청중의 마음을 사로잡아야 한다.

이미지 글은 회화성과 서사성의 결합이다

글을 쓸 때 중요한 요소는 두 가지다. 회화성과 서사성이다. 회화성과 서사성은 글을 감각적으로 만드는 중요한 요소다.

회화성의 글은 이미지 글이다. '글을 한 폭의 그림처럼 이해하고 표현하면 당연히 묘사적 글이 된다.'[38] 반면 서사성의 글은 이야기 글이다. '서사성은 글의 빈틈을 촘촘하게 해주어 구조적인 완결성을 연습하는 데 도움이 된다.'[39]

설교는 서사성의 글과 회화성의 글의 결합이다. 서사성의 글은 물론 회화성의 글로 결합될 때 설교가 생생하게 표현된다. 생생하게 회화성으로 표현된 설교가 청중의 마음속으로 파고든다.

글의 서사성과 회화성의 결합이 중요해지자 글의 서사성과 회화성을 초등학생 때부터 가르쳐야 한다는 주장이 제기되고 있다. 남미영은 『공부머리를 완성하는 초등 글쓰기』에서 초등학생도 생생한 표현을 할 수 있어야 한다고 말한다. 초등학생 때부터 감각을 생생하게 표현하면 좋은 문장을 쓸 수 있는 기초 능력을 갖출 수 있다. 저자는 생생하게 쓰기를 연습하라며 다음 4가지 방법을 제시한다.

첫째, 귀에 들리는 소리를 그대로 표현해 본다.

둘째, 눈에 보이는 모습을 생생하게 표현해 본다.

셋째, 코로 들어오는 냄새를 생생하게 표현해 본다.

넷째, 내 마음이나 기분을 생생하게 표현해 본다.

위의 네 가지 방법은 이미지의 글쓰기에 최적의 방법이다. 위의 방법은 초등학생만의 훈련 방법이 아니다. 설교자를 포함해 글을 쓰는 사람이라면 동일하게 적용할 수 있는 훈련 방법이다.

이미지 글이 서사성과 회화성의 결합이라면, 설교자는 서사성과 회화성이 결합된 설교를 해야 한다. 결합되는 순간 청중에게 생생하게 전달된다. 대표적인 서사성과 회화성이 결합된 글로 설교의 황태자 찰스 스펄전 목사의 오감을 활용한 이미지 글쓰기를 들 수 있다.

이미지 설교만
청중에게 영향을 미친다

탁월한 설교자는 이미지 설교를 한다

예수님은 이미지 언어의 대가다. 그러니 설교가 탁월하지 않을 수
없다. 성경 저자들, 그리고 탁월한 설교자인 조나단 에드워즈, 찰
스 스펄전은 이미지 설교의 대가다. '예수 그리스도를 포함하여
조나단 에드워즈, 찰스 스펄전, 피터 마샬, 빌리 그레이엄 등 탁월
한 설교자들은 이미 이미지 언어를 뛰어나게 구사한다.'[40]

설교자들은 탁월한 설교를 지향한다. 하지만 탁월한 설교자는
흔하지 않다. 15년째 설교자들에게 글쓰기를 강의하면서 설교를
잘하는 설교자를 만난 적이 거의 없다. 하지만 설교를 못한다는
설교자도 만난 것이 거의 없다.

데이비드 고든은 '훌륭한 설교자는 차치하고 평범한 설교자조차도 없는 것이 문제라고 한다.'[41] 그는 덧붙인다. "지금부터 약 25년 전, 설교의 질적 저하라는 문제에 관심을 갖기 시작할 무렵 나는 내가 속한 노회에서 활발하게 활동하는 리더격 장로님과 이런 이야기를 나눈 적이 있다. 나는 같은 노회의 어느 교회에서 청빙한 목사님의 설교를 듣고 나서 설교를 못하는 그 목사님을 교회가 왜 청빙했는지 장로님에게 물었다. 그 장로님은 노회 전체에서 가장 인자하고 사랑이 많은 장로님이었기에 나는 그의 대답을 듣고 깜짝 놀랐다. '데이비드 목사님, 그 목사님이 설교를 못한다는 거 잘 압니다. 내가 30년간 설교 위원으로 일했지만 설교를 잘하는 목사님은 한 사람도 없었어요. 우리는 다른 분야에 재능이 있고 정통신앙을 갖춘 인물을 찾을 뿐이지요. 처음부터 설교에 능한 목사를 찾지 못하리라는 것을 알고 있었습니다.' 장로님은 계속 말했다. '목사님도 알다시피 내가 사업을 하면서 로타리클럽에서 30년을 보냈습니다. 매달 회의에 참석해 연설을 듣는데, 집에 가면 아내에게 그게 뭣에 관한 연설이고 요점이 뭔지 말할 수 있어요. 하지만 설교는 그래 본 적이 없습니다."[42]

평범한 설교가 일색인 원인 중 하나가 이미지 글을 쓸 줄 모르기 때문이다. 설교자에게는 이제 '내 설교에는 현대 사회가 원하는 가치가 있는가?'라는 질문이 선행돼야 한다. 소비 사회에서 소비자는 물건을 사용할 때 느끼는 만족감의 크기에 따라 결정되는 가치를 사용하려고 한다. 동일하게 청중은 들을 만한 가치가 있을 때 설교를 듣고자 한다. 탁월한 설교를 지향한다면 들을 만한 가치가 있어야 한다. 현대 사회의 탁월함은 이미지에서 나온다. 설교자가 탁월한 설교를 하고자 한다면 예수님을 비롯한 탁월한 설교자처럼 이미지 글을 써야 한다.

김진규는 이미지 설교를 두 가지로 재미있게 표현한다. 하나는 '창문이 없는 집[43]', 즉 답답한 설교로 다른 하나는 '소금 치지 않은 설렁탕'[44], 즉 싱거워서 먹기 힘든 설교다. 창문이 없는 집은 답답하다. 소금 치지 않은 설렁탕은 싱거워서 먹기 어렵다. 답답한 설교, 싱거워서 먹기 힘든 설교가 아닌 맛있는 설교가 되려면 이미지 설교를 해야 한다.

이미지 설교가 아니면 청중의 마음은 답답하다. 이미지 설교가 아니면 청중은 지겨움으로 속 터진다. 흥미로워야 하는 개그콘서트가 진지하다면 청중은 개그를 지겨워한다.

설교가 지속적으로 지겨워지면 청중은 끝내 설교 듣기를 거부한다. 설교는 시대에 맞게 변화해야 한다. '지금은 절대적이었던 교회의 예전 방식들이 더 이상 신뢰를 받지 못하기 때문에 설교 역시 변화해야 하는 상황에 처해 있다.'[45] 변화하는 상황에서 변하지 않으면 신뢰를 얻지 못한다. 이에 들리는 설교에서 보이는 설교로 변해야 한다.

탁월한 설교자는 이미지 설교에 뛰어나, 청중이 설교를 맛있게 듣는다. 지겨움이 아니라 흥겨움으로, 답답함이 아니라 속 시원함으로 듣는다. 지겨운 설교를 흥겨운 설교를 바꾸는 설교는 이미지 설교다.

어떤 설교자는 이미지 설교, 원 포인트 설교를 언급하면 반론을 제기한다. 본문 주해와 상황에 맞는 해석을 무시한다는 생각 때문이다. 하지만 결코 그렇지 않다. 이미지 설교는 탁월한 본문의 주해, 상황에 맞는 해석을 전제한다. 단, 지루한 설교, 답답한 설교, 설교자가 행복한 설교가 아니라 청중이 설교에 귀를 열고, 눈을 열고, 마음 문을 여는 것이 중요하다는 말이다.

보수 신학은 성경 본문 설교 외에는 다른 것의 사용을 경멸하는 경향이 짙다. 김진규는 『히브리 시인에게 설교를 배우다』에서 이미지 사용을 터부시하는 신학자도 있다며 다음과 같이 썼다. '어떤 신학자는 성경 밖의 이미지 사용하는 것을 터부시한다.'[46] 그뿐 아니다. 많은 보수 신학교 교수들은 설교에서 수사학 사용도 달가워하지 않는다. 그들은 본문만으로 충분하다고 말한다. 수사학을 사용하는 것보다 삶에서 말씀을 살아내는 중요성을 강조한다. 수사학이란 일반적으로 하나님의 사물(사건)을 이해시키기 위해 다른 사물로 설명하는 것이다. 아리스토텔레스는 '영혼이 어떤 이미지 없이는 결코 사고하지 않는다'라고 했다.

청중이 들은 말씀을 생각하게 하려면 이미지를 사용해야 한다. 말씀을 살아내는 것으로 청중이 설교 듣는 것을 힘들어하는 것을 정당화하면 안 된다. 예수님께서는 구약의 성경을 많이 사용하지 않았다. 요즘 설교자처럼 성경만으로 설교하지도 않았다. 청중은 그런 예수님을 구름처럼 쫓아다녔다. 반면 설교자는 성경만으로 설교하는데, 청중에게 외면받는 이유는 무엇일까?

앞에서도 언급했지만 결합, 융합의 시대에는 한 가지로는 부족하다. 융합의 시대, 성경적인 설교와 함께 이미지 설교를 해야 한다.

설교자가 원하는 설교는 성경 본문의 주해다. 청중이 듣고자 하는 설교는 이미지 설교다. 청중은 예수님의 설교, 찰스 스펄전 목사의 설교, 미국의 팀 켈러 목사의 설교를 들으려 한다. 그러나 강단에서 들려지는 대부분의 설교는 이미지 설교가 아니니 설교는 이미 세상 강의에도 밀렸다. 교회를 다니는 청중에게도 외면받고 있다. 이미지 설교란 쉽게 말해, 설렁탕에 적당량의 소금을 넣어 맛있게 먹을 수 있도록 하는 것이다. 적당량의 노력으로 설렁탕 맛을 완전히 바꿔놓아 더없이 구수한 설렁탕을 먹을 수 있다.

설교자는 본문의 바른 해석을 한 다음에 이미지로 설교를 써야 한다. 그럼 김진규의 말처럼 "하나님의 말씀인 '진리'가 살아나는 묘한 역할을 한다." [47] 설교자에게는 진리를 진리답게 만들 책임이 있다. 청중으로 하여금 이미지 글을 통해 하나님을 만나게 하려면 이미지 설교를 해야 한다. 그렇다면 이미지 설교를 하기 위해 필요한 이미지란 무엇인가? 그리고 이미지의 종류는 무엇일까? 이미지 연구의 대가인 미첼은 이미지 언어의 족보를 다음과 같이 분류한다.

첫째, 그래픽 이미지(사진, 동상, 디자인)

둘째, 광학적 이미지(거울, 투사)

셋째, 지각적 이미지(감각 데이터, 종류, 외관들)

넷째, 정신적 이미지(꿈, 기억, 아이디어, 공상들)

다섯째, 언어적 이미지(은유들, 묘사들)

그래픽 이미지는 미술사학자의 영역이고, 광학적 이미지는 물리학자의 영역이며, 감각적 이미지는 생리학자, 신경학자, 심리학자, 미술사학자, 광학자의 영역이고, 정신적 이미지는 심리학과 인식론의 영역이며 언어적 이미지는 문학비평가의 영역이라고 분류했다. 이제 설교자는 이미지가 무엇인지 알아 역사적으로 탁월한 설교자처럼 이미지 설교를 할 줄 알아야 한다.

찰스 스펄전은 이미지 설교를 했다

탁월한 설교자는 이미지 설교를 한다. 설교의 황태자인 찰스 스펄전은 이미지 설교의 대가다. 이미지 설교의 대가라 그는 20세기 최고의 설교자라고 평가받고 있다. 김진규는 찰스 스펄전 목사가 높이 평가받는 것 중 하나가 이미지 글 때문이라며 다음과 같이 서술한다. "19세기 '설교의 황태자'라고 불린 찰스 스펄전 목사는 20대 초반에 최고의 설교자 반열에 들어갔다. 지금도 전 세계의 수많은 성도가 그의 설교를 책으로 읽는다. 스펄전 목사의 설교가 청중의 마음을 사로잡은 이유는 무엇일까? 첫 번째는 탁월한 영성, 깊은 말씀 연구와 묵상이 배경에 있었기 때문이었고, 두 번째로 설교 중에 청중이 오감을 통해 보고, 듣고, 느끼고, 맛보고, 냄새를 맡을 수 있도록 풍부한 감각언어, 즉 이미지 언어를 사용했기 때문이다." [48]

찰스 스펄전은 이미지 글로 20대 초반에 최고의 설교자 반열에 들어갈 수 있었다. 상담학 교수인 제이 아담스는 스펄전 목사의 설교를 '감각적 호소'(sense appeal)라는 관점으로 평가한다. 그의 설교는 이미지 설교라 생동감과 생명력이 부여되어 청중의 머릿속에 선명한 그림을 그리면서 다가가기 때문이라고 말한다. [49]

이미지 시대의 설교는 청중의 머릿속에 선명한 그림을 그려주어야 한다. 유튜브, 텔레비전, 영화, 짧은 동영상 등이 주류를 이루는 영상의 시대에는 이미지만이 청중의 마음을 잡아끈다. 서술적, 논리적으로 하는 설교는 청중의 마음을 사로잡는 데 한계가 뚜렷하다.

성경을 주해, 구절을 분석하고 위치를 배열하는 서술적 설교로는 한계가 있다. 논리적인 설교도 한계가 뚜렷하다. 설교자는 바르게 주해한 뒤 전달하면 청중이 듣는다는 순진한 생각은 버려야 한다.

설교자는 찰스 스펄전처럼 이미지 설교를 해야 한다. 영상, 이미지 시대에 맞게 이미지 글이어야 한다. 이미지 글이 아니면 청중으로부터 외면받는다.

이미지 글은 설교 현장에 있는 청중이 눈물을 쏟게 한다. 찰스 스펄전 목사는 이미지 글로 청중으로 하여금 성경의 사상 속으로 빨려 들어가게 하는 '갈고리' 역할로 눈물을 쏟게 했다. "설교를 듣는 현장에서 눈물이 쏟아지는 감동을 체험하는 데는 전달하는 언어가 결정적인 역할을 한다. 설교를 듣는 순간 마음속에 그림이 그려지고 성경의 사상 속으로 빨려 들어가게 하는 '갈고리'는 바로 그림 언어가 생성하는 이미지를 통해서 가능하다. 설교의 황태자 찰스 스펄전 목사의 설교와 미국에서 대각성 운동을 일으킨 조나단 에드워즈의 설교 능력은 이들이 탁월한 영성을 지녀서이기도 하지만 뛰어난 그림 언어를 빈번히 사용하는 데 기인한다."[50]

우리도 찰스 스펄전처럼 갈고리 역할을 하는 이미지 글을 쓰면 청중이 성경의 사상 속으로 빨려 들어가게 할 수 있다.

탁월한 이미지 설교를 위해 시(時)를 많이 읽어야 한다

찰스 스펄전처럼 갈고리 역할을 하는 이미지 글을 쓰려면 무엇의 도움을 받아야 하는가? 시와 소설의 도움을 받아야 한다. 시와 소설은 이미지 글로 넘쳐난다.

이미지 글은 미적 의식을 전달한다. 시인이나 소설가는 묘사, 비유로 이미지 글을 써야 하므로 이미지 글에 관심이 많다. 이미지 글을 쓰기 위해 엄청난 노력을 한다.

이미지 글을 배워야 하는 설교자는 소설이나 시를 많이 읽어야 한다. 시에 접촉하면 할수록 이미지 글을 쓸 확률이 높아진다. 이때 소설과 시 중에서 어떤 것이 더 도움이 될까? 시를 더 많이 읽어야 한다. 시는 이미지 글의 보고다. 성경 시편 등 시가서는 이미지 글로 넘쳐난다. 특히 시편 1편, 23편, 114편은 전체가 이미지 글이다.

데이비드 고든은 『우리 목사님은 왜 설교를 못할까』에서 설교자는 '시(詩)'를 많이 읽어야 한다고 강조한다. "특히 시를 읽으면 '의미'를 찾아내는 감성을 기를 수 있다. 운문은 산문에 비해 압축적이기 때문에 행과 행에 아주 많은 의미가 담겨 있다. 그 안에는 생의 의미를 살갗으로 더듬는 시선이 풍부하다. 우리가 대개 흘리고 지나가는 것을 시인은 가만히 응시한다. 인간적인 것, 의미 있는 것, 중요한 것을 관찰한다. 시인은 다윗 왕의 눈으로 사람이 심히 기묘하게 지어졌음을 알아본다(시 139:14). 또 신학적인 믿음과 무관하게 하나님의 심판과 은혜라는 희비극적 현실의 내면에 주목한다. 시는 뭐든 될 수 있지만 결코 무가치할 수는 없다. 시는 심술궂고 비뚤어지고 분노하고 표독스럽고 반항하고 자기를 내세우고 이단적이더라도, 심지어 신성모독을 하더라도 가치가 있다. 윌리엄 해즐릿은 말했다. '인생에서 추억할 가치가 있는 것은 모두 시다. 두려움, 희망, 사랑, 증오, 경멸, 질투, 후회, 감탄, 놀람, 연민, 절망, 광기. 이 모든 것이 시다.'"[51]

설교자는 시를 많이 읽어야 한다. 시에는 이미지가 차지하는 비중은 압도적이다.[52] 우리가 알듯이 이미지하면 빼놓을 수 없는 것이 시다. 시는 글을 이미지화한다. 시는 글로 이미지를 잘 표현해 청중의 마음에까지 전달한다. 시인 엘리어트는 이렇게 말한다. "진짜 시는 이해되기 전에 전달하는 힘이 있다."

시를 많이 읽어야 하는 이유는 묘사가 치밀하기 때문이다. 조동범은 『상상력과 묘사가 필요한 당신에게』에서 이렇게 말한다. "일반적으로 시의 묘사가 치밀한 이유는 응축된 장면을 통해 시인의 의도를 보여주려고 하기 때문이다. 따라서 시적 이미지는 장황하지 않고 간결하다. 이러한 간결함은 글을 쓰는 사람에게 꼭 필요한 요소이다. 흔히들 시적인 문장을 장식적으로 꾸며 쓴 예쁜 것이라고 생각한다. 하지만 시적인 문장은 그저 예쁘고 멋있게 꾸며 쓴 글이 아니다. 시적인 문장이란 상징을 내장하고 있는 것이며 응축된 문장 안에 감각적 이미지와 사유가 결합된 것이다. 감상적인 글이 아니라 오히려 대상과의 적절한 거리감을 통해 감정을 절제하는 글이기도 하다."[53]

시는 이미지의 보고이자 동시에 이미지 글의 대표로 묘사가 치밀하다. 시가 상징을 내장하고 있고, 응축된 문장 안에 감각적 이미지와 사유가 결합되었기에 이미지 글을 쓰려면 시를 많이 읽어야 한다.

이미지 글의 대표인 시에는 이미지가 넘친다. 시인들은 자신의 경험과 상상력이 시적 이미지를 통해 드러내려 한다. 박진환은 현대시를 한마디로 집약하라고 한다면 서슴없이 '이미지'라고 말하며 "시란 바로 이러한 이미지를 언어로 형상화한 것"[54]이라고 한다. 그는 또한 "현대시가 이미지로 해석된다거나 정의된다는 것은 현대시를 성립시키는 중심 조건이 이미지란 뜻이 된다"[55]라고 말한다. 이미지스트였던 시인 에즈라 파운드는 수많은 시를 쓴 것보다 일생 동안 단 하나의 이미지를 만들어내는 것이 좋다고 할 정도로 이미지를 중시했다.

이미지가 중요한 시대에 시를 읽어야 보여주는 설교를 할 수 있다. 시의 특징은 뭔가를 말하지 않고 보여준다는 데 있다.

들리는 글은 물론 보여주는 글을 써야 하는 설교자는 보여주는 시를 많이 읽어야 한다. 조동범은 『묘사』에서 옥타비오 파스는 "시는 설명하지도 않고 표상하지도 않으며 단지 '보여줄 뿐이다"[56]라는 말로 이미지의 중요성을 언급한다고 서술한다.

시를 많이 읽으면 시적인 시상 활용 범위가 넓어진다. 좋은교회를 담임하는 성기태 목사는 시를 읽고 또 읽는다. 그의 글과 강의는 시를 많이 활용한다. 그는 설교나 강의에 시적인 이미지를 담아내기에 청중이 그의 설교를 좋아한다.

설교자는 시 읽기부터 시작해야 한다. 시를 읽으며 이미지 감각을 키워야 한다. 설교자가 시를 많이 읽으면 두 가지 도움을 얻는다. 하나는 이미지 글을 쓰는 데 도움을 받는다. 다른 하나는 예수님처럼 이미지가 담긴 시적인 말을 하게 된다. 시적인 말을 하면 교양미까지 넘치는 하나님의 사람이 된다.

설교는
이미지 글이어야 한다

설교자는 서사 글, 이미지 글을 동시에 쓸 수 있어야 한다

설교자는 서사적으로 글을 써야 한다. 강단에서 한때 내러티브 설교가 유행한 적도 있었다. 예수님처럼 내러티브 설교는 필수다. 내러티브란 '어떤 사건을 중심으로 과거, 현재, 미래를 설명하는 것'이다. 즉 내러티브 설교란 '일련의 사건을 나열하는 스토리가 있는 설교'다.

내러티브는 서사다. 서사에는 맥락이 있고 뚜렷한 방향성을 띤다. '서사는 나만의 맥락과 이야기, 삶 그 자체다. 나의 저 먼 과거와 현재, 미래를 연결하기에 방향성을 띤다.'[57]

성경은 스토리가 있는 내러티브다. 청중이 좋아하는 소설은 그 자체가 내러티브다. 설교도 내러티브여야 한다. 동시에 이미지 시대에 맞게 이미지여야 한다. 설교가 내러티브인 동시에 이미지라면 설교자는 서사 글은 물론 이미지의 글을 써야 한다.

예전 설교는 서사적인 글로 충분했다. 청중은 서사 설교에 귀를 쫑긋 세웠다. 지금도 서사 글에 관심이 지대하다. 그러나 이미지 시대가 되자 청중은 서사 글에 이미지 글까지 원한다. 현대 사회의 청중은 이미지 글이 아니면 귀를 쫑긋 세우지 않으려 한다. '설교자는 텍스트로부터 이미지를 만드는 일을 하는 데 그 목적을 두어야 한다.'[58]

은혜의 시대에는 설교가 성경 자체의 선포로 충분했다. 이제는 설교에 수사학으로 표현된 이미지가 담겨야 한다. 청중의 입맛이 까다로워진 고도의 지식사회에 청중을 하나님의 말씀으로 끌어당기려면 내러티브에 이미지까지 보태져야 한다.

이미지가 주가 되는 글과 스토리가 주가 되는 글에는 차이가 있다. 그 차이를 『이경은의 글쓰기 강의노트』를 통해 살펴보고자 한다.[59]

아래는 '이미지가 주가 되는 글'이다. 김형진의 〈달밤〉이다.

'한가위 보름달이 온 들에 가득하다. 일제 강점기에 축조한 대형 저수지 아래로 끝없이 펼쳐진 들을 가로지른 수로가 굵은 선을 이루어 좌우의 반듯반듯 구획된 논들을 거느리고 있다. 논배미마

다 그득한 벼 이삭이 달빛에 젖어 그윽하다. 세로로 이어진 농로는 달구지가 다닐 정도로 넓고 올곧다.'

다음은 '스토리가 주가 되는 글'이다. 전경옥의 「가시고기의 푸른 등」이다.

'남아선호가 심하던 시절에 시어머니께서는 네 번째로 아들 하나를 낳으시고, 아래로 딸만 다섯을 더해 무려 딸 여덟로 인해 평생을 죄인처럼 사시다가 47세로 단명하셨다. 여러 자녀를 출산하면서 몸조리도 변변히 못하고, 의료혜택도 제대로 받지 못했다. 넉넉지 못한 살림에 논, 밭일을 하느라 무리하며 살았던 게 아니었을까. 시아버님께서 홀로 그 많은 자녀들을 훈육하여 반듯하게 키워내신 것을 보며, 가시고기를 닮은 삶이 아닐까 생각했다.'

청중이 원하는 설교는 이야기와 이미지다

설교자가 써야 하는 글은 내러티브 글과 이미지 글이다. 설교자가 내러티브와 이미지 글을 써야 하는 이유는 두 가지다. 먼저는 시대의 요청이다. 다음으로 청중이 원하는 글이 이야기와 이미지다.

중국의 춘추시대 위(衛)나라 때는 간언도 이미지로 했다. 위나라의 제31대 군주인 위영공 때 미자하가 왕의 총애를 믿고 멋대로 전횡했다. 한 난장이가 영공을 만났을 때 다음과 같이 말했다. "저의 꿈은 영험이 있다."라는 말을 듣고 "무슨 꿈인가?"라고 영공이 묻자 난장이는 말했다. "꿈에 부엌의 아궁이를 보았는데 군주를 만나게 되었습니다." 그러자 영공이 화가 나서 말했다.

"내가 듣기로 꿈에 태양을 보면 군주를 만난다고 했다. 그런데 어찌 꿈에 아궁이 따위를 보고 과인을 만나려 했다는 건가?" 난장이가 대답했다.

"무릇 태양은 천하를 두루 비추는 까닭에 한 사물로는 그것을 가질 수 없습니다. 군주도 온 나라를 두루 비추는 까닭에 한 사람으로는 능히 가질 수 없기에, 군주를 알현하는 자는 꿈에 태양을 본다는 것입니다. 무릇 부엌의 아궁이는 한 사람이 불을 때면 뒷사람은 그 불빛을 보지 못합니다. 혹시 지금 한 사람이 군주 앞에서 불을 때고 있는 것은 아닙니까? 만약 그렇다면 제가 꿈에서 부엌의 아궁이를 본 것이 맞지 않습니까?"[60]

간언도 이미지로 한다면 청중을 설득해 하나님께로 이끌어야 하는 설교자는 이미지 시대에 맞게 당연히 이미지로 설교해야 한다. 설교자가 이미지로 설교를 써야 하는 구체적인 이유를 보자.

첫째, 시대가 원한다. 좋은 글은 이미지 글이다. 설교자의 설교가 이미지 글일 때 세상이 교회를 다시 보기 시작한다. 하나님은 세상에서 우월성을 지니셨다. 반면 교회는 세상에서 우월하지 못하다. 많이 뒤처진다. 교회가 세상에 우월성을 보여주려면 대부분의 설교자가 이미지 글을 쓸 때 가능하다. 우월성을 지녀야 리더의 위치에 선다. 이미지 글쓰기가 세상보다 우월해질 때, 우월하지 못한 교회가 리더의 위치에 곧바로 설 수 있다.

둘째, 청중이 원하는 글은 이야기 글과 이미지 글이다. 청중은 이야기를 좋아할 뿐 아니라 이야기 속에서 산다. 여자들의 수다 속에는 대화자들의 깊은 마음이 녹아져 있다. 수다 안에 이야기가 있기에 헤어질 때면 '자세한 얘기는 다음에 만나서 하자'며 못내 아쉬워한다.

청중은 이야기에 반응을 보인다. 하버드 비즈니스 스쿨의 연구 결과에 의하면 낯선 사람에게 핸드폰을 빌릴 때 "핸드폰 좀 빌려 주시겠어요?"라는 말보다는 앞에 "비가 와서 날이 좀 그렇네요"라는 한 문장을 더했을 때, 즉 이야기를 포함할 때 핸드폰을 빌릴 수 있는 확률이 446%나 높았다. 청중은 이야기를 외면하지 않는다. 이야기를 기억하고, 이야기로 꿈꾸며, 이야기를 통해 자신의 가치관을 형성한다. 그러나 청중은 이야기만 원하지 않는다. 연상을 불러일으키는 이미지까지 원한다. 청중은 상상력을 통해 세상을 바라보고자 한다. 관계를 형성하기 위해 대화만 사용하지 않는다. 연상과 상상도 활용한다. 마치 영적 치유도 기도로만 하지 않고 관계를 통해서 하는 것과 같은 이치다.

설교자는 청중의 니즈를 알아야 한다. 청중의 니즈는 설교자가 이야기와 동시에 이미지로 하는 설교다. 청중은 설교자가 이야기와 이미지로 풀어낸 성경에 등장하는 인물과 자신을 동일시하고

자 한다. 설교자가 이야기와 이미지를 사용하면 청중은 이야기와 이미지를 통해 하나님의 임재를 느낀다. 그러면 청중은 하나님을 향한 열정을 불태우고, 설교자와 이미지 글을 통해 상호작용하며 말씀을 더 자세히 깨닫고자 한다.

이미지가 청중을 변화시킨다

청중이 이야기와 이미지를 원하는 것은 이미지를 듣고 머릿속에 그림을 그려 하나님의 사람으로 변화하고 싶어서다. 예전엔 논리만으로도 좋은 설교라고 했지만 이제는 아니다. 설교로 청중을 변화시키려면 논리만으로는 안 된다. 특히 인공지능 시대, 이미지 시대는 논리만으로 부족하다. 설교자는 완벽한 논리, 역동적인 구성과 감동적인 이야기와 머릿속에 그림을 그릴 이미지까지 더해줘야 한다.

청중의 변화는 논리가 아니라 이야기와 이미지로 시작된다. 그러므로 이미지 설교를 해야 한다. 워렌 W 위어스비는 논리와 이미지를 구분하며 이미지 설교를 이렇게 말한다. "논리는 청중을 변화시키지 못하고, 청중을 감동시키지 못한다. 그 청중 존재 자체가 끄덕여야 한다. 청중 전체를 겨냥한 설교, 청중을 뒤집어 놓는 설교, 이는 '상상력 설교'다."

프레드 B. 크래독도 '청중이 변화하는 최상의 방법은 이미지'

라고 말한다. 그는 마음의 화랑에 걸린 이미지가 달라져야 청중이 변화된다고 말한다. 이미지에는 청중을 변화시키는 진정한 능력이 있다.

논리로는 청중이 변화되지 않는다. 청중의 변화는 마음을 뒤집어 놓는 이미지 설교로 가능하다. 이미지 설교는 추상적이지 않고 매우 구체적이고 감각적으로 청중에게 다가가기에 그렇다.

설교자들이 이런 말을 한다. "그렇게 설교를 많이 하는데도 청중이 변화되지 않는다." 이 말의 답은 간단하다. '설교가 이미지가 아니기에' 그렇다. 설교는 청중에게 이미지로 다가가서 선명한 이미지로 남아야 한다.

미국의 언론인이자 신문경영자인 조셉 퓰리처는 이런 말을 했다. "짤막하게 써라. 독자는 읽게 될 것이다. 명료하게 써라. 독자는 알아들을 거다. 그림같이 써라. 독자는 잘 기억할 것이다." 설교자는 독자가 기억하는 이미지로 설교해야 한다. 청중은 설교자가 말한다고 듣지 않는다. 설교가 이미지일 때 저절로 듣고, 잘 기억해 변화하고자 노력한다. 설교자가 이미지 설교로 기억하도록 해 설교자와 청중 사이에 교감이 일어나도록 해야 한다. 청중이 감동되도록 해야 한다. 설교가 청중에게 들리도록 해야 한다. 설교가 청중에게 보이도록 해야 한다.

설교에 대한 청중의 반응은 보편적으로 두 가지다. 하나는 적대적이다. 다른 하나는 기쁨으로 하나님의 살아 있는 감동적인 말씀으로 받아들인다. 청중의 반응은 감동받기보다는 적대적일 때가 많다.

청중이 하는 말 중에 "설교하지 말라"가 있다. 이는 청중이 설교에 우선 적대적인 반응을 보인다는 뜻이다. 설교자는 청중이 적대적인 반응이 아니라 감동적인 반응을 보이도록 이미지로 다가가야 한다.

설교자는 성경적인 설교를 해야 한다. 그러나 성경적인 설교에서 멈추면 안 된다. 이미지 설교까지 해야 한다. 예수님의 설교는 성경적인 설교였다. 예수님은 성경적인 설교에서 멈추지 않았다. 이미지 설교까지 나아갔다. 이미지 설교가 되자, 청중에게 그 설교가 보였다.

청중을 변화시키는 것은 논리가 아니라 이미지다. 이에 워렌 W 위어스비는 '이미지 설교를 하라'고 말한다. 문학과 문화의 시대, 인공 지능시대에 이미지 설교로 청중에게 설교를 보여줘야 한다. 청중에게 설교가 무엇인지 보여지면, 청중의 생각과 일상, 그리고 세계관이 바뀐다.

청중은 이미지 설교가 아니면 마음을 닫는다

"설교자가 설명으로 상대를 이해시키려고 노력할수록 상대는 감정으로 들어가는 문을 굳게 닫고 이해하려는 노력을 포기한다."[61]

이는 유영만이 『폼 잡지 말고 플랫폼 잡아라!』에서 한 말이다.

설교자는 성경을 주해한다. 주석을 해석하기 위해 장황하게 설명한다. 장황한 설교를 최고의 설교라고 생각한다. 이런 생각은 글쓰기에 대한 기본을 무시한 처사다. 유영만은 설교자에게 일침을 가한다. 설명으로 설교하지 말라고 한다. 청중을 설명으로 이해시키려고 노력할수록 상대는 감정으로 들어가는 문을 굳게 닫는다고 말한다. 설교자는 청중의 감정 문은 굳게 닫는 설명적 설교는 멈춰야 한다.

워렌 W 위어스비도 설교자가 설명으로 하는 설교를 다음과 같이 '수도관 은유(the condict metaphor)'와 '컨베이어 벨트'로 비유한다.

'수도관 은유란 설교자가 설교할 때 상수도관과 같은 지식의 원천으로 생각하면서, 듣는 상대방은 텅 빈 수도관처럼 우리가 알고 있는 것을 마냥 받아들이기만 한다고 생각한다.'[62]

'컨베이어 벨트란 설교자가 설교 한 편을 작성하기 위해 일주일 내내 열심히 연구하고, 주석 작업을 하고, 해석학의 온갖 법칙을 적용한 데다 각종 보조 자료까지 활용하여 청중에게 전달하고픈 내용을 이끌어내어 설교라는 벨트가 강단에서 청중의 좌석으로 연결되어 가는 동안 청중은 그것을 집어 들어 자기 것으로 만들면 된다고 한다.[63]'

설명의 설교가 30년 전에는 통했을 수 있다. 지금은 아니다. 그

전에는 설교자가 지적으로 높았다. 지금은 지적으로 청중이 설교자보다 높다. 지적으로 더 높은 청중은 바보가 아니다. 설교자보다 지식이 앞선 청중은 결코 설교자의 말을 마냥 받아들이지 않는다. 조건 없이 전해지는 설교를 집어 들어 자기 것으로 만들지 않는다. 이미지 시대에 청중은 수도관 은유나 컨베이어 벨트식의 설교를 거부한다. 자신에게 이미지로 전해질 설교만 받아들인다.

설교자는 청중과의 생각에 큰 차이가 있음을 인지해야 한다. 설교를 '선포'로 인지하는 설교자는 수도관 은유나 컨베이어 벨트의 역할로 충분할 수 있다. 설교를 '설득'으로 인지하는 청중은 이미지가 아니면 안 된다고 생각한다.

소비자가 상품을 구입할 때 논리적으로 따진 다음 구입하지 않는다. 감각적으로 좋으면 구입한다. 논리보다는 감정에 따라 구입한다. 소비자는 공급자 관점이 아니라 수용자 관점에 초점을 맞춘다. 김난도는 2024년 소비자 트렌드 중 하나를 '버라이어티 가격'이라 한다. 버라이어티 가격이란 같은 상품이라 할지라도 언제, 어디서, 누가, 어떻게 사느냐에 따라 가격이 천차만별로 버라이어티하게 달라질 수 있으며 공급자와 유통자는 가격 책정을 '전략적'으로 고려할 수 있음을 뜻한다.[64] 버라이어티 전략은 시간 버라이어티, 채널 버라이어티, 고객 버라이어티, 옵션 버라이어티, 가격 버라이어티 등으로 많다. 세상은 많은 부분에 있어 생산자가 아니라 수요자 중심으로 바뀌고 있다. 설교도 이미 수요자 중심으로 바뀌었다.

설교자가 이제 설교 수요자인 청중이 논리보다 감각이 앞선다는 것을 알았다면 설명적인 설교를 지양해야 한다. 청중의 본성, 니즈, 생각, 트렌드도 읽어 이미지로 설교해야 한다. 성경만 장황하게 설명하면 청중과의 거리만 멀어진다. 청중은 이미지로 전해질 설교에만 반응을 보인다. 버라이어티 가격 전략을 펴듯이 설교자는 설명과 함께 감각을 자극하는 이미지 설교를 해야 한다.

설명 설교자 아히도벨과 이미지 설교자 후새의 차이

설교는 설명보다는 이미지여야 한다. 설교가 설명이면 청중도 이해로 그친다. 사무엘하 17장은 아히도벨과 후새의 이야기다. 워렌 W 위어스비는 『상상이 담긴 설교』에서 다윗을 죽이려는 압살롬의 질문에 답변한 아히도벨과 후새를 비교하며 설명과 이미지 설교의 차이를 설명한다.

압살롬과 그 휘하 사람들이 선택한 것은 후새의 말이었다. 아히도벨의 모략은 훌륭했으나, 후새의 말은 듣는 자 중심의 말로 눈으로 보듯 느끼게 해줌으로 그림을 그리는 듯한 언어를 사용했다.[65]

휘하 사람들은 이미지 언어를 사용한 후새의 말을 따랐다. 모략은 훌륭했지만 이미지로 전달하지 못한 아히도벨의 말을 따르지 않았다. 휘하 사람들은 감각을 일깨우는 듣는 자 중심의 말을 한 후새의 말을 선택했다. 안타깝게도 강력한 논리로 무장한 아히도 벨은 휘하 사람들이 자기의 말을 따르지 않자 스스로 목숨을 끊었다. 후새의 이미지 말은 다윗의 목숨을 건질 수 있었을 뿐 아니라 하나님의 뜻을 이루는 나라가 후손 대대로 이어지게 했다.

후새의 설교는 이미지다. 청중이 후새의 말을 따른 것은 청중은 설교자의 훌륭한 설명보다는 미숙하지만 이미지 글에 이끌렸기에 가능했다. 워렌 W 위어스비는 청중이 후새의 말을 따른 이유를 이렇게 말한다. "후새가 사람에 대해 알았던 진리는 무엇일까? 청중은 그림을 떠올려서 생각하고, 머리뿐 아니라 가슴으로 반응한다는 사실이었다. 아마 후새는 파스칼의 유명한 말, '가슴은 이성이 알지 못하는 그 자신의 이성이 따로 있다'는 말에 동의할 것이다."[66]

청중의 가슴에는 이성이 알지 못하는 그 자신의 이성이 따로 있다. 다른 이성인 감각에 반응한다. 이미지에 반응한다. 이로써 설교자는 설명이 아니라 이미지로 설교해야 함이 마땅하다.

커뮤니케이션 문제 중심에는 성직자가 있다

설교에서는 설교자가 중요하다. 설교가 문제가 되는 것은 하나님이나 청중이 아니라 설교자다. 곧 설교자의 커뮤니케이션 문제가 주요인이다. 잭 트라우트와 앨 리스는 『포지셔닝』에서 가톨릭교회의 포지셔닝에 대해 이렇게 말한다. "어느 종교든 그 본질은 커뮤니케이션, 즉 신에서 성직자, 성직자에서 신도로 이어지는 정보 전달이다."[67]

설교는 커뮤니케이션이다. 설교의 커뮤니케이션에서 문제가 발생하는 부분도 완전무결한 하나님이거나 불완전한 청중이 아니라 전달자인 설교자다. 커뮤니케이션에서 설교자가 중요한 것은 커뮤니케이션 행위는 항상 수신자 쪽에 초점을 두고 있기에 그렇다.

설교자가 설교 문제 발생의 요인이라면 설교자는 설교에서 커뮤니케이션의 어떤 부분에서 문제를 야기하는지 파악해야 한다. 앞에서도 멋들어지게 설명한 아히도벨은 문제를 해결하지 못했다. 이미지를 사용한 후새가 문제를 해결했다.

설교자의 설교 문제의 핵심은 설명을 한다는 데 있다. 설명은 문제점 파악에 머문다. 그러므로 설명은 해결책이 못 된다. 설명하는 설교의 문제를 해결하는 방법은 단 하나다. 바로 이미지 설교다. 이제 커뮤니케이션 문제의 중심에 있는 성직자는 설명 중심의 설교에서 이미지 설교로 갈아타야 한다. 그래야 청중에게 먹히지 않는 설교의 원인이 해결된다.

이미지 시대를 맞아 한국 교회는 이제 보편적인 설명 위주의 설교가 아니라 이미지 설교를 해야 한다. 이미지 설교에는 물론 장점만 있지 않다. 단점도 꽤 있다. 토마스 롱은 이야기와 이미지의 단점을 이렇게 말한다. "설교의 커뮤니케이션 부분에만 치중하기 쉽다. 그리고 엄청난 신학적 위험이 따른다."

이미지 설교에는 엄청난 신학적 위험이 따른다. 그럴지라도 설교자는 이미지 글쓰기를 포기할 수 없다. 예수님이 이미지 글쓰기를 하셨기에 더 포기하면 안 된다. 청중의 선택은 늘 이미지이기에 이미지 글쓰기를 포기하면 안 된다.

한국 교회에 어려움이 가중되고 있다. 그 요인 중 하나는 설교 콘텐츠가 세상 콘텐츠에 비해 현저히 떨어지는 데 있다. 세상에 비해 설교는 이미지 글쓰기에 많이 뒤처져 있다. 세상에서 이미지 글은 활발하게 활용되지만 설교는 걸음마 단계에 있다. 세상과 비교해 교회의 콘텐츠는 질적으로 낮다. 특히 이미지 글쓰기 영역은 비교 불가다.

교회가 세상보다 뒤떨어지는 것은 지식이다. 그런데 교회의 권위는 지식에 기인한다. 중세가 '교회 시대'가 된 것은 중세 교회가 지식을 독점했기 때문이다. 현대 격언 중 이런 말이 있다. '권위는 지식으로부터 나온다.' 고대의 현자 소크라테스는 '지식으로부터 나오는 권위를 강조했다.'[68]

콘텐츠에서 세상과 점점 벌어진 격차를 좁혀야 한다. 이미지 글쓰기도 빨리 시작해 이미지 글로 청중의 마음을 설교로 사로잡아야 한다. 그런데 이것을 어떻게 해야 할까? 설교자는 지금까지 해온 대로 설교에 진심이어야 한다. 그리고 이미지 글쓰기에 박차를 가해야 한다. 화가, 사진작가, 소설가나 시인처럼 이미지 글쓰기에 더 진심이어야 한다. 설교자는 이미지 글로 청중을 변화시켜야 한다. 청중이 설교에 관심 갖도록 해야 한다. 설교자는 세상의 어떤 직업군보다 이미지 글쓰기에 남다른 위상을 보여주어야 한다.

Chapter 2

묘사하라

설교는 글쓰기다 3

묘사는 청중의
마음을 빼앗는다

묘사가 청중 반응을 결정한다

설교자는 묘사 글쓰기에 주목해야 한다. 성경을 주석하고, 상황에 맞게 해석(해석은 현 상황에 반응을 보이는 행위)하는 것도 신경 써야 하지만 이미지 시대는 묘사에 더 주목해야 한다.

설교자들은 어떤가? 묘사보다는 자신의 생각을 직설적으로 드러내는 설명에 몰입돼 있다. 설명과 묘사는 정반대다. 설명하면 묘사할 수 없다. 묘사하면 설명되지 않는다.

설교자가 묘사보다는 설명에 주목하는 이유가 있다. 설교자는 설교가 "글쓴이의 생각과 정보 주장 등을 직접적으로 전달하는 것이라고만 생각하는 강박 때문이다."[69] 설교자가 신학교에서 배운 것은 성경의 깊고 낯선 해석, 시대에 맞는 해석과 적용이다. 이 말도 일리가 있다.

수학으로 말하면 함수를 하는 수준이다. 미적분을 할 줄 알아야 수학을 한다고 할 수 있다. 마찬가지로 이미지 시대에는 이미지로 설교할 수 있어야 제대로 된 설교를 하는 것이다. 설교는 주해의 문제이기도 하지만 언어의 문제이기도 하다. 이미지 시대에는 언어의 문제가 더 중요하다. 김진규는『히브리 시인에게 설교를 배우다』의 에필로그에서 설교는 주석의 문제가 아니라 언어 즉, 이미지 언어의 문제라고 한다. '감동적인 설교와 그렇지 못한 설교의 차이점이 무엇이라고 생각하는가? 청중의 마음을 열게 하는 설교와 마음 문을 닫아 버리게 하는 설교의 차이점이 뭐라고 생각하는가? 좋은 설교든 나쁜 설교든 신학을 제대로 공부한 사람이 전하는 성경 해석의 내용 자체는 대부분 대동소이하다. 오늘날 성경을 다루는 책은 수없이 출간돼 태산을 이루고 있고 이를 해석하는 눈도 거의 비슷하기 때문이다. 시중에는 수많은 성경주석과 성경 해설서들이 등장하고 있어 웬만한 독해력만 있으면 성경을 이해하는 데는 큰 문제가 없다. 그리고 건전한 신학을 가르치는 신학교에서 공부를 제대로 했다면 성경을 해석한 결과도 거의 비슷하다. 설교란 1차원적인 문제가 아니라 3차원적이다. 주해가 1차원이라면 이미지는 3차원이다. 설교란 '동일한 진리'를 '어떤 언어로 전달하는가?'가 관건이다. 감동과 생명력이 넘쳐나는 언어를 사용하는가? 아니면 추상적이고 진부한 언어로 전달하는가? 이 큰 차이를 만드는 것은 특별히 히브리 시인과 예수님이 즐겨 사용했던 그림 언어와 대구법의 사용에 달렸다고 필자는 믿는다'[70]고 김진규 교수는 강조한다.

감동적인 설교를 좌우하는 것은 바른 주석의 문제가 아니라 이미지 언어 사용 여부에 있다. 설교자는 주해를 지나 청중을 감동의 중심에 두는 이미지 글쓰기에 주목해야 한다. 즉 성경 해석뿐 아니라 성경 본문의 사건, 장면, 인물 등을 묘사하는 데 진력해야 한다. 묘사할 때 묘사로 그치지 않고 더 효과적인 비유와 상징까지 할 수 있어야 한다.

조동범은 '시적 대상을 묘사한다는 것은 그것 자체로 비유와 상징이라는 시적 본질에 접근하는 것이기도 하다'[71]고 말한다. 예수님의 묘사 방법은 '비유'였다. 비유를 사용하니 세상에서 하나님께서 관심을 돌렸다. 즉 청중의 마음을 세상으로부터 빼앗았다.

설교자가 청중의 마음을 빼앗고 싶다면 예수님처럼 이미지 언어를 사용해야 한다. 즉 비유를 사용해 묘사해야 한다. 묘사는 청중으로 하여금 구체적인 이미지로 받아들이게 해 관심 없던 설교도 관심을 갖게 한다. 묘사가 '지배적인 인상과 정황을 통해 청중의 미적 의식을 자극'[72] 하기 때문이다.

설교자는 묘사를 통해 청중의 미적 의식을 자극해야 한다. 청중의 미적 의식이 자극되지 않으면 하나님께 머물렀던 마음도 세상으로 옮겨 간다. 설교자가 성경 해석, 설명으로만 채운다면 청중의 마음을 하나님께로 머물게 할 수 없다. 그저 이해하게 함으로 고개만 끄덕이게 할 뿐이다.

묘사로 청중이 미적 의식을 자극하는 것은 청중의 감각을 자극한다는 것이다. 시인이 시에서 묘사하는 것은 독자의 감각화된 세계를 소환하기 위해서다. '묘사는 시적 대상이 드러내는 이미지를 구체화하며 감각화된 세계를 소환한다.'[73] 묘사가 이미지를 구체화하며 감각화된 세계를 소환한다면 설교자도 이미지로 청중의 감각을 자극해 마음을 하나님께로 향하도록 해야 한다. 묘사가 청중의 반응을 자극한다. 물론 설교자는 먼저 바르게 주해를 해야한다. 다음으로 묘사로 청중이 하나님께 주목하도록 해야 한다.

청중은 묘사에 마음이 빼앗긴다

"설명하지 말고 보여주어라(Don't tell, show!)."

루돌프 플레시가 한 말이다. 설명하지 말고 보여주기는 묘사의 제1원칙이다. 좋은 묘사는 설명하지 않고, 추상화하지 않고, 보여준다.

설교자는 묘사 글로 보여주는 설교를 해야 한다. 묘사하면 청중이 설교에 몰두하기 시작한다. 결국 마음을 빼앗긴다. 청중이 묘사에 마음을 빼앗기는 까닭은 묘사가 좋은 글, 힘이 있는 글이기 때문이다.

묘사는 글쓰기 중 가장 좋은 방법이다. '묘사를 모르고서는 결코 좋은 글을 쓸 수 없다. 묘사의 힘을 믿고 쓰고자 하는 대상의 모습과 그것을 둘러싼 장면을 자세하게 묘사하도록 해야 한다.'[74]

묘사는 청중의 마음을 설교로 집중하게 한다. 그리고 청중의 마음을 설교로 빼앗아 온다. 청중의 마음이 설교에 집중하면 마음에 감동이 넘친다.

묘사 글을 쓰는 방법은 어렵지 않다. 묘사는 눈만 믿고 쓰면 된다. 묘사 글은 느낌으로 쓰기보다는 눈만 믿고 쓰면 된다. 눈앞에 펼쳐진 모습을 자세하게 묘사하면 된다.

눈만 믿고 묘사해야 하는 이유는 청중은 그림 앞에 서면 말없이 그림을 응시하기 때문이다. 그림에 마음을 빼앗긴 청중은 관람하고 있는 그림에 푹 빠진 상태가 된다. 설교자가 눈만 믿고 묘사하면 청중은 설교에 마음을 빼앗겨 푹 빠진다.

묘사는 시인이나 소설가들의 전유물이 아니다. 설교자들의 것이기도 하다. 그러므로 이미지 시대에 설교자는 눈만 믿고 묘사해 청중의 마음을 빼앗아야 한다. 설교로 집중하게 해야 한다.

설교자는 청중이 하나님의 말씀에 마음을 빼앗기도록 해야 한다. 그 최고의 방법이 묘사다. '묘사는 영향력이 크다. 감각적이고 감동적으로 청중을 설득할 때 글쓰기의 효과가 극대화된다.'[75]

청중이 묘사에 마음이 빼앗기는 세 가지 이유는 다음과 같다.

첫째로 묘사는 청중에게 더 정확한 설명이 된다. 둘째로 청중의 눈앞에 그림을 보여준다. 셋째로 묘사는 지배적인 인상과 정황을 만들어 준다.

묘사로 청중에게 더 정확히 설명되어 지배적인 인상과 정황을 만든 설교가 된다면 청중은 설교에 푹 빠져들 것이다.

묘사하면 청중의 감각이 깨어난다

설교자는 묘사로 청중에게 설교가 보이게 해야 한다. 설교가 보여야 청중에게 감동을 준다. 결국 청중의 감각이 깨어난다. 김상훈은 『10주, 글쓰기 완전 정복』에서 작가가 독자를 이야기 속으로 끌어들이는 것을 묘사라고 한다. '작가가 독자를 이야기 속으로 끌어들일 때 쓰는 장치는 똑같습니다. 묘사입니다.'[76]

작가가 독자를 글 속으로 끌어들이는 것이 묘사이듯, 설교자가 청중을 설교 속으로 끌어들이는 것도 묘사다. 묘사하면 청중이 설교 밖에서 설교 안으로 들어간다. 청중은 귀를 열고, 마음을 열고 설교로 들어간다. 무뎌진 영적 감각이 깨어난다.

삶이 힘든 시대, 세상이 복잡한 시대, 마음에 여유가 없는 시대, 인공지능 등 고도의 지식 시대를 사는 청중의 감각이 무뎌지고 있다. 무뎌진 청중의 감각을 묘사로, 영적 감각을 깨워야 한다.

인공지능 시대에 디자인의 중요성이 더 커졌다. 즉 이미지의 중요성이 더 커졌다. 어떤 분야도 이미지와 함께 가지 않으면 안 된다. 즉 묘사로 이미지가 없는 설교는 상상도 안 된다.

인공지능 시대는 인간과 기계가 융합되어 감정도 표출한다. 기계가 더 감각적으로 인간을 닮아간다. 기계조차 감각적이라면 설교자에게 있어 청중의 감각을 깨우는 묘사는 필수다. 묘사로 청중의 영적 감각이 깨어나면, 설교 듣는 태도가 이전과 달라진다. 하나님을 대하는 태도가 달라진다.

청중이 늘 들어왔던 대로 설명 위주의 설교를 들으면, 설교 듣는 세포가 점차 죽는다. 반대로 좋은 묘사로 영적 감각이 깨어나면 설교에 눈이 번쩍 뜨여 설교 듣는 세포가 살아난다. 설교자는 청중의 영적 세포가 살아나도록 묘사해야 한다.

15년째 설교 글쓰기를 가르치는 필자에겐 심각한 고민이 있다. '신학계에서는 글쓰기가 천대를 받는다'는 것이다. 누구나 글을 쓴다. 하지만 설명적인 글에 머물러 있다. 글을 쓰는 방법을 배우려 하지 않는다. 이미지 시대에 맞는 이미지 글쓰기의 필요성조차 모르는 것 같다. 신학계에서 글쓰기가 천대를 받으니 글쓰기 시대에 접어들자 신학계 글은 세상에서 대접을 받지 못한다.

세상은 설명하는 글에서 보이는 글로 이동했다. 설교도 선포 설교에서 들리는 설교로 이동했다. 그러므로 들리는 설교에서 보이는 설교로 이동해야 한다. 보이는 설교를 하려면 묘사를 해야 한다. 하지만 신학계는 묘사 글쓰기에 접근조차 하지 못했다. 상황이 어떻든 설교자는 소설가나 시인처럼 묘사가 기본 장착돼야 한다. 묘사 글로 청중의 무뎌진 감각을 깨워야 한다. 박웅현은 '책은 도끼다'라고 했다. 책이 도끼인 것은 책이 무뎌진 감각을 일깨우는 최고의 도구이기 때문이다.

'묘사는 도끼다.' 묘사가 청중의 무뎌진 감각을 깨운다. 묘사하면 청중의 무뎌진 감각이 깨어난다. 그다음 영적인 감각이 살아난다.

청중의 무뎌진 감각을 깨우기 전에 설교자가 할 일이 있다. 설교자의 감각을 먼저 깨워야 한다. 설교자의 감각을 깨우지 않으면 청중의 감각은 깨울 수 없다. 설교자의 감각이 깨어날 때 묘사, 즉 생동감 넘치는 영적 감각을 깨우는 문장을 쓸 수 있다. 묘사로 생동감 넘치는 영적 감각을 깨우는 문장을 쓰면 청중이 설교에 은혜 받는 시간이 길어진다. 보이지 않던 하나님이 보이기 시작한다. 그것이 21세기 설교다.

청중은 묘사 글을 기억한다

묘사하면 청중의 감각이 깨어난다. 청중은 묘사 글을 기억한다. 설교자가 할 설교는 청중이 기억하는 설교다. 청중이 기억하지 않은 설교는 자제해야 한다.

청중은 묘사에 귀를 쫑긋 세운다. 연애 세포가 재생되듯, 설교로 은혜를 받고자 하는 감각이 깨어난다. 설교가 보이면 말씀이 청중의 기억 속에 머문다.

묘사 글은 청중의 기억력을 작동시킨다. 대수롭지 않은 설교, 별것 아닌 설교도 기억력을 최고도로 작동시킨다. 반면 만약 설명이면 설교가 전파된 뒤 청중의 기억 속에서 사라진다. 청중의 기억 속에 설교가 남아있지 않는 이유는 세 가지다. 첫째, 무슨 말을 했는지 요지 파악이 안 된 설교이기 때문이다. 둘째, 설교가 논증 중심이 아니라 설명 중심이다. 셋째, 서사적이지도 않지만 특히 이미지가 아닌 설교다.

설교자는 청중이 묘사를 잘 기억하므로 묘사로 설교가 청중의 기억 속에 머물도록 해야 한다. 적게는 일주일, 많게는 평생 동안 기억하게 만들어야 한다. 설교자의 설교는 먼저 성경적이어야 한다. 그 성경적인 설교가 청중의 기억 속에 머물러 있어야 한다. 그 역할을 하는 것이 묘사다. 청중이 묘사를 기억하는 이유는 묘사가 이미지 글이기에 그렇다. 설교가 이미지로 남아 있으니 청중의 기억 속에 머물러, 청중이 설교를 들을수록 하나님과 더 친밀해진다.

기억은 이성의 일이 아니라 감각의 일이다

설교자는 청중이 설교를 기억하도록 만들어야 한다. 설교가 오래 기억되는 것은 감각이 하는 일이다. 설교자는 청중의 감각이 작동하도록 자극해야 한다. 한병철은 『서사의 위기』에서 라캉이 이미지에 대해 한 말을 이렇게 정리한다. '라캉에 따르면 이미지는 나를 바라보는, 사로잡는 마법을 거는, 현혹시키는 시선을, 나를 자신의 권도에 끌어들이고 내 눈을 사로잡는 시선을 여전히 가지고 있다.'[77]

이미지가 청중의 눈을 사로잡게 한다. 이랑주도 『좋아 보이는 것들의 비밀』 중 '사람의 기억을 파고드는 이미지의 힘'에서 이미지가 기억하게 한다며 다음과 같이 서술한다. '기억은 이성이 하는 일인 것 같지만 사실은 감각이 하는 일이라는 점이다. 그러므로 무언가를 잊지 않으려면 머리로 외우는 것보다 그 경험을 감각 속에 저장하는 것이 더 효과적이다.'

청중이 기억하도록 하는 것은 묘사 글이다. 묘사로 설교하면 이미지가 구체화되어 감각을 소환해 오래 기억할 수 있다. '묘사는 시적 대상이 드러내는 이미지를 구체화하며 감각화된 세계를 소환'[78]하기 때문이다.

설교자는 청중이 설교를 기억할 수 있도록 묘사 글을 써야 한다. 설교자가 보는 것을 청중도 똑같이 볼 수 있게 해야 한다. '바로 작가가 인물을 보는 것만큼 독자도 또렷하게 볼 수 있어야 한다는 것이다. 이를 위해서는 처음부터 잊지 말아야 할 게 있다. 마음속 인물에 대한 완전하고 자세한 이미지를 만들고, 이를 독자에게 능숙하게 전달해야 한다는 점이다.'[79]

마케팅에서 중점을 두는 것도 청중의 머릿속에 해당 브랜드와 상품을 기억시키는 것이다. 설교자도 청중이 최고의 진리를 기억하도록 만들어야 한다. 즉, 묘사해야 한다.

02

설명은
묘사가 아니다

설명은 정보 전달에 그친다

설교는 묘사 글이어야 한다. 하지만 설교자는 묘사 글이 아니라 설명 글을 쓴다. 많은 설교자의 설교는 성경 단어 주해, 배경 설명, 현재 상황의 해석 등 설명 일색이다. 설교자가 묘사하지 않고 설명하는 까닭은 설명이 가장 쉽기 때문이다. 설교자에게 성경의 뜻을 설명하는 것, 특정한 단어의 뜻을 설명하는 것은 식은 죽 먹기다. '로고스 바이블'이 나온 뒤로는 단어 주해도 할 필요가 없다. '로고스 바이블', 주석 등 자료와 정보가 넘치니 쉽게 설교할 수 있는 설명을 한다.

한국 교회 설교자는 신학교에서 성경 주해를 중점적으로 배운

뒤 목회 현장으로 나온다. 배운 것이 성경 설명이다. 목회 현장에서도 설명 설교를 본능적으로 한다. 설교자뿐 아니라 사람들은 본능적으로 설명하려 한다. 조동범은 사람이 묘사를 해야 할 때도 설명하려 든다고 말한다. "마음속의 생각이나 느낌만 설명하는 것이 아니라 묘사를 해야 하는 이미지까지 설명하려고 한다"[80]고 말이다.

사람이 본능적으로 설명하고자 한다면 설교자의 설명은 본능적이다. 본능적으로 하는 설명은 설교가 아니다. 워렌 W 위어스비는 설명하는 것으로는 설교가 안 된다고 말한다. "그런데 오늘날 설교자들이 (그리고 이 설교자들을 가르친 선생들이) 이 기본적 진리를 망각했기 때문에, 해석학은 그저 분석이나 하고, 설교는 분석한 내용을 정돈 배열해서 설교 시간에 마냥 가르치기만 하면 되는 걸로 전락하고 말았다. 그러니 설교라는 것이 그저 논리적인 개요로 떨어져 신학 강의처럼 그저 설명하고 적용할 것만 전달하면 듣는 청중이 그 내용을 상상으로 바라보는 일은 전혀 일어나지 않는다."[81]

설교는 신학 강의처럼 설명하고 적용하는 것이 아니다. 설교자의 설명은 암탉이 알을 낳는 것이 아니라 알을 품는 것이다. T.S. 엘리엇은 "분해하고 분석하는 연구는 단지 암탉이 알을 품는 것과 같다"며 설명은 '암탉이 알을 품는 것'이라고 한다. 암탉이 알을 품는 것은 알을 낳기 위해서다. 알을 품기만 한다면 암탉의 역할을 하지 못한 것이다. 성경을 분석하여 설명하는 것은 진리를 진리답게 하지 못한다. 휴 블랙은 "최고의 진리들은 분석에 의해서 도달할 수 없다"고 했다.

설교는 설명으로 그치면 안 된다. 설교자의 설명을 위한 성경 주석은 설교 전 단계다. 하나님은 설교자의 설교가 성경에서 교리, 단어 구절 설명에 그치길 원치 않으신다. 묘사를 통해 하나님의 진리가 청중을 사로잡기 원하신다.

설교자의 본문 주석은 묵상의 단계에서 할 일이다. 설교는 주석 단계가 아니라 구성 단계에서 이루어진다. 설교는 성경 주해가 아니다. 청중의 마음을 사로잡는 이미지를 만들어내는 것이 설교다.

설교자가 성경을 분석하고 주해하는 설명을 하면 성경의 사실(fact)만 언급할 뿐이다. 어떤 청중이 성경의 뜻을 아는 것에 그치길 원하겠는가? 청중은 성경의 정보, 데이터를 알고자 하지 않는다. 설교가 두 눈에 보임을 통해 저절로 말씀대로 살길 원한다.

설교자는 단어 설명, 배경 정보, 데이터가 청중을 감동으로 이끌지 못한다는 것을 알아야 한다. 한병철은 『서사의 위기』에서 이렇게 말한다. "데이터는 청중에게 감동을 주지 못한다." [82] 그리고 덧붙인다. "데이터는 감정보다는 지성을 활성화한다." [83] 그의 말처럼 데이터가 감동을 주지 못하고 지성만 활성화한다면 성경을 주해해 설명하는 설교를 멈춰야 한다. 대신 묘사로 청중이 이미지를 그릴 수 있도록 도와 자신과 연관시키도록 해줘야 한다. 설명은 정보 전달에 그치므로 청중이 삶으로 이어지게 하려는 노력을 멈추게 만들 뿐이다.

청중은 정보 전달에 관심이 없다

설명은 정보 전달이다. 청중은 정보에 관심이 많다. 반면, 정보 전달에 머무는 것은 원치 않는다. 정보 전달식 설교는 지나가는 설교가 된다. 그 후의 결과는 뻔하다. 설교에 대한 청중의 관심은 뚝 떨어지고 만다.

설명하면 청중이 설교 시간을 낭비 시간으로, 설교를 무의미하게 느낀다. "우리는 사실에 호소해 주장을 펴고 싶은 유혹을 강하게 느낀다. 사실이란 워낙 확고하고 안전하게 느껴지기 때문이다. 하지만 남을 설득하여 행동을 변화시키려고 할 때, 사실을 던지면 상대방에게 무의미하거나 낭비하거나 위협적으로 여겨지기 쉽다."[84] 청중이 설교를 무의미하다고 느끼는 순간 설교는 그 위치를 잃기 시작한다. 설교자가 한계가 뚜렷함에도 설명하는 것은 단어 주해가 안전하다고 느끼기 때문이다. 설교자는 신학교 3년 동안 배운 것으로 인해 성경을 설명하고 싶은 강렬한 유혹 앞에 선다. 단어나 구절을 통해 깊은 통찰력을 설명할 수 있다는 욕망이 강렬하다. 하지만 설명하면 청중은 설교 시간이 낭비하는 시간이라고 생각하기 쉽다. 특히 '성경 본문을 장황하게 설명할 때는 따분함이 극에 달한다.'[85]

노벨경제학 수상자인 허버트 사이먼은 "정보의 풍요는 관심의 결핍을 낳는다"며 정보의 한계를 직시하라고 한다. 설명은 설교에 대한 청중의 관심을 떨어뜨린다. 정보는 찰나의 순간에만 작동하기에 그렇다. 한병철은 정보는 오로지 찰나의 순간에만 작동한다고 말한다. "정보는 오로지 찰나의 순간에만 작동한다. 영구한 발아력을 지닌 씨앗이 아닌, 티끌이나 다름없다. 정보에는 발아력이 결여되어 있다. 한번 인식되고 나면, 이미 확인을 마친 부재중 메시지처럼 무의미성 속으로 침잠한다."[86]

정보에 발아력이 결여되어 있는 것처럼, 정보를 전달하는 설명에도 발아력이 결여되어 있다. 발아력이 결여된 설교는 아무리 많이 해도 청중에게 아무런 변화의 기미조차 일으키지 못한다.

설교는 정보 전달이 아니다. 설교는 청중의 삶을 바꾸는 데 그 목적이 있다. 청중이 하나님의 비전을 보고 그 비전에 동참하도록 하는 것이다. 핼포드 루콕은 이렇게 말한다. "설교의 목적은 듣는 사람이 설교의 합리성을 인식하게 하는 데 있는 것이 아니라 그 설교를 통해 비전을 보게 하는 데 있다." 그렇다. 설교자는 청중이 관심을 보이지 않는 설명이 아니라 관심을 보이는 묘사를 해야 한다.

설명과 묘사의 차이

청중은 묘사에 관심이 크다. 그러면 묘사가 무엇인지, 설명과 무슨 차이가 있는지 알아야 한다. 설명은 묘사가 아니다. 설명과 묘사의 차이는 크다. 묘사가 구체적인 이미지를 통해 재현된다면, 설명은 이미지를 보여주지 않고 이미지의 상태를 설명하여 정보를 전달한다. 조동범은 '장면이나 정황을 개괄적으로 보여주는 것은 묘사가 아니라 설명이다'[87]라고 한다.

이미지 글과 설명 글의 차이는 크다. 그 차이는 글맛의 차이다. 설명은 글의 맛을 죽인다. 묘사는 글의 맛을 살린다. 설명이 글의 맛을 죽이므로 설교자는 설명하고 있지는 않은지 체크해야 한다. 권대근은 "설명을 피하고 묘사를 활용하라고 한다. 설명은 글의 맛을 죽이기 때문이다"[88]라고 한다.

설명은 글의 맛을 죽인다. 하지만 설교자들은 설명이 설교를 살린다고 확신한다. 설명은 글의 맛을 죽인다는 것은 설명이 설교를 죽인다는 말과 같다. 설교자는 설교를 살리기 위해 글의 맛을 살리는 묘사를 해야 한다.

설명이 글의 맛을 죽인다면 청중에게 지루함만 안겨다 준다. 여기서 그치지 않고 계속적으로 듣는 것에 짜증이 난다. 설교가 지루하거나 듣는 것이 짜증나면 청중은 설교를 멀리한다.

팀 켈러 목사의 설교는 설명이 한두 줄로 짧다. 많은 설교자의 설교는 설명 위주라 설명이 10줄이 넘는다. 때론 A4용지 한 장을 넘기기도 한다. 설교자가 종종 하는 말이 있다. "설교가 들리지 않는다고 불평하는 것은 신앙이 없다는 증거다." 자신은 설명 위주의 설교를 하면서도 청중의 설교에 대한 불평이나 비판은 받아들이지 않는다.

묘사와 설명은 상극이다

설명이 설교를 죽인다. 묘사는 설교를 살린다. 설명하면 묘사가 어렵다. 묘사하면 설명이 잘 안 된다. 이는 마치 모라벡의 역설 (Moravec's Paradox)과 같다. '어려운 것은 쉽고 쉬운 것은 어렵다.' 즉 설명하는 설교자는 묘사가 어렵다. 묘사하는 설교자는 설명이 어려울 수 있다. 이처럼 설명과 묘사는 상극이다. 둘이 상극이라면 설교자는 하나를 선택해야 한다. 하지만 설교에는 설명과 묘사가 필요하다. 방법이 없는 것은 아니다. 설명을 짧게 하면 된다.

설교를 잘하는 설교자는 설명이 최대한 짧다. 반대인 설교자는 설교가 설명으로 가득 차 있다. 설교를 잘하려면 설명보다는 묘사를 잘하는 방법을 선택해야 한다.

설명과 묘사는 상극이다. 조동범은 『상상력과 묘사가 필요한 당신에게』에서 '묘사하려면 설명하지 말라'고 한다.[89] 묘사 글을 쓰려면 설명을 하지 말아야 한다. 설명하지 않으려면 묘사하라고 한다. 이미지 시대에 설교자가 설명과 묘사 중 하나를 선택해야 한다면 이미지 글이 되는 묘사를 선택해야 한다.

묘사와 설명이 상극이므로 묘사 글을 쓰려면 설명하지 않아야 한다. 이정일 목사는 『문학은 어떻게 신앙을 더 깊게 만드는가』에서 3줄로 설명할 수 있는 글일지라도 설명하지 말고 묘사하라고 한다. "3행으로도 설명되는데 왜 굳이 길게 묘사할까요. 묘사에는 설명에 없는 게 하나 있기 때문입니다. 묘사는 보이는 걸 그대로 보여주지 않습니다. 반드시 경험한 감각을 재구성하는 과정을 거칩니다. 1-2초 동안 뭔가를 봤다면 작가는 그 경험을 재구성한 뒤 순차적으로 묘사하고, 이때 '카메라의 눈'이 작동됩니다."[90]

우리는 본 것을 설명이 아니라 묘사해야 한다. 문제는 설교자는 설명 글이 몸이 배어 있다는 것이다. 설교자는 성경을 읽어도 설명하려 든다. 심방을 가도 설명하려 든다. 전도를 해도 설명하려 든다. 때론 청중이 이해하지 못하는 고어체도 설명하려 든다. 설명이 습관이 된 설교자는 본문의 정황, 시대적 배경, 마음속의 느낌만이 아니라 묘사해야 하는 이미지까지도 설명해야 직성이 풀린다.

설교자는 어떤 상황을 자신이 원하는 대로 설명해야 사명을 감당했다고 생각한다. '쉬지 않고 기도해야 한다', '큐티를 해야 한다', '예배를 드려야 한다', '하나님을 사랑한다면 교회 봉사를 즐겨해야 한다' 등의 상황을 설명한다.

설교자는 설교를 죽이는 설명, 청중이 싫어하는 설명을 멈추고 청중이 반가워하는 묘사를 해야 한다. 설교자의 글쓰기 기본이 '설명'에서 '묘사'로 바뀌어야 한다. 묘사 글쓰기가 몸에 배야 한다. 묘사 글쓰기가 기본이 될 때 시대가 원하고 청중이 원하는 이미지 설교가 가능하다.

설명의 한계는 뚜렷하다

시에서 설명의 한계는 뚜렷하다. 조동범은 『묘사』에서 시의 설명을 이렇게 말한다. '설명은 대상의 행위와 모습만 있을 뿐, 감각화된 장면이나 의미 사유 등을 만들어내지 못한다. 따라서 설명을 통해 제시된 장면은 눈앞에 펼쳐진 단편적인 정보만 전달할 뿐 이미지의 감각과 디테일을 제시할 수 없다."[91]

묘사 글로 대표되는 시에도 설명이 있다. 이 설명의 한계는 뚜렷하다. 시에서도 설명의 한계가 뚜렷하다면 설교에서 설명의 한계는 더 뚜렷하다. 설명은 정보에 불과하다. 한병철은 『서사의 위기』에서 정보에 관해 이렇게 말한다. "정보는 인식의 순간 이후 더는 살아 있지 못한다. 정보는 그것이 새로울 때만 가치 있기 때문이다. 그 순간에만 살아 있다."[92]

정보가 살아 있지 못하니 살아서 앞으로 뻗어 가지 못한다. 설명은 시작하는 힘에 그 의의가 있을 뿐이다. 필자는 『설교를 통해 배운다』에서 설명을 이렇게 말한다. "설명이 설교의 시작이다. 설교는 설명으로부터 시작되기 때문이다."[93] 설명은 설교가 시작할 때 그 가치와 효력이 나타난다.

설교는 시작에서만 머무르면 안 된다. 본론으로, 그리고 결론으로 나아가야 한다. 마지막으로 묘사를 통해 이미지까지 보여줘야 한다.

설명은 단편적인 지식 전달로 대상의 인상적이지 않은 모습만을 개괄한다. 특히, 미적 인식을 형성하지 못한다. 결국 설명은 뚜렷한 한계를 보여준다. 조동범은 "많은 사람들이 글쓰기를 설명을 하는 것이거나 줄거리를 정리하는 것으로 오해한다"[94]고 말한다.

설교자는 설명대신 묘사해야 한다. 묘사는 미적 인식을 형성한다. 사물이나 상황에 대해 그림을 그리듯 서술하여 청중의 관심을 끌게 해 청중을 말씀에 지배받도록 끌고 간다. 묘사는 글이 그림을 보듯이 한눈에 선히 보이도록 한다. 청중이 설교가 한눈에 보이니 청중의 마음이 설교로 모아진다.

설명의 한계가 뚜렷하다면 설명의 대안이 있어야 한다. 그 대안은 묘사다. 묘사가 어느 정도 중요할까? 초등학교 6-1 국어교과에서는 다음과 같은 예문까지 곁들여 묘사를 가르친다.

'내 짝꿍의 얼굴은 달걀형이고 귀가 크고 곱슬머리이다. 눈썹은 짙고 눈은 작다. 코는 작지만 오똑하고 입은 크다. 얼굴은 검은 편이고 쑥스러울 때는 머리를 긁적인다. 그리고 웃을 때는 덧니가 보인다.'[95]

글을 쓰는 데 묘사가 중요하니 초등학교 때부터 가르치는 것이다. 이처럼 초등학교에서도 묘사를 가르친다면 많은 설교를 해야 하는 설교자는 설명을 그치고 묘사해야 한다. 무턱대고 묘사하라는 것이 아니다. 설명할 때는 설명해야 한다. 논증할 때는 논증해야 한다. 적용할 때는 적용해야 한다. 묘사를 할 때는 묘사해야 한다.

묘사에는 두 종류가 있다. 객관적인 묘사와 주관적인 묘사다. "이때 대상이 지닌 정보를 정확하게 전달하기 위해 대상도 사실적 속성을 표현하는 객관적 묘사와 필자가 받은 인상이나 느낌을 중심으로 서술하는 주관적 묘사로 나눌 수 있다."[96]

객관적인 묘사든 주관적인 묘사든 묘사해야 한다. 그럴 때 수직 추락하는 청중이 그들이 가장 좋아하는 소설에 열광하듯이, 설교 콘텐츠에 관심도를 높인다.

설명이 아니라 묘사로 보여주는 설교를 해야 한다

설교자가 묘사하지 않는 이유는 두 가지다. 첫째는 설명이 쉽기 때문이다. 설명이 쉬우니 기회만 되면 설명하려고 한다. 묘사가 어려우니 묘사하려 하지 않는다.

둘째는 묘사를 배운 적이 없기 때문이다. 필자는 『설교를 통해 배운다』에서 설명하지 말고 논증하라고 했다. 논증은 설교를 들리게 한다. 하지만 감각적으로 느끼거나 보이게 하는 것에는 부족하다. 설교가 그림처럼 보이게 하려면 묘사해야 한다.

소설이나 시 등 문학은 보여주고자 한다. 문학의 한 유형인 설교도 보여주어야 한다. "문학은 보여주는 데 목적이 있다. 글쓰기란 글로 절경을 그려내는 것이다. 어떤 글이든 서술 원리 중 가장 기초적이고 핵심적인 것이 '말로 설명하지 말고 보여줘라'이다."[97]

문학이 보여주듯이 설교도 보여주어야 한다. 설명하지 않고 보여주면 생생한 현장감을 준다. '보여주기 방식으로 표현함으로써 보다 생생한 현장감을 주는 것이 효과적이다.'[98]

효과적으로 설교를 보여주려면 묘사해야 한다. 설명하면 추상적이고 막연한 표현이 된다. 설교자들의 '하나님은 사랑이시다', '믿어야 산다' 식의 설명은 무엇을 말하려고 하는지 청중이 알기 힘들다. 설교는 청중을 일깨우는 데 그 목적이 있다. 청중을 일깨우려고 장황하게 설명하는 것이 아니라 정황이 어떠한가를 구체적으로 묘사해야 한다.

어떤 글이 설명 글이고 묘사 글인가?

설명 글은 어떤 글인가? 묘사 글은 어떤 글인가? 즉 어떤 글이 설명이고 어떤 글이 묘사인가? 아래의 글을 보자. 먼저 결론부터 말하자면 앞의 글이 설명 글이고 뒤의 글이 묘사 글이다. 아래의 글을 통해 설명 글과 묘사 글을 구분할 수 있다.

첫째, 설명 글이다.

설명 글 1_ '해가 저물고 있다. 해변은 사람들로 왁자하다. 여름 해변의 저녁은 이렇듯 흥겨운 분위기로 가득하다.'

'설명 글 1'의 경우는 해가 저물고 있는 구체적인 이미지가 아니라 해가 저문다는 상황을 하나로 뭉뚱그려 설명한다. 그리고 왁자한 해변의 모습 역시 어떻게 왁자한지 구체적인 정황이 없다.

설명 글 2_ '횡단보도 앞에 한 사람이 서 있다. 신호가 바뀌자 그는 바쁘게 길을 건넌다. 그는 건너편에서 기다리고 있는 친구를 만나 반갑게 인사를 한다.'

'설명 글 2'의 경우도 역시 마찬가지이다. 그저 횡단보도 앞에 한 사람이 서 있다는 정보만을 전달할 뿐이다. 그 사람의 손은 어떠한지, 신발에 얼룩이 졌는지 등의 구체적 정황이 없다. 그것은 길을 건너는 장면이나 친구와 인사하는 장면 역시 마찬가지이다.

둘째, 묘사 글이다.

묘사 글 1_ '해가 저물고 있다. 해는 수평선 너머로 사라지며 석양에 물든 바다의 출렁임을 고요히 펼쳐 보인다. 해변을 걷는 한 무리의 사람들은 말이 없고, 연인들은 폭죽을 터트리며 환하게 웃고 있다. 해가

사라진 수평선 위로 어둠이 되지 못한 빛이 희미하게 공중을 배회하고 있다.'

묘사 글 2_ '횡단보도 앞에 소년이 서 있다. 소년은 횡단보도 앞에 서서 초록 신호등이 켜지기만을 기다리고 있다. 소년의 눈동자는 불안한 듯 횡단보도의 이편과 저편을 번갈아 바라보고 있다. 가방을 힘껏 쥐고 있는 소년의 손등에 푸른색 핏줄이 선명하다. 소년은 단호한 듯 선명한 붉은 신호등을 바라보며 마음이 급하다. 바람이 불어오고, 어디선가 날아온 신문이 횡단보도 위에서 어지럽게 펄럭인다.'

'묘사 글 1'은 앞선 예문과 같지만 설명적인 느낌이 들지 않는다. 첫 문장이 제시한 장면을 뒤의 문장이 구체화하고 있기 때문이다. '묘사 글 1'을 포함하여 위의 글은 정보를 전달하는 느낌이 들지 않고 눈앞에 선명하게 펼쳐진 이미지로 우리에게 다가온다. 묘사는 이처럼 구체적인 이미지를 통해 재현된다. 장면이나 정황을 개괄적으로 보여주는 것은 묘사가 아니라 설명이라는 점을 알아야 한다.[99]

위의 예시를 통해 설명 글과 묘사 글의 차이를 구분할 수 있다. 설명 글은 뜻풀이에 그친다. 정보를 제공하지만 이미지를 보여주지 않는다. 이미지의 상태를 설명하여 정보를 전달할 뿐이다.

묘사 글은 이미지를 보여준다. 어떤 상황인지 단번에 알 수 있다. 자신이 그 자리에 있었으면 하는 마음이 생긴다. 장면이 눈앞에 선명하게 펼쳐진 이미지로 인해 마음이 움직여 청중에게 관심을 갖게 한다.

묘사에
도전하라

묘사에 도전할 이유는 넘친다

설교자는 묘사에 도전해야 한다. 이미지 설교를 하려면 묘사 도전이 필수다. 한 번 해 보고 안 되면 그만두는 심심풀이 도전이 아니다. 반드시 이뤄내야 하는 진짜 도전이다. 누구나 도전할 수 없는 것, 도전하기 힘든 것에 도전하는 것이 진짜 도전이다. 도전하기 전에 회피는 누구나 할 수 있다. 도전하다가 포기도 누구나 할 수 있다. 마찬가지로 도전도 누구나 할 수 있다. 물론 함부로 하지 못하는 도전이 있다. 불가능해 보이는 것에 대한 도전이다. 묘사 글쓰기에 대한 도전은 힘들기는 하다. 하지만 도전할 만한 충분한 가치가 있는 도전이다.

JDM 대표인 윤태호 목사는 선교회 간사들에게 이렇게 말한다. "도전하고 개척하라." 선교단체는 개척에 도전해야 한다. 학원 선교에 도전해야 한다. 해외 대학교라면 더 도전의 의미가 불타올라야 한다.

설교자에게 묘사 글쓰기는 도전이다. 도전하면 결과가 나온다. 이 책은 도전의 결과물이다. 도전하는 그 자체가 어렵다. 도전에는 많은 시간도 걸린다. 그럴지라도 묘사에 도전해야 한다. 그 도전의 가치는 충분하다.

조동범은 저서 『상상력과 묘사가 필요한 당신에게』에서 묘사의 중요성을 설파한다. 묘사가 중요하다는 것은 도전할 가치가 충분하다고 말이다.

'글쓰기에서 묘사가 중요하다는 것은 널리 알려진 사실이다. 그런데도 많은 사람이 묘사하기보다는 자신의 생각을 직설적으로 드러내는 글을 쓰는 경우가 많다. 그 이유는 글쓰기를 글쓴이의 생각과 정보, 주장 등을 직접적으로 전달하는 것이라고만 생각하는 강박 때문이다. 이럴 경우에 글쓰기는 의미와 주장을 전달하는 성격을 벗어나기가 쉽지 않다. 물론 생각이나 정보 등을 전달하는 것은 글쓰기의 중요한 기능이다. 하지만 우리가 글을 쓰는 이유는 단순하게 생각이나 정보 등을 전달하는 경우도 있지만 그렇지 않은 경우도 많다. 우리가 일상생활에서 접하는 글쓰기는 오히려 창조적이고 감각적인 글인 경우가 많다. 감각적이고 감동적으로 상대방을 설득할 때 글쓰기의 효과는 극대화된다. 이때 중요한 글쓰기의 방법이 바로 묘사이다. 글이 감각을 드러낼 때, 그리하여 감각적인 글쓰기의 모습으로 우리에게 다가올 때 그 글은 읽는 사람에게 감각적인 느낌으로 다가서게 마련이다. 그리고 이때 그와 같은 글을 읽는 사람들은 그것이 아름답고 잘 쓴 글이라는 생각을 한다. 그런데 글을 읽을 때 느끼는 이러한 감각에도 불구하고 사람들은 자신의 생각을 직설적으로 표현하는 경우가 많다.'[100]

박진환은『당신도 시인이 될 수 있다』에서 '사실대로 진술하는 묘사는 누구나 할 수 있다'고 한다.[101] 누구나 할 수 있는 묘사에 도전해야 한다.

묘사에 도전할 가치가 충분한 이유는 청중이 보다 창조적이며 감각적인 느낌의 설교를 들을 수 있기 때문이다. 청중에게 묘사가 창조적이고 감각적인 느낌으로 다가온다는 것은 묘사 글에 설득되고 감동을 받고 있다는 말이다.

묘사 글이 아닌 직설적인 글은 그 표현이 상투적이다. 상투적인 글은 청중에게 매력을 주지 못한다. 그저 진부하고 평범한 글이 된다. 이런 글은 청중이 들은 뒤 흘려보내고 싶은 글이다.

설교자는 묘사 글쓰기에 도전할 수 있다. 묘사 글쓰기에는 누구나 도전이 가능하다. 사실대로 진술하는 묘사를 누구나 할 수 있다면 설교자도 도전해야 한다.

묘사 글쓰기를 연습하라

묘사 글쓰기에 도전했다면, 묘사 글쓰기를 연습해야 한다. 연습하면 묘사할 수 있다. 세상에 쉬운 것은 없지만, 연습을 통해 가능하다. 능통하게 할 수 있다.

설교자는 묘사 글쓰기를 연습해야 한다. 묘사는 글쓰기의 기본이기에 그렇다. 묘사가 글쓰기의 기본이지만 묘사 글쓰기는 쉽지 않다. 많은 글을 보면 묘사를 제대로 하는 사람이 많지 않음을 본다. 묘사 글이 청중의 마음에 파고든다면 설교자는 제대로 묘사하기 위해 묘사 글쓰기를 연습하고 또 연습해야 한다.

설교자가 묘사 글을 연습해야 하는 이유가 있다. 설교자에겐 묘사적 글쓰기(Descriptive Writing)를 해야 하는 책무가 있기 때문이다. 이에 대한 <중앙일보 어문연구소>의 글을 일부는 발췌하고 일부는 응용해 아래에 붙인다.[102]

묘사적 글쓰기는 어떤 대상이나 느낌을 생생하게 표현하는 방식의 글쓰다. 잘 써진 묘사적 에세이는 독자들에게 직접 보고, 듣고, 맛보고, 냄새 맡고, 만지는 듯한 느낌을 준다. 따라서 묘사적 글쓰기는 독자들에게 마치 직접 경험한 듯한 '현실감'을 어느 정도 줄 수 있는지가 중요한 평가 기준이 된다.

묘사 글쓰기는 어떤 대상이나 느낌을 생생하게 표현한다. 잘 써진 묘사적 에세이는 독자들에게 직접 보고, 듣고, 맛보고, 냄새 맡고, 만지는 듯한 느낌을 준다. 에세이가 직접 보고, 듣고, 맛보고, 냄새 맡고, 만지는 듯한 느낌을 준다면 설교에도 동일한 느낌을 준다고 말할 수 있다.

문제는 연습 방법이다. 묘사 글쓰기를 연습하는 다섯 가지 방법이 있다.

첫째, 오감을 이용하고 관찰해야 한다.

묘사하려고 하는 대상에 대해 주의 깊게 관찰한다. 관찰할 때 오감을 사용한다. 오감으로 어떻게 보이고, 들리는지, 어떤 냄새와 맛이 나는지, 만졌을 때 어떤 느낌이 드는지를 스스로에게 질문하고 메모해 둔다. 느껴지는 대로 적어두고 관찰 능력을 키운다.

둘째, 생생하게 느껴야 한다.

묘사하고자 하는 대상에 대한 느낌을 구체적으로 적는다. 어떤 감정을 불러일으키는지, 어떤 연상과 기억이 떠오르는지, 어떤 행동으로 반응하게 되는가를 가능하면 구체적으로 생각하고 메모해 두어야 한다.

셋째, 정확한 어휘를 찾아야 한다.

좋은 묘사 글쓰기는 생생한 언어 사용을 필수조건으로 한다. 일반적인 어휘 사용을 피하고 구체적이고 흥미로운 단어를 골라 사용해야 한다. 사전을 찾는 습관을 들이는 것도 중요하다. 어휘와 한국어 뜻만을 연결하는 것은 곤란하다. 예문의 쓰임이 어떤지를 알아야 비슷한 어휘의 의미 구별이 가능하다. 형용사를 많이 알면 효과적인 묘사가 가능하다. '나만의 형용사 사전'을 만들어 예문과 함께 정리해 두면 글쓰기를 하는 데 큰 도움이 된다.

넷째, 비유 표현을 연습해야 한다.

비유적인 표현 사용도 좋은 묘사적 글쓰기의 한 방법이다. 직유(Simile)적 표현 혹은 적절한 은유(Metaphor)적 표현을 찾아야 한다. 책을 읽으면서 습득하거나 그때그때 생각나는 좋은 비유적 표현은 따로 메모해 두고 참고해야 한다.

다섯째, 구조 갖추기다.

글쓰기를 할 때는 반드시 구조를 갖춰야 한다. 묘사적 글쓰기를 할 때도 단지 대상에 대한 묘사만으로 끝낸다면 좋은 평가를 기대할 수 없다. 전달하고자 하는 메시지가 무엇인지를 확실히 정하고 그 메시지를 한 문장으로 정리해야 한다. 주제 문장(Topic Sentence)이 정리되고 나면 그 메시지를 효과적으로 전달하기 위한 뒷받침 문장들(Supporting Detail Sentences)을 적어야 한다. 가능하다면 관찰과 감상 과정에서 많이 써 보는 것이 좋다.

묘사 글쓰기를 연습하면 두 가지 효과가 있다. 첫째는 어떤 사물이나 현상에 대한 관찰력을 높여 준다. 둘째는 느낌과 감상의 폭이 넓어지고 언어 능력이 높아진다. 묘사적 글쓰기는 정확한 어휘 선택과 적절한 표현 방법이 요구되기 때문에 어휘 실력과 표현력을 늘리는 데 효과적이다. 다른 어느 종류의 글쓰기보다 더 많은 어휘 실력이 요구되는 묘사적 글쓰기를 통해 언어 능력을 향상시킬 수 있다.

묘사적 글쓰기 연습을 하면 생각보다 유익이 많다. 추상적인 글이 아니라 구체적인 글로 청중의 마음을 파고들 수 있다. 생각이 멈추는 글이 아니라 상상력이 발휘되는 글을 쓸 수 있으며 이미지로 보여주는 효과 만점인 글을 쓰게 된다.

묘사하려면 새로운 시선으로 바라봐야 한다

설교자가 묘사 글을 쓰려면 지금까지 해 왔던 방식을 벗어날 필요가 있다. 늘 봐 왔던 시선만이 아니라 다른 시선, 새로운 시선으로 바라봐야 한다. 영적인 시선만이 아니라 세상적인 시선으로 바라봐야 한다. 말하는 자의 시선만이 아니라 듣는 자의 시선으로 바라봐야 한다. 필자는 집 밖에서 글을 쓴다. 한국보다는 해외에서 글을 쓰는 이유는 새로운 시선으로 바라보기 위함이다.

묘사하려면 감정이입, 오감 활용, 전과 다른 시선을 가져야 한다. 다른 시선을 가지려면 지금까지 해 왔던 글쓰기 방식이 아니라 자신을 탈바꿈한다는 정도로 다른 글쓰기 방식으로 해야 한다.

예를 들어, 설교자가 '사랑'을 설교한다고 치자. 이때 설교자는 더이상 하나님의 사랑, 예수님의 십자가에서의 죽음과 같은 사랑, 하나님을 사랑하기에 받은 바울의 깊은 고난 등으로 설명하면 안 된다. 청중은 이런 설교에 무반응을 보일 확률이 높다. 뻔히 아는 설교, 익히 들은 설교, 상투적인 설교로는 청중을 설교에 끌어들이지 못한다. '글쓰기의 기본은 묘사임이 분명하다'[103]면, 묘사가 글의 기본이 아닌 설교자에겐 어려운 과제가 된다. 그러므로 설교자는 다른 시선으로 바라봐야 한다. '화 참기', '애착 인형 버리기', '가만히 있기' 등으로 '사랑'을 설명해야 한다.

묘사 글을 쓰려면 새로운 시선으로 바라봐야 한다. 어떤 것이든 상투적인 글에서 벗어나려면 새로운 시선으로 바라봐야 한다. 어떤 글이 상투적인 글인가. 다음을 보면 확실히 알 수 있다.

'나무'를 '생명력 넘치는 삶의 충만함'으로 표현한다. '빌딩'을 '도시의 삭막함'으로 표현한다. '노점상'을 '가난한 삶'으로 표현한다, '장미'를 '붉거나 아름답다'로 표현한다.[104] '은혜'를 '무조건적인 하나님의 사랑'이라고 표현한다. '연합'을 '아름다운 공동체'라고 표현한다.

새로운 시선으로 바라보면 '나무'를 '긍정의 편안함 혹은 긍정의 정서'[105]로 표현한다. '빌딩'을 '배려'로 표현한다. '노점상'은

'치열한 삶'으로 표현한다, '장미'를 '화사하게 꾸미는 여성'으로 표현한다. '은혜'를 '품는 마음'으로 표현한다. '연합'을 '정원 가꾸기'로 표현한다.

상투적인 글로는 청중이 하나님께로 가도록 하기 어렵다. 새로운 시선으로 묘사해야 하나님께 기쁨으로 달려가도록 한다. 묘사로 상투적인 글에서 벗어나면 청중은 한 번 더 눈길을 준다.

사도 바울의 묘사를 통해 배울 수 있다

성경에는 묘사가 많다. 묘사 글은 구약과 신약 구분이 없다. 사도 바울은 묘사의 달인이다. 특히 자신이 받은 고난 설명에 대한 묘사는 탁월하다. 사도 바울은 자신이 누구인가를 밝히기 위해 고린도후서 11장에서 다음과 같이 묘사한다.

'그들이 히브리인이냐 나도 그러하며 그들이 이스라엘인이냐 나도 그러하며 그들이 아브라함의 후손이냐 나도 그러하며 그들이 그리스도의 일꾼이냐 정신없는 말을 하거니와 나는 더욱 그러하도다. 내가 수고를 넘치도록 하고 옥에 갇히기도 더 많이 하고 매도 수없이 맞고 여러 번 죽을 뻔하였으니 유대인들에게 사십에서 하나 감한 매를 다섯 번 맞았으며 세 번 태장으로 맞고 한 번 돌로 맞고 세 번 파선하고 일주야를 깊은 바다에서 지냈으며 여러 번 여행하면서 강의 위험과 강도의 위험과 동족의 위험과 이방인의 위험과 시내의 위험과 광야의 위험과 바다의 위험과 거짓 형제 중의 위험을 당하고 또 수고하며 애쓰고 여러 번 자지 못하고 주리며 목마르고 여러 번 굶고 춥고 헐벗었노라. 이 외의 일은 고사하고 아직도 날마다 내 속에 눌리는 일이 있으니 곧 모든 교회를 위하여 염려하는 것이라. 누가 약하면 내가 약하지 아니하며 누가 실족하게 되면 내가 애타지 아니하더냐 내가 부득불 자랑할진대 내가 약한 것을 자랑하리라'(22-30).

바울의 묘사는 구체적이다. 청중의 머리에 바울이 처한 상황을 단박에 알 수 있는 선명한 이미지의 묘사다. 설교자는 바울의 묘사를 통해 묘사를 배울 수 있다. 설교자는 성경에 나와 있는 그대로 설명해도 된다. 그러나 조금 더 디테일하게 묘사해야 한다.

작가들의 사도 바울 묘사를 통해 묘사를 배운다

소설가, 작가들은 묘사에 남다른 재능이 있다. 그중 한 명이 월터 F. 머피다. 그는 『반석 위에서』(Upon This Rock)에서 사도 바울의 외모를 묘사한다. 그에 대해 알려진 모든 내용은 2,000년간 내려온 고전에 근거를 두고 있다. 사실 성경에는 바울의 모습이 자세히 설명되어 있지 않고 역사학자들이 남긴 약간의 기록이 있을 뿐이다. 오랫동안 그의 외모에 대해서는 빨강 머리라던가, 눈이 좋지 않다던가, 매력적이지 않다 등의 세 가지 특징으로 전해져 왔다.

　테일러 콜드웰은 소설 『신의 위대한 사자』(Great Lion of God)에서 바울을 빨강 머리의 못생긴 남자로 그리고 있다. 월터 F. 머피는 바울이 성자가 되기 전, 곧 바울이라 불리기 전의 모습을 묘사한다. 바울은 다마스쿠스로 가는 길에 하나님의 음성을 듣기 전까지 다소의 사울이라 불렸다. 머피는 바울을 아래와 같이 묘사한다.

　"사울은 매력적인 얼굴이 아니었다. 그의 얼굴은 눈, 코, 입을 아무렇게나 던져 만든 것처럼 보였다. 하나하나는 그다지 못생기지 않았으나 전혀 조화를 이루지 않았다. 귀는 켈트족 병사의 귀처럼 물병의 손잡이만큼 축 늘어졌고 머리 옆으로 불쑥 튀어나왔다. 곱슬곱슬한 머리는 밝은 빨강색 싸구려 걸레갈이 보였다. 피부색은 곱지 않고 연한 올리브색이었다. 턱수염은 가늘고 들쭉날쭉했는데 서른 살이 다 된 남자의 수염이라기보다 십대 소년의 수염 같았다. 수염 또한 빨간색이었는데 머리카락보다는 훨씬 옅어 보였다. 매부리코는 얼굴에 비해 길었고 입은 아주 컸다. 치아는 불규칙하고 윗니가 벌어져 있어서 힘주어 말할 때 가끔 휘파람 소리가 새어 나왔다."[106]

　머피는 못생겼다고 단정하기보다는 왜 매력적이지 않은지 세부 사항을 제시하며 묘사한다. 독자가 소설을 읽기 전에 그 나름대로 생각했던 못생긴 빨강 머리가 아니라 살아 숨 쉬는 인간을 보여주기 위해 매부리코, 큰 입, 벌어진 치아, 듬성듬성한 턱수염을 지적한다.

머피와 콜드웰은 소설에서 바울을 잘생긴 남자로 만들 수도 있었다. 참고할 사료가 거의 없기 때문에 설령 그렇게 만들어도 누구도 반박하지 않았을 것이다. 그러나 많은 독자가 이미 바울의 외모에 대한 선입견이 있으므로, 두 작가는 전통적 이미지를 따르는 쪽을 택했으며 묘사를 통해 그들 나름대로 변형했다.

묘사, 시편 1편에서 배울 수 있다

시편 1편은 두 가지 이야기를 한다. '복 있는 사람'과 '악인'이다. 복 있는 사람과 악인의 이미지를 고민 없이 알 수 있다. 선명한 이미지로 인해 청중은 어떤 사람으로 살아야 하는지 자연스럽게 안다.

먼저 복 있는 사람의 묘사를 보자. '복 있는 사람은 악인들의 꾀를 따르지 아니하며 죄인들의 길에 서지 아니하며 오만한 자들의 자리에 앉지 아니하고, 오직 여호와의 율법을 즐거워하여 그의 율법을 주야로 묵상하는 도다. 그는 시냇가에 심은 나무가 철을 따라 열매를 맺으며 그 잎사귀가 마르지 아니함 같으니 그가 하는 모든 일이 다 형통하리로다.'[107]

다음으로 악인의 묘사를 보자. '악인들은 그렇지 아니함이여 오직 바람에 나는 겨와 같도다. 그러므로 악인들은 심판을 견디지 못하며 죄인들이 의인들의 모임에 들지 못하리로다. 무릇 의인들의 길은 여호와께서 인정하시나 악인들의 길은 망하리로다.'[108]

설교자는 시편 1편을 통해 어떻게 묘사하는지 배울 수 있다. 복 있는 사람처럼 살기를 꿈꾼다. 망한 인생인 악인처럼 살지 않기 위해 몸부림친다.

시편을 통해서 묘사하는 법을 배웠다면 조지 허버트의 <기도>라는 시를 통해서도 묘사를 배울 수 있다.

기도는 교회들의 향연, 천사의 시대,

태어난 곳으로 돌아가는 인간에게 깃든 하나님의 숨결,

쉽게 풀이한 영혼, 순례 중인 마음,

하늘과 땅의 깊이를 재는 그리스도의 다림추

전능하신 신에 맞서는 병기, 죄인의 탑,

거꾸로 치는 천둥, 그리스도의 옆구리를 관통하는 창,

엿새의 세상을 한 시간 내에 바꾸는 것,

만물이 듣고 두려워하는 일종의 선율.

부드러움과 평화, 기쁨, 사랑, 축복.

환희의 만나, 최고의 기쁨,

일상의 천국, 잘 차려입은 인간,

은하수, 낙원의 새,

별들 너머로 들리는 교회의 종, 영혼의 피,

향료의 땅, 이해된 어떤 것.

마크 도티는 허버트의 시를 통해 시인은 동사의 사용을 자제하고('기도는⋯이다'로 표현하지 않고), 기도에 대한 정의의 유연한 사슬로 시를 진행시킨다고 말한다. 그는 시에서 이름들의 열거는 가장 아름다운 묘사 방식 중 하나라고 한다.[109]

성경은 묘사로 이루어져 있다. 설교자는 성경을 읽을 때 단순히 말씀으로만 읽기보다는 묘사를 배우는 자세로 읽어야 한다. 이미지 시대에 묘사함으로 이미지 글을 쓸 수 있도록 자신을 갈고닦아야 한다.

의미를 부여하면 묘사 글이 된다

설교자는 감각에 민감해야 한다. 감각이 민감하면 묘사 글쓰기에 큰 도움이 된다. 설교자를 오랫동안 가르치면서 깨달은 것이 있다. 감성적인 설교자가 이성적인 설교자보다 설교에 대한 청중 반응이 좋다는 것이다. 청중은 감성적인 설교자의 설교를 좋아한다. 이유는 단순하다. 감각적인 설교자는 이성적인 설교자보다 묘사를 잘하기 때문이다.

청중이 좋아하는 글이 있다. 구체적인 글이고 감각적인 글이다. 청중이 감각적인 글을 좋아하니 설교자는 예민한 감각을 지녀야 한다. 좋은 묘사도 감각이 민감할 때 잘한다. 묘사를 하려면 인물, 상황 등을 구체적으로 설명할 수 있는 민감한 감각이 있어야 한다. 감각이 둔감하다면 묘사 글쓰기는 하늘의 별 따기가 된다. 내가 구체적으로 쓰겠다고 해서 묘사가 되지 않는다. 감각적인 글을 쓰기 위한 두 가지 방법이 있다.

먼저, 눈에 보여지는 그대로 쓴다. 설교자들은 글을 쓸 때 성경을 읽고 느껴진 것, 깨달아진 것을 쓴다. 청중이 하고 싶은 말을 쓴다. 묘사를 하려면 성경에서 생각났거나 느꼈거나, 깨닫게 된 것이 아니라 내 눈에 보이는 대로 써야 한다. 보는 눈이 바뀌면 모든 것이 바뀐다는 윌리엄 블레이크의 말처럼 눈에 의지해 묘사해야 한다.

'우리는 글을 쓸 때 눈이 아닌 마음과 머리로 쓰려는 습관이 있다. 마음과 머리에 기대지 않고 눈에 의지하여 쓸 때 감각적인 글이 나온다. 그리고 이때 나온 글은 단순히 멋지기만 한 것이 아니라 더욱 깊은 사유를 담게 된다. 또한 눈을 믿고 쓴 묘사의 이미지는 직접 말하지 않음으로써 곧바로 상징이 된다. 물론 겉으로 드러난 것을 표현한다고 모든 글이 좋은 묘사가 되는 것은 아니다.

많은 글이 묘사를 하려고 하지만 묘사가 아닌 설명이 되는 경우가 많기 때문이다.'[110]

성경에서 생각되었거나, 느꼈거나, 깨닫게 된 것은 설명 글이 된다. 마음과 머리에 기대지 않고 눈에 의지해 쓴 글이 감각적인 글이 된다.

눈에 의지하며 쓰면 사물을 제대로 볼 수 있다. 제대로 보게 된 사물은 설교자의 영혼에 보는 눈이라는 새로운 능력을 갖게 해준다. 설교자는 눈에 보이는 것을 묘사하는 훈련을 해야 한다. '보이는 글은 가슴으로 느끼는 감정과 머리로 생각하는 이성과 판단을 모조리 뒤로하고 눈으로 파악하는 이미지만 써 봐야 한다.'[111]

둘째, 의미를 부여해 쓴다. 의미를 부여해 글을 쓰면 이미지가 된다. 나무를 상투적인 의미로 쓰면 '생명력 넘치는 삶의 충만함'이 된다. 나무에 의미를 부여해 쓰면 '편안함'으로 이미지 글이 된다.

설교자가 묘사에 대해 그다지 긍정적이지 않은 것은 의미와 이미지가 별개라고 생각하기 때문이다. 조동범은 『상상력과 묘사가 필요한 당신에게』에서 이미지와 의미는 별개의 것이 아니라 같다고 말한다. '이미지와 의미를 별개의 것으로만 생각하는 경우가 많다. 하지만 이미지와 의미는 결코 별개의 것이 아니다.'[112]

이미지와 의미가 별개의 것이 아니라면 사물이나 단어에 의미를 부여해 글로 쓰면 이미지 글이 된다. 나무에 의미를 부여하지 않으면 관념적 인식을 통해 '나무는 어떻다', 즉 '나무의 생명력'이라고 직설적으로 표현한다. 반면 의미를 부여하면 새로운 의미를 갖게 되어 이미지 글로 탈바꿈한다.

묘사가 이미지다

묘사는 글쓰기의 기본이다

묘사는 글쓰기의 기본이다. 글을 전문적으로 쓰는 소설가, 작가들에게 글의 기본은 묘사다. 설교자에게 글의 기본인 묘사가 잘 이해가 되지 않고, 감도 오지 않을 수 있다. 설교자 입장에서는 시인이나 소설가에게 해당되는 말이라고 단언할 수 있다.

설교자의 글쓰기 기본은 설명이다. 성경의 단어나 구절을 주해해 그 뜻을 설명하는 것이 기본이다. 이미지 시대에 설교자의 글쓰기는 기본이 달라져야 한다. 설명에서 묘사로 옮겨 가야 한다. 설명 글은 정보에 그쳐 지겨울 수 있다. 묘사 글은 감각적으로 청중의 마음에 파고들어 이미지가 박혀 청중을 하나님께로 끌고 간다. 조동범은 『상상력과 묘사가 필요한 당신에게』에서 묘사의 효과를 이렇게 말한다. "감각적이고 감동적으로 상대방을 설득할 때 글쓰기의 효과는 극대화된다. 이때 중요한 글쓰기의 방법이 바로 묘사다."[113]

묘사가 청중 설득에 최고라면 이미지 시대에 설교자는 묘사해야 한다. 만약 묘사하지 않거나 묘사하지 못하면 청중을 하나님께로 끌고 가기 어렵다. 설교자가 묘사를 글쓰기의 기본으로 삼아야 하는 이유는 묘사 글이 생동감을 불러일으키고 청중을 감각적으로 반응하도록 이끌기 때문이다. 묘사를 하면 이미지가 생성된다. 그 이미지는 글을 쓰는 사람과 청중의 감각, 상징, 사유를 연결하는 매개체가 된다. '글을 쓰는 구체적 방법으로서 묘사는 단순히 표현방법에 머물지 않는다. 묘사를 통해 드러난 이미지는 글을 쓰는 사람의 감각이며 상징과 사유를 드러내는 매개체이다. 또한 묘사는 글에 생동감을 불러일으키고 감각적인 표현이 가능하게 한다. 따라서 묘사는 단순히 표현 능력만을 의미하지 않는다. 그런 점에서 묘사를 수사적인 특성만으로 이해해서는 안 된다. 묘사는 많은 사람들이 글쓰기를 할 때 놓치기 일쑤인 감각적 표현과 긴밀한 관계에 있는 쓰기의 방법이다. 글쓰기는 기본적으로 감각적 행위다. 우리는 흔히 글쓰기를 이성적이고 논리적인 것이라고만 생각한다. 물론 이것도 맞는 말이다. 하지만 이성적·논리적으로만 글쓰기를 바라볼 때 문제는 발생한다. 글쓰기가 이성이 아니라 감각적 태도를 취할 때 우리의 마음을 흔든다는 점을 잊어서는 안 된다. 묘사는 이와 같은 감각을 극대화할 수 있는 가장 좋은 방법 중 하나이다.'[114]

묘사는 생동감을 불러일으키고 감각적인 표현이 된다. 글쓰기에는 여러 가지 기능이 있는데 그중 하나가 감각적 행위다. 말의 시대에 설교는 논리적인 글쓰기였다. 이미지 시대에는 감각적 글쓰기가 돼야 한다. 감각적 글쓰기를 하기 위해 묘사가 설교자 글쓰기의 기본이어야 한다.

이미지 설교 글쓰기, 묘사로 시작한다

묘사가 글쓰기의 기본이라면 설교자의 설교도 묘사로 시작해야 한다. 설교 글에 중요한 요소가 몇 가지 있다. 논리력, 문장력, 표현력 등이다.

많은 설교자는 논리가 안 된다. 책 쓰기 코칭을 하며 깨닫게 된 것 중 하나가, 한 주제로 글을 쓰지 못한다는 것이다. 한 주제로 글을 쓰지 못하니 3개월짜리 코칭 기간이 1년도 넘어간다.

논리력이 갖춰지면 문장력과 표현력이란 산을 넘어야 한다. 설교자가 논리력을 기르기란 쉽지 않지만 문장력과 표현력은 더 힘들다. 설교자가 문장력과 표현력까지 기르려면 오랜 시간이 걸린다. 문장력도 부족한데 표현력까지 길러야 한다면 앞이 막막하기까지 하다. 설교자는 매일 글을 써야 하므로 시간이 걸리더라도 표현력을 길러야 한다.

많은 설교자가 글쓰기의 세 가지 요소를 극복하지 못하는 이유는 글쓰기는 타고난 능력이라고 생각하는 데 있다. '글쓰기에서 힘들게 하는 것은 상상력과 묘사라고 한다. 특히 상상력의 경우는 특별히 타고난 능력이라고 많이 생각한다.'[115]

상상력만이 아니라 글을 쓰는 그 자체도 타고나야 한다고 말한다. 어느 글쓰기 모임에서도 이렇게 말한다. "글쓰기는 타고나야 한다." 이 말이 극소수에게는 통용된다. 그러나 대다수에게 통용되는 말은 아니다. '글쓰기는 타고나야 한다'라는 말을 들으면 어려운 글쓰기에 도전하지 않는다. 논리력도 안 되는데 문장력, 표현력까지는 더욱 정복하려 하지 않는다.

이미지의 시대, 설교자는 도전과 연습으로 설교 글을 묘사해야 한다. 묘사를 잘하는 소설가, 시인 등은 타고난 재능으로 묘사한다고 말하지 않는다. 불철주야로 시간을 투자해 연습하고 연습한 덕분이라고 말한다. 다른 직종인 음악가, 화가, 기술자 등도 노력의 결실인 경우가 허다하다.

이미지 글을 써야 하는 설교자는 일단 묘사 글을 써 봐야 한다. 자신에게 보여진 것, 사물을 통해 느낀 것, 옆에 있는 것에서 나는 냄새 등을 묘사해 봐야 한다.

미국의 소설가 헤밍웨이의 표현 3원칙이 있다. '들리듯(audible)',

'보이듯이(visible)', '만져지듯(tangible)' 묘사해야 한다.

시인은 묘사를 시 쓰기의 출발점으로 삼는다. 동시에 묘사를 시 쓰기의 마지막으로 삼는다. 시인은 충실하게 묘사한다. 시인이 충실하게 묘사하는 것은, 묘사 대상의 현상을 생생하게 그리기 위해서만이 아니라 그 묘사의 생생함을 본질에 이르는 관문으로 여기기 때문이다.

설교자는 글쟁이여야 한다. 글쟁이라면 소설가, 시인처럼 묘사하기 위해 불철주야 노력해야 한다. 묘사를 설교 글쓰기의 시작으로 삼아야 한다.

묘사는 하찮지 않고 중요하다. 시어도어 로스케는 묘사가 하찮은 순간이 없다고 말한다. "묘사가 하찮아지는 순간은 언제인가? 절대 없다(NEVER)." 묘사는 하찮은 글이 아니다. 하찮지 않고 소중하다.

설교자는 묘사해야 한다. 묘사하는 순간 이미지 글이 된다. 글이 이미지가 되었다는 것은 묘사를 통해 '일상적으로 보아 온 낯익은 대상에 난생처음 본 듯한 신선감'[116]을 부여했다는 증거다. '사랑'을 직접적으로 말하는 것보다 죽음의 구체적 국면으로 재현하면 이미지의 글인 묘사가 된다.

묘사 글을 쓰면, 묘사하면, 보이는 것뿐 아니라 보이지 않는 관찰자의 내면까지 보게 된다. 관찰자의 내면까지 본다는 것은 묘사의 효과가 엄청남을 반증하는 것이다. '묘사는 우리에게 세상

뿐 아니라 관찰자가 내면세계까지 선물해 줄 정도로 대단한 기술 (ART)이다.'[117]

설교자는 묘사를 해야지, 설명하면 안 된다. 그럼에도 '많은 글이 묘사하려고 하지만 묘사가 아닌 설명이 되는 경우가 많다.'[118] 묘사를 했는데 설명이 되면, 또 시도해야 한다. 100번 찍어 안 넘어가는 나무 없다는 말을 기억하고 도전에 도전해야 한다.

묘사는 표현으로부터 시작된다

글쓰기의 시작은 묘사다. 묘사의 시작은 표현이다. 글의 대상을 표현하는 것이 묘사다. 즉 묘사는 표현이고, 표현은 묘사다.

묘사가 표현보다는 의미가 더 넓다. 표현은 생각이나 느낌 따위를 언어나 몸짓 따위의 형상으로 드러내어 나타낸다. 묘사는 어떤 대상이나 사물, 현상 따위를 언어로 서술하거나 그림을 그려서 표현한다. 묘사는 표현의 한 부분이다. 표현을 잘하면 묘사를 잘할 수 있다.

표현이란 무엇인가? 『세계미술용어사전』은 이렇게 정의한다. '표현(表現, expression)은 예술 창작의 근본 작용으로 포화된 감정이 통일적 직관 형태를 산출한다.' 이 정의에 따르면 표현에는 두 가지가 들어 있다. 첫째, 표출이다. 즉, 주관적 감정을 객관화하는 작용이다. 둘째, 묘사다. 즉, 내적 표상이 지각되는 형태를, 통일적 형식 법칙을 가진 작품으로 나타내는 것이다.

묘사한다는 것은 대상을 글로 표현하는 것이다. 묘사가 표현이 듯이 설교는 언어의 표현이다. 언어로 표현하는 방법이 묘사다. 설교가 언어의 표현이고, 언어로 표현하는 것이 묘사라면 언어를 다루는 설교자는 설교 글을 묘사해야 한다.

소설도 묘사한다. 시도 묘사한다. 설교도 묘사한다. 묘사를 대표하는 시와 설교에는 공통점이 있는가? 차이점이 있는가? 시의 묘사와 설교에서의 묘사 기법은 다르지 않다. 시의 '묘사는 가시적 세계인 이미지를 재현하여 시적 감각을 우리에게 전달한다.'[119] 마찬가지로 설교도 하나님의 말씀을 이미지화해 청중에게 감각적으로 다가오도록 전달한다. 시를 묘사하든 설교를 묘사하든 공통점은 이미지를 만들어낸다는 것이다.

가와바타 야스나리의 『설국』에 나오는 글이다. '여자의 인상은 이상할 만큼 깨끗했다. 발가락 밑의 움푹진 곳까지도 깨끗할 것 같았다.'

묘사를 통해 내 눈앞에 보이도록 한다. 묘사하면 눈앞에 보이도록 이미지가 만들어진다. 이처럼 이미지를 만들기 위해 묘사로 표현해야 한다. 즉 묘사는 표현으로 시작하고, 표현으로 마무리된다. 묘사가 표현으로 시작하고 표현으로 마무리된다면 설교자는 설교를 쓸 때 어떻게 표현할 것인가를 고민해야 한다. 고민한 만큼 묘사 글의 이미지 정도가 결정된다.

묘사할 때, 감정 표현에 신경 써야 한다

묘사는 표현하기다. 그렇다면 '무엇을 표현해야 하는가? 어떻게 표현해야 하는가?'라는 질문이 생긴다. 묘사의 방법에는 여러 가지가 있는데 여기서는 서경적 구조와 심상적 구조 두 가지만 살펴본다. 이는 조동범의 『상상력과 묘사가 필요한 당신에게』에 자세히 나와 있다. 이 책을 참고하면 도움이 크다. 그는 서경적 구조와 심상적 구조를 이렇게 말한다. '서경적 요소는 가시적(사실적) 세계를 재현하는 언어 문법을 차용한다. 심상적 구조는 심리적이라는 비가시적 세계를 이미지화함으로써 비현실적이고 환상적인 세계를 제시한다.'[120]

서경적 구조는 고정되어 있는 하나의 대상이나 국면을 관찰자의 눈을 통해 인지한 이미지를 사실적으로 묘사한다. 이 구조는 하나의 대상을 집중적으로 관찰하는 것이 중요하다. 심상적 구조는 눈으로 볼 수 없고, 마음으로 바라볼 수 있는 이미지를 묘사하는 방법이다. 관찰자의 개성이 나타나므로 주관적인 묘사라고 할 수 있다. 현실 속에서 파악할 수 없는 이미지를 재현하므로 비현실적이거나 환상적인 세계를 제시한다.

서경적 구조와 심상적 구조는 관찰의 힘이 강조되는데, 관찰의 여부에 따라 묘사가 결정되기에 그렇다. 서경적 구조와 심상적 구조에는 차이가 있다. 차이는 미세하지만 그 미세한 차이를 발견하

고 묘사해야 한다. 아래의 예를 통해 알아보자.[121]

　① 토끼가 풀밭에 앉아 눈물을 흘린다.
　② 토끼가 붉은 바다 밑에 주저앉아 눈물을 흘리고 있다.

'토끼가 풀밭에 앉아 눈물을 흘린다'는 서경적 구조의 문장이다. 여기서 토끼가 눈물을 흘리는 객관적인 사실 이상의 감각을 느끼기 쉽지 않다. 반면 '토끼가 붉은 바다 밑에 주저앉아 눈물을 흘리고 있다'는 심상적 구조의 문장이다. ②의 심상적 구조처럼 표현하면 말로는 표현하기 힘든 토끼의 근원적인 슬픔까지도 드러낼 수 있다. 이처럼 드러내기 힘든 내면의 미세한 감정까지 표현할 수 있는 것이 심상적 구조다.

설교자는 묘사할 때 청중의 감정과 소통되도록 감정 표출에 신경 써야 한다. 즉 심상적 구조를 어떻게 잘 표현할까에 깊은 주의를 기울여야 한다.

묘사는 서경적 구조처럼 보이는 사실을 묘사할 수 있다. 심상적 구조는 내면을 들여다봐 사람의 감정 표현을 묘사한다. 이것으로 볼 때 감정 표현도 묘사다. 감정을 표현하는 것은 공감하기 위해서다. 원활한 소통을 위해서다.

설교자는 청중에게 때론 내 감정도 보여줘야 할 때가 있다. 그 감정을 묘사를 통해 보여줘야 한다. 강단에서 울고 짜는 것이 아니라 글 묘사로 감정을 잘 드러내야 한다. 설교자가 자기감정이든, 청중의 감정이든, 성경 본문 속 등장인물의 감정이든 감정을 보여주면 완벽하게 공감이 이루어진다. 그렇다면 무엇이 감정 표현인가? 그 예를 들어보면 아래와 같다.

먼저, '입을 옷이 없다!'는 감정 표현이 아니다. '아무리 많은 옷이 있어도 우린 항상 입을 옷이 없다. 여자들이면 누구나 느낄 것이다'는 감정 표현이다.

다음으로, '하나님은 살아 계시다'는 감정 표현이 아니다. '하나님은 나를 늘 주시하신다. 어제도 큰일 날 뻔했는데 하나님이 보호해 주지 않았으면 큰일 날 뻔했어!'는 감정 표현이다.

설교자는 설교에서 때론 자기감정을 표현해야 한다. 하지만 감정을 표현하는 것이 아니라 쏟아붓지는 않았는지 점검해야 한다. 이미지를 묘사해야 하는 설교자는 청중에게 감정을 쏟아붓지 말고 글로 감정 묘사를 해야 한다.

묘사는 지배적인 정황을 만들어낸다

묘사는 이미지를 만든다. 이미지를 잘 만드는 사람은 시인이다. 시인은 시의 이미지를 그려내기 위해 묘사한다. 묘사함으로 시가 된다. 시인은 시적 대상을 묘사해 시적 이미지를 만든다.

설교자도 이미지를 만들어야 한다. 이미지를 만들기 위해 성경 본문, 등장인물의 감정, 상황(배경) 등의 대상을 묘사해야 한다. 묘사를 하는 순간 이미지 글이 된다. 묘사하지 못하면 청중은 설교가 아닌 세상에서 묘사 글을 찾는다. 묘사 글을 일부러 찾아다닌다.

시인, 소설가, 작가 그리고 설교자가 묘사하는 이유는 지배적인 정황을 만들어내기 위해서다. 설교자들은 설교로 지배적인 상황을 만들기 위해 묘사해야 한다. 하지만 많은 설교자는 설교자가 묘사 글을 써야 하는 것에 의문을 품는다.

설교자의 설교 대상은 청중이다. 주일날 예배 시간에 설교를 듣는 청중이 설교 대신 세상의 좋은 강연을 듣는다면 박수 칠 수 있는가? 옛날에 많은 선배 설교자는 우리 교회 성도가 다른 교회 설교자의 설교만 들어도 저주처럼 들리는 말을 했었다. 저주는 하지 않아도 박수 치기는 힘들 것이다. 세상의 좋은 강연을 듣지 않도록 청중을 설교로 붙잡아 두려면 묘사해야 한다.

마크 도티는 『묘사의 기술』에서 이미지는 지배적인 상황을 만들어낸다고 한다. "이미지는 단순히 장면을 재현하는 차원을 넘어 '지배적인 정황(dominant impression)'을 제시하는 수준에 이르게 된다."[122] 이미지는 단순히 장면의 재현을 넘어 지배적인 정황을 만들어낸다. 지배적인 정황이 되면 미적 장렬함과 충격을 통해 미의식을 자극하여 인상적인 장면으로 남는다. 이때 기억 속에 남는 기간은 평생일 수 있다.

설교자가 묘사해 청중에게 지배적인 정황을 제공할 수 있다면 설교자는 하루라도 빨리 묘사할 수 있어야 한다. 청중은 묘사 글에 자신을 풍덩 던진다.

미술관에서 사람들이 조용한 분위기에서 그림, 조형, 도예 등을 감상한다. 감상하는 모습을 보면 그 많은 작품마다 오래 앞에 서 있는 것을 볼 수 있다. 작품에 압도당한 현장이다. 그림 안으로 뛰어 들어간 현장이다.

묘사는 이미지를 만들어낸다. 묘사는 지배적인 정황을 만들어낸다. 묘사로 지배적인 정황이 만들어지면 이미지를 통해 강렬하게 기억에 남는다. 묘사 글을 한 번 들은 청중은 그 묘사가 결코 뇌리를 떠나지 않는다. '묘사된 순간은 뇌리를 떠나지 않는 울림의 시작점이며, 일종의 신들림에 해당될 만큼 강력한 본능이다.'[123]

설교자는 청중의 뇌리에 떠나지 않는 묘사로 설교해야 한다. 만약 설교자가 지배적인 정황, 곧 강렬한 인상을 주지 못하면 예배당을 나서는 순간 청중의 뇌리엔 설교가 하나도 남지 않는다. 만약 묘사로 설교가 청중의 뇌리를 떠나지 않는 울림의 시작점이 되면 말씀이 청중의 삶을 적어도 일주일 내내 지배한다.

설명 글 1_ '해가 저물고 있다. 해변은 사람들로 왁자하다. 여름 해변의 저녁은 이렇듯 흥겨운 분위기로 가득하다.'

'설명 글 1'의 경우는 해가 저물고 있는 구체적인 이미지가 아니라 해가 저문다는 상황을 하나로 뭉뚱그려 설명한다. 그리고 왁자한 해변의 모습 역시 어떻게 왁자한지 구체적인 정황이 없다.

설명 글 2_ '횡단보도 앞에 한 사람이 서 있다. 신호가 바뀌자 그는 바쁘게 길을 건넌다. 그는 건너편에서 기다리고 있는 친구를 만나 반갑게 인사를 한다.'

'설명 글 2'의 경우도 역시 마찬가지이다. 그저 횡단보도 앞에 한 사람이 서 있다는 정보만을 전달할 뿐이다. 그 사람의 손은 어떠한지, 신발에 얼룩이 졌는지 등의 구체적 정황이 없다. 그것은 길을 건너는 장면이나 친구와 인사하는 장면 역시 마찬가지이다.

둘째, 묘사 글이다.

묘사 글 1_ '해가 저물고 있다. 해는 수평선 너머로 사라지며 석양에 물든 바다의 출렁임을 고요히 펼쳐 보인다. 해변을 걷는 한 무리의 사람들은 말이 없고, 연인들은 폭죽을 터트리며 환하게 웃고 있다. 해가

란 글로 절경을 그려내는 것이다. 어떤 글이든 서술 원리 중 가장 기초적이고 핵심적인 것이 '말로 설명하지 말고 보여줘라'이다."[97]

문학이 보여주듯이 설교도 보여주어야 한다. 설명하지 않고 보여주면 생생한 현장감을 준다. '보여주기 방식으로 표현함으로써 보다 생생한 현장감을 주는 것이 효과적이다.'[98]

효과적으로 설교를 보여주려면 묘사해야 한다. 설명하면 추상적이고 막연한 표현이 된다. 설교자들의 '하나님은 사랑이시다', '믿어야 산다' 식의 설명은 무엇을 말하려고 하는지 청중이 알기 힘들다. 설교는 청중을 일깨우는 데 그 목적이 있다. 청중을 일깨우려고 장황하게 설명하는 것이 아니라 정황이 어떠한가를 구체적으로 묘사해야 한다.

어떤 글이 설명 글이고 묘사 글인가?

설명 글은 어떤 글인가? 묘사 글은 어떤 글인가? 즉 어떤 글이 설명이고 어떤 글이 묘사인가? 아래의 글을 보자. 먼저 결론부터 말하자면 앞의 글이 설명 글이고 뒤의 글이 묘사 글이다. 아래의 글을 통해 설명 글과 묘사 글을 구분할 수 있다.

첫째, 설명 글이다.

Chapter 3

묘사하는 방법

설교는 글쓰기다 3

01

묘사는 '말하기'가 아니라 '보여주기'다

설교는 말하기다(?)

설교는 '선포'라고 배웠다. 시간이 지나니 '설교는 들려야 한다'로 바뀌었다. 그런데 이미지 시대가 되자, '설교는 보여주어야 한다'가 되었다.

설교는 '선포'다. 설교가 '선포'라는 것은 다른 말로, 설교는 묘사 중 '말하기'에 속한다는 뜻이다. 앞에서도 언급했지만 많은 설교자의 설교는 '설명'이다. 설명도 묘사에서 '말하기'에 속한다. 샌드라 거스는 『묘사의 힘』에서 "설명이란 보여주기가 아니라 '말하기"'[124] 라고 못을 박는다. 묘사에서 이미지가 그려지지 않는다면 말하기다. 보이는 사실을 그대로 설명해도 말하기다.

말하기 글에는 특징이 있다. 표현이 구체적이지 않고 막연하다. 머릿속에서 뚜렷한 장면, 즉 이미지를 그릴 수 없다. 말하기 글의 실례는 아래와 같다.

'우리의 신앙생활은 예배를 통해서 성장을 이룬다', '목사님은 집사님의 신앙생활을 관찰했다' 등이다. 이 글들에서 알 수 있듯이 말하기 글은 이미지가 그려지지 않는다.

이미지 시대 설교는 말하기가 아니라 '보여주기'여야 한다. 설교를 듣는 청중은 구체적인 상황을 보고 싶어 한다. 설교자는 설교를 통해 청중에게 하나님을 보여주어야 한다. 글로 하나님을 보여주어야 한다.

소위 말하는 '영적 체험'이란 말은 하나님을 봤다는 말이다. 이처럼 설교자는 설교에서 하나님을 볼 수 있게 해줘야 한다. 보여주면 변한다. 변화를 위한 설교를 하려면 보여주는 이미지 글을 써야 한다. 보여주기 글은 어떤 글인가? 글의 실례는 아래와 같다.

'일상에서 하나님을 만나야 한다. 일상에서 하나님을 만나는 사람이 예배에서도 하나님을 만난다. 이후부터 예배는 최고로 기다려진다', '목사님은 한결같다. 어떤 집사님이든 그의 신앙이 성장하는지, 신앙이 퇴보하는지 관심이 많다. 교인들 한 명 한 명 이름을 부르며 기도하며 신앙생활을 통해 하나님을 만나길 소망한다'

등이다.

　설교는 말하기가 아니라 보여주어 청중이 반응을 보이도록 해야 한다. 청중은 말하기에 반응을 보이지 않는다. 청중은 말하기 설교를 듣고 행동으로 옮기지 않는다.

　이미지 시대에도 여전히 말하기 설교가 난무한다. 보여주기를 배우지 않고 말하기만 배웠기 때문이다. 설교를 보여주는 글로 배웠어야 했는데 뜻이 무엇인가만 설명으로 배웠다. 설교에서 뜻을 해석하는 것은 1차적으로 중요하다. 하지만 묘사로 보여주어야 한다. 보여주기를 할 때 청중은 반응을 보인다. 그리고 열광하기까지 한다.

　현실적으로 신학교에서는 성경 주해 훈련이 중요하다. 신학생에게는 '성경의 바른 해석'이 중요하다. 이를 안 가르칠 수 없다. 그 이후를 가르치기가 쉽지 않다. 신학교에서 배우지 못했다면 목회하면서 배워야 한다. 성경 주해만 배우니 보여주기 시대에도 말하기에 머물러 있다.

　말하기 설교는 청중이 무엇인가 많이 들었지만, 들은 말씀이 기억에 남아 있지 않다. 설교자의 말하기에 짜증만 난다.

　청중은 말하기에 관심이 없다. 설교가 말하기면, 청중이 설교를 통해 하나님을 보지 못했기에 들은 이후에 말씀을 곱씹지 않는다. 청중은 보이는 시각뿐 아니라 냄새와 소리의 감각이 표현되는 보여주는 설교에 관심을 갖는다.

하나님께서 우리에게 글을 주셨다. 예수님은 하나님을 보여주셨다. 하나님은 설교자에게 이미지로 하나님이 어떤 분인지 보여주라고 하신다. 설교자는 이미지 글로 청중에게 하나님을 보여주어야 한다.

소설 쓰기 법칙과 설교 쓰기 법칙은 같다

소설 쓰기의 절대 법칙이 있다. "'말하지 말고 보여줘라'다. 이 법칙은 언제나 그리고 영원히 옳다. 예외는 없다"[125]라고 론 로젤은 『소설쓰기의 모든 것2 : 묘사와 배경』에서 말한다.

작가의 임무는 보여주기다. 작가가 보여주어야 하는 까닭은 보여주기가 말하기보다 효과가 탁월하기 때문이다. 사물의 모양, 소리, 냄새, 느낌, 맛이 어떤지를 보여주는 일은 작가로서 해야 할 가장 중요한 임무다. 그 핵심은 보여주는 데 있다. 어떤 감각을 전달할 때는 말하기보다 보여주기가 훨씬 더 효과적이다.

작가는 말하기보다 보여주기가 훨씬 더 효과적이라는 것을 안다. 작가가 보여주기가 효과적임을 안다면 설교 작가인 설교자는 말하기보다는 보여주기가 훨씬 더 효과적이라는 것을 알아야 한다. 그 효과를 알았다면, 설교자는 이제부터 '설명하지 말고 보여주라'는 절대 법칙에 따라 보여주는 설교를 해야 한다.

설교자에게는 '성경 해석을 바르게 해야 한다'는 법칙이 있다.

설교 글쓰기에도 '설명하지 말고 보여주라'는 절대 법칙이 있다.

30년 전에는 하나님의 말씀만 제대로 해석하면 최고의 설교자였다. 15년 전에는 하나님 말씀을 언급하는 것이 최상의 설교가 아니었다. 한 교인이 이런 질문을 했다. "오늘 한 설교가 무슨 의미이죠?", "설교에서 서론, 본론, 결론은 어떻게 되나요?" 그때 당당하게 대답했다. "하나님 말씀!" 당시 설교는 말하기 설교였다. 말하기 글과 보여주기 글이 무엇인지 모르니 당시의 당당한 대답이 지금은 창피하다.

샌드라 거스는 『묘사의 힘』에서 배경에 전적으로 의존하는 소설은 나쁘다고 말한다. "소설도 배경에만 전적으로 의존하는 글은 나쁜 글이다."[126] 마찬가지로 성경 해석이나 배경, 그리고 설명 의존적인 설교를 나쁜 설교라고 하면 과한 걸까? 결코 과하지 않다. 설교자는 소설가처럼 보여주기가 설교의 절대 법칙이 돼야 한다. 설교 쓰기 법칙이 소설 쓰기 법칙과 같다면 설교자는 소설가처럼 말하기 글이 아니라 보여주기 글을 써야 한다.

Don't tell me. Show me

설교는 보여주기다. 말로만 하지 말고 조용히 보여줘야 한다. 이미지 시대에 설교는 들리기로는 부족하다. 청중의 눈에 훤히 보여주어야 한다. 청중의 눈에 보여주지 않으면 암흑이 되어 하나님과 멀어진다.

청중에게 설교가 보이지 않으면 설교 시간이 괴롭다. 설교 시간이 매우 지루하다. 하품이 나오고, 시계만 들여다보고, 딴생각만 머릿속에 가득 채워진다. 지금 '여기 왜 앉아 있지?'라는 자괴감까지 든다.

클라이드 라이드는 오늘날 청중이 많은 설교에서 지루해하며 흥미를 잃는 요인 몇 가지를 지적한다. 그중 네 가지만 말하면 다음과 같다. 첫째, 설교자들은 보통 사람들이 이해하지 못하는 복잡한 고어체의 언어(complex, archaic language)를 사용하는 성향이 있다. 둘째, 오늘날 대부분의 설교들은 따분하고, 지겹고, 흥미가 없다. 셋째, 오늘날 대부분의 설교는 삶과 관계가 없다. 넷째, 설교가 청중과 소통되지 않는다.

청중은 의미와 재미를 추구한다. 예수님을 믿는 것은 의미 있다. 그런데 청중은 재미까지 원한다. 세상은 소비자에게 재미 요소를 제공하기 위해 '브랜디드 콘텐츠'를 제작한다. 청중의 니즈를 만족시키지 않으면 교회는 더 추락할 것이다. 이에 설교자는 고어체의 언어, 추상적인 언어, 소통되지 않는 언어, 지루하게 만드는 말하기 설교에서 탈피해야 한다. 시대에 맞는 설교, 시대가 원하는 설교, 세련된 설교로 청중에게 다가가기 위해 이미지 설교로 보여주어야 한다.

설교는 말하기가 아니라 청중에게 이미지를 보여주는 것이다.

보여주려면 보여주는 글을 써야 한다. 보여주는 글이 아니면 청중의 마음에 파문을 던지지 못한다. 말하기는 독자의 마음에 어떤 상상을 불러일으킬 수 없다. 말하기가 청중의 마음을 빈 공간으로 만든다면 조건 없이 보여주어야 한다. 보여주면 청중의 마음에 상상을 불러일으켜 하나님으로 가득 채운다.

청중이 좋아하는 소설, 글을 잘 쓴 소설은 보여주는 글이다. 론 로젤은『소설쓰기의 모든 것 2 : 묘사와 배경』에서 보여주기가 소설 전체를 잘 쓰는 일이라며 "말하지 않고 보여주는 일은 결국 소설 전체를 잘 쓰는 일이다"[127]라고 말한다. 잘 쓴 소설만 아니라 잘 쓴 설교도 보여준다. 설교자가 청중에게 하나님을 보여주어야 한다. 보여주면 청중은 하나님과 설교자에게 변화된 삶을 보여준다.

캐런 스왈로우 프라이어는『소설 읽는 신자에게 생기는 일』에서 뛰어난 작가는 말하기보다 보여준다고 한다. "모든 뛰어난 픽션 작가가 그렇듯, 플래너리 오코너는 말하기보다는 보여 준다. … 오코너는 독자들에게 많은 말을 하기를 거부한다. 대신 예리한 눈과 고화질 렌즈를 갖춘 사진가처럼, 그녀는 자신의 캐릭터들의 실상을 보여주는 세부 내용들을 포착하여 독자가 의미라는 알맹이를 싼 구체적 껍데기, 신비를 드러내는 양식에 관심을 집중하게 만든다. 참으로, 오코너가 글쓰기 배후의 사고방식과 기법을 다룬 에세이와 강연 모음집『신비와 양식(樣式)』(Mystery and Manners)에서 설명하는 대로, 양식(만질 수 있고 관찰 가능한 세부 내용들)은 참으로 존재의 신비(본질, 진리, 보편자)를 드러낸다."[128]

설교는 문학의 한 장르이므로 말하기이면 안 된다. 앞에서 소설 쓰기 원칙과 설교 쓰기 원칙이 똑같다고 했다. 둘이 똑같다면 설교를 문학처럼 글로 써서 보여주어야 한다. (단편) 소설처럼 보여주어야 한다. 문학은 물론 그림, 사진 등도 청중에게 자신 있게 보여준다. 청중은 그림, 사진 등을 보는 순간 한눈에 알아본다. 눈으로 보았으므로 무엇을 의미하는지 금세 알아차린다.

설교자가 글을 무턱대고 쓴다고 보여주는 글이 되지 않는다. 다음의 아홉 가지 방법을 알고 익힘으로 보여주는 글을 쓸 수 있다.[129]

첫째, 오감을 활용하라.

둘째, 힘이 강하고 역동적인 동사를 사용하라.

셋째, 구체적인 명사를 사용하라.

넷째, 인물의 행동을 작게 쪼개라.

다섯째, 비유를 사용하라.

여섯째, 실시간으로 활동을 보여주라.

일곱째, 대화를 사용하라.

여덟째, 내적 독백을 사용하라.

아홉째, 인물의 행동반응에 초점을 맞추라.

설교는 말하는 것이 아니라 보여주기 위해 해야 한다. 곧 'Don't tell me. Show me' 해야 한다.

보여주기 글이란?

필자는 『설교는 글쓰기다』에서 '설교자는 작가다'[130]라고 서술했다. 성경을 해석하고 설명하는 것, 정보를 나열하는 것은 작가의 역할이 아니다. 청중에게 이미지로 보여줄 수 있는 글을 써야 작가다.

회사원이 상사에게 결재를 받으려면 보고서로 족하다. 하지만 작가인 설교자의 글은 사실을 보고하는 보고서로 그치면 안 된다. 문학 작품처럼 청중에게 이미지로 보여주기 글이어야 한다.

설교자가 청중의 마음을 끄는 설교를 하길 원한다면, '말하기와 보여주기를 구별할 수 있어야 한다.' 둘을 구별한 뒤 보여주는 글을 써야 한다. 보여주기 설교는 맥이 없지 않다. 스펙터클한 영화와 같다. 제임스 스콧 벨은 『소설쓰기의 모든 것 1』에서 보여주기란 영화의 한 장면을 보여주는 것과 같다며 다음과 같이 서술한다.

"보여주기는 영화의 한 장면을 보여주는 것과 같다. 당신 앞의 스크린에 펼쳐지는 것 모두가 바로 보여주기다. 보여주기에서는 등장인물의 행동이나 말을 통해 그들이 누구인지, 무엇을 느끼는지를 알 수 있다. 반면에 말해주기는 스크린 또는 등장인물의 내부에서 무슨 일이 벌어지는지 설명해 주는 것이다. 이는 영화를 보지 못한 친구에게 영화를 설명하는 것과 같다. '쥬라기 공원'(Jurassic Park)의 한 장면을 떠올려 보라. 예를 들어 사람들이 공룡을 처음 본 순간을 그린 장면을 떠올려 보라. 관객인 우리들이 공룡을 실제로 보기 전에 사람들이 입을 벌리고 눈을 동그랗게 뜬 채 자신 앞에 서 있는 존재할 수 없는 동물을 보고 있다. 우리는 관객들의 얼굴을 통해 그들의 감정을 안다. 그들의 머릿속에서 일어나는 일을 알 수 있는 방법은 없다. 그러나 우리는 그들이 느끼는 것을 봄으로써 그들의 머릿속에서 일어나는 일에 집착하게 된다."[131]

보여주기가 영화의 한 장면을 보여주는 것과 동일하다면, 보여주기 글은 구체적으로 어떤 글인가? 론 로젤은 『소설쓰기의 모든 것』을 통해 벨바 플레인의 소설 『그녀 아버지의 집』(Her Father's House)에서 바깥 날씨가 끔찍하다는 것을 다음과 같이 보여주기로 표현한다.

'여전히 기진맥진한 채 그는 기차에 올랐다. 얼굴이 벌게진 승객들, 젖은 코트를 입고 바람에 머리가 헝클어진 사람들이 발을 쾅쾅 털고 차가운 손을 비비며 들어왔고….'

위의 글은 보여주기의 고전적인 예이다.[132] 보여주기란 이처럼 한 장면을 상세하고 구체적으로 생동감 있게 묘사하는 것이다. 필자는 『설교는 인문학이다』에서 설교자가 해야 할 것 중 하나를

'등장인물 마음 읽기'라고 했다. 등장인물의 마음을 생동감 있게, 한눈에 보이도록 하는 것이 보여주기다.

'말하기' 글과
'보여주기' 글의 차이

이미지 시대에는 '말하지 말고 보여주어야' 한다

설교는 보여주는 시대에 맞게 보여주기 글로 써야 한다. 설교도
이미지 시대에 맞게 보여주기가 돼야 한다. 말하기에 그치면 청중
은 교회의 콘텐츠인 설교에서 떠난다. 세상의 보여주기 글과 이미
지, 영상으로 간다. 설교는 들리는 설교에서 보여주는 설교로 가야
한다. 하지만 정작 설교는 들리지 않고 보여주기는 어떻게 해야
할지 모른다. 설교자는 설명 등으로 정보 나열에 익숙하기 때문이
다. 여기에는 설교자가 성경을 해석하는 정보 나열을 설교라고 생
각하는 데 그 원인이 있다. 설명하는 설교는 말하기다. 그러나 이
젠 말하기가 아니라 보여주기여야 한다. 말하기 설교를 하면 청중

은 금세 지루해한다. 설교에 집중하기보다 딴생각을 한다.

이제 설교는 '말하기'에 그치지 않고 보여주기까지 가야 한다. 설교는 들리는 것에 머물지 않고 보여주기로 가야 한다. 인류학의 '문화의 냇물' 이론에서 알 수 있듯이 시냇물이 흐르는 것처럼 문화는 정체된 것이 아니라 끊임없이 변화한다. 이에 설교도 들리는 설교에서 보이는 설교로 전환해야 한다.

제임스 스콧 벨은 『소설쓰기의 모든 것 1』에서 "글을 쓰는 모든 작가들은 어느 단계에 이르면 '말하지 말고 보여주라'는 충고를 듣는다"[133]라고 한다.

작가들이 말하지 말고 보여주라는 말을 듣는다면 설교 작가인 설교자도 말하지 말고 보여주라는 말을 들어야 한다. 설교자들은 보여주기가 말하기와 어떤 차이가 있는지 알면 보여주기 글을 쓰고자 할 것이다. 그렇다면 말하기와 보여주기의 차이는 무엇인가?

말하기의 특징이 있다. 말하기는 단정 내린 결론과 해석을 청중에게 전달하는 일이다. 청중이 스스로 생각할 수 있는 기회를 주지 않고 그들이 어떻게 생각해야 하는지를 말해주는 일이다. 그러니 표현이 구체적이지 않고 막연하다. 이에 앞에서도 머릿속에서 뚜렷한 장면, 즉 이미지를 그릴 수 없다고 언급했다.

보여주기의 특징이 있다. 보여주기는 청중에게 구체적이고 생동감 넘치는 세부 사항을 충분히 전달한 끝에 독자가 결론을 스스로 이끌어낼 수 있도록 한다.

제임스 스콧 벨은 말하기와 보여주기의 차이를 이렇게 말한다. "말하기는 사건을 서술한다. 성경을 그대로 읽어준다. 사실을 전달한다. 추상적이다. 성경의 뜻을 수동적으로 받아들이게 한다. 청중에게 하나님께서 어떻게 하셨다는 사실을 말해준다. 과거에 일어났던 일을 요약하거나 어느 특정 시기에 국한되지 않는 일반적인 사실을 설명한다. 보여주기는 청중의 머릿속에 구체적이고 상세한 그림을 그리게 한다. 논증을 통해 청중의 삶에 적용케 한다. 청중이 하나님의 뜻을 발견해 깨달아 삶에 적용할 수 있도록 한다. 청중이 하나님께서 하신 일을 오감을 통해 경험케 한다. 청중의 감정을 불러일으킨다. 성경을 청중의 정황에 맞게 각색한다. 청중의 머릿속에 구체적이고 상세한 그림을 그리게 한다. 성경의 뜻을 자기 안으로 끌어들여 능동적으로 참여하게 만든다."[134]

말하기의 특징을 보면 청중이 설교를 들을 이유, 들은 설교대로 살아가야 할 이유를 찾기 어렵다. 보여주기의 특징을 보는 순간, 보여주는 글을 쓰지 않는 것이 얼마나 큰 잘못인가를 알 수 있다. 묘사로 이미지 글을 쓰지 못하는 것이 설교의 가장 큰 약점이라는 것을 안다. 보여주기 설교를 하면, 설교를 들은 청중이 머릿속에 구체적이고 상세한 그림을 그린다. 그러면 청중은 하나님의 뜻을 발견하고 깨달아 삶에 적용하려 한다. 보여주기 설교는 청중으로 하여금 하나님께서 하신 일을 오감으로 경험케 한다. 청중의 감정을 불러일으킨다. 설교자가 설교를 많이 하는 것도 중요하다. 바른 해석을 통해 하나님의 뜻을 전하는 것도 중요하다. 이에 못지않게 보여주기 설교 글을 쓰는 것은 더 중요하다.

　말하기 글과 보여주기의 글은 그 결과도 확연하게 차이가 난다. 말하기 글은 청중을 수동적으로 만든다. 말하기는 결론과 판단을 읽는 이에게 강제한다. 보여주기 글은 청중을 적극적으로 만든다. 보여주기는 배경, 인물의 감정 등을 세부적으로 묘사하되, 독자 스스로 느끼고 체험하도록 한다.

소설과 시는 보여준다

설교자는 청중에게 설교를 보여주어야 한다. 문제는 말하기는 쉬운데 보여주기는 어렵다는 것이다. 설교 구성에서 말하기는 '설명하기'다. 그리고 '해석하기'다. 보여주기는 '논증하기'다. 그러므로 논증으로 보여주어야 한다.

　보여주는 글의 대표적인 것이 소설과 시다. 소설과 시는 보여주지 않으면 독자로부터 외면받는다. 설교는 그렇지 않은가? 설교도 마찬가지다. 설교는 이미 세상 사람들로부터 외면받고 있다. 교회 안의 지적인 청중으로부터도 외면받고 있다. 팬데믹 시대에 30-40대 청중이 가나안 교인으로 많이 돌아섰다. 그 이유 중 하나가 들을 설교가 없기 때문이다. 보여주는 글과 교제하고 싶기 때문이다.

소설과 시는 보여줄 때, 잘 쓴 소설과 시가 된다. 보여주지 못할 때 독자들로부터 외면받는다. 먼저는 소설이다. 보여주는 소설이어야 소설 전체를 잘 썼다고 할 수 있다. '말하지 말고 보여주는 일은 결국 소설 전체를 잘 쓰는 일이다.' 소설을 잘 쓴다는 것은 『미스터리와 양식』에서 플레너리 오코너의 말처럼 보여주어야 한다. "소설 쓰기는 무언가를 말하는 일이라기보다는 보여주는 일이다." 설교 쓰기도 마찬가지다. 설교 쓰기도 무언가를 말하는 일이라기보다는 보여주는 일이다.

다음으로 시다. 시는 보여주기의 대표다. 옥타비오 파스는 시가는 보여주어야 한다고 말한다. "시는 설명하지도 않고 표상하지도 않으며 단지 '보여줄' 뿐이다." 그렇다. 시는 단지 보여주어야 한다. 소설도 보여주어야 한다. 시와 소설은 이미지를 그려내야 하므로 보여주어야 한다. 단편 소설과 비슷한 유형인 설교도 보여주어야 한다.

말하기 글과 보여주기 글의 실례

말하기 글은 어떤 글인가? 보여주기 글은 어떤 글인가? 말하기가 지각을 사용해 쓴 글이라면, 보여주기 글은 오감을 사용해 쓴 글이다. 은유는 『쓰기의 말들』에서 말하기의 글과 보여주기 글의 예를 다음과 같이 든다.

"말하기는 '제가 어제 레스토랑에 갔는데 그 집이 정말 컸어요.' 보여주기는 '제가 어제 레스토랑에 갔는데 그 집 천장이 3m에 테이블이 50개나 되고 우리 사무실보다 5배는 큰 것 같아요.' 말하기는 '와! 이 치즈케이크 정말 맛있어요.' 보여주기는 '와! 이 치즈케이크는 부드러움이 혀에 닿는 순간 살살 녹는 느낌이고, 달달함은 맛있는 초콜릿을 한입 가득 문 느낌이어서 입안이 행복해요.'"

조단 로젠펠드는 『손에 땀을 쥐게 하는 이야기 쓰는 법』에서 지각을 나타내는 단어 대신 직접 보여주라며 다음과 같이 조언한다.

"지각을 사용하는 단어인 '알아차리다', '보다', '관찰하다', '듣다', '느끼다', '맛보다' 같은 단어들이 과도하게 사용되고 있다. 이런 단어들을 사용하는 부분에서는 보통 있는 그대로를 보여주는 편이 더 낫다. '그녀는 남자가 자신을 이상하게 쳐다보고 있다는 것을 알아차렸다'를 '그는 그녀를 어딘가에서 본 듯 한쪽 눈썹을 치켜올린 채 그녀를 쳐다봤다', '그녀는 베이컨과 달걀 냄새를 맡았다'를 '그 집에서 베이컨 특유의 고기 향과 달걀의 톡 쏘는 향이 났다'로 바꾸면 그녀가 냄새를 맡은 행동보다 음식의 냄새에 초점이 맞춰진다."[135]

샌드라 거스는 『묘사의 힘』에서 다음과 같이 말하기 글과 보여주기 글의 실례를 든다.

말하기 글은, "티나는 의리 있는 친구다. 지인이나 가족에게 도움이 필요하면 티나는 언제나 도움의 손길을 내밀었다." 보여주기 글은, "'자, 기운 내.' 티나가 그의 어깨를 토닥였다. '가구조립이 어려우면 얼마나 어렵겠어? 백지장도 맞들면 낫다는 말이 있잖아.' 티나는 드라이버를 집어 들었다."[136]

지각을 자극하는 글도 필요하다. 하지만 지각을 사용해 글을 쓰면 한계가 있다. 단정적이어서 생각할 여지가 없다. 지각을 사용해 글을 쓰면 단정적으로 결론을 전달하는 글이 되어 결국 말하기 글이 된다.

말하기 글은 결론을 전달하는 "티나는 화가 났다"이다. 보여주기 글은 청중에게 인물의 구체적인 행동과 대화를 전달한다. 보여주기 글은 청중 스스로 '티나가 화났다'는 결론을 이끌어 내도록 만든다. "티나는 문을 박살낼 듯한 기세로 닫더니 발을 쿵쾅거리며 주방으로 들어왔다. '도대체 무슨 생각이었던 거야'"처럼 말이다.

영화의 한 장면처럼 보여주어야 한다

보여주는 것도 조금 더 강렬할 필요가 있다. 제임스 스콧 벨은 『소설쓰기의 모든 것 1』에서 말하기와 보여주기를 다음과 같이 선명하게 설명한다.

"보여주기는 영화의 한 장면을 보여주는 것과 같다. 당신 앞의 스크린에 펼쳐지는 것 모두가 바로 보여주기다. 보여주기에서는 등장인물의 행동이나 말을 통해 그들이 누구인지, 무엇을 느끼는지를 알 수 있다. 말하기는 스크린 또는 등장인물의 내부에서 무슨 일이 벌어지는지 설명해 주는 것이다. 이는 영화를 보지 못한 친구에게 영화를 설명하는 것과 같다."

설교를 영화의 한 장면처럼 보여주어야 한다. 보여줄 때 이해를 지나 감동을 주어 지속적인 관심으로 이어진다.

말하기의 글은 청중의 이해에서 멈춘다. 관심으로 나아가야 하는데 관심으로 이어지지 않는다. 보여주는 글은 청중이 이해를 지나 감동으로 인해 지속적인 관심으로 이어진다.

어떤 글이 보여주는 글인가? 히로시마 원자폭탄 투하 사건을 다룬 이부세 마스지 소설 『검은 비』와 같은 글이다. 이 책에는 '도시는 폭발로 엄청난 피해를 입었다'와 같은 문장은 없다. 그러나 다음 문단은 있다. 아래 문장은 말하기 글이다.

"불에 탄 피해 지역으로 들어서자 길바닥의 유리 조각이 햇빛에 반사되어 얼굴을 똑바로 들고 걸을 수가 없었다. 시체 썩는 냄새는 어제보다 조금 약해졌으나, 집들이 무너져 기왓장이 산더미처럼 쌓인 곳에는 악취가 진동하고 파리들이 떼를 지어 붙어 있었다. 거리를 정리하고 잔해를 치우던 구호반에는 후속 부대가 보충

된 듯했다. 색은 변했지만 아직 땀과 오물로 얼룩지지 않은 구호복을 입은 사람들이 섞여 있었다."

론 로젤은 『소설쓰기의 모든 것 2 : 묘사와 배경』에서 위의 둘을 이렇게 평가한다.[137]

독자라면 앞의 두 묘사 중 어느 것이 더 마음에 와닿을까? 두 번째 예이다. 첫 번째 예는 말하고 있으며, 두 번째 예는 보여주고 있다. 위 첫 번째 예는 사건과 관련된 정보만 준다. 그러나 두 번째 예는 사건을 보고, 듣고, 만지고, 맛보고, 냄새 맡는다.

'도시는 폭발로 엄청난 피해를 입었다'는 문장은 너무나 냉정하고 무심하며 지나치게 포괄적이다. 반면 『검은 비』에서 작가는 폭발에 따른 피해를 소설 전반에 걸쳐 여러 세부사항을 통해 보여주면서 독자에게 단단히 각인한다. 벽면에 잘 정돈된 작은 모형들처럼 작가가 그려 놓은 섬세한 그림들을 주의 깊게 살펴보자. 깨진 유리 조각 위로 반사되는 햇빛, 무너져 버린 집들, 시체에서 나는 악취, 파리 떼들…. 섬세하게 고른 단어 하나하나 더해져 필연적인 결론을 만들어낸다. 바로 도시가 폭발로 엄청난 피해를 입었다는 것이다.

론 로젤은 두 번째 실례가 더 좋은 글이라고 한다. 보여주기 글이 더 좋은 글이라면 설교자도 보여주기 글쓰기에 매진해야 한다.

세부적으로
묘사하라

책을 통해 세부적인 묘사법을 익혀라

설교자라면 묘사의 달인이 되고 싶다. 세부적인 묘사를 통해 설교에 맛을 내고 싶다. 그러나 세부적인 묘사가 쉽지 않다. 어떻게 해야 세부적으로 묘사할 수 있을까? 먼저 많은 책을 읽어야 한다. 특히 세부적인 묘사가 잘 되어 있는 소설책과 가까이해야 한다.

묘사는 글의 핵심이다. 론 로젤은 『소설쓰기의 모든 것 2』에서 이렇게 말한다. "소설에서 묘사와 배경의 중요성은 자동차의 엔진과 같다."[138]

글에서 묘사가 자동차의 엔진과 같다면, 설교 글에서도 묘사는 핵심이다. 그러므로 설교 글의 핵심인 묘사를 세부적으로 해야 한다. 세부적으로 묘사하면 청중의 오감이 자극된다. 이에 구체적인 상황을 묘사해야 한다. 대략적인 이야기보다는 상세한 정황을 묘사해야 한다.

설교자는 설교 글을 쓸 때, 세부적으로 묘사해야 한다. '묘사를 하면 상세한 이미지를 통해 재현되기 때문이다.'[139] 설교가 세부적인 이미지로 재현되려면 글이 상세하고 개별적이어야 한다. "글이 구체적이고 개별적이어야 한다. '나는 그곳에 자주 간다'보다 '나는 한 달에 여섯 번씩 그곳에 간다'가 훨씬 설득력이 강하다."[140]

'하나님의 사람이 교회 문 앞에서 서성인다. 그는 성경책을 옆구리에 낀 채 교회 문이 열리기를 학수고대하고 있다'보다 '하나님의 사람이 교회 문 앞에서 서성인다. 그는 교회 문이 열리기를 기다리고 있다. 그는 기도하는 자세로 움직임 없이 교회 문을 바라보고 있다. 성경책을 옆구리에 끼자 손에는 울퉁불퉁한 핏줄이 선명하다. 그는 결심한 듯 교회 문이 열리기를 학수고대한다. 차가운 겨울바람이 세차게 불어오고 눈발이 위에서 날린다'처럼 세부적으로 묘사해야 한다.

세부적으로 묘사하라

앞에서 구체적인 묘사와 세부적인 묘사는 같다고 했다. 구체적인 묘사와 세부적인 묘사의 차이는 거의 없다. 세부적이란 '가능한 작은 단위까지 쪼개서 빠짐없이 적는다'다. 구체적이란 '눈으로 볼 수 있거나 손으로 만질 수 있는 대상을 바탕으로 쓰라'다. 구체적이라는 것은 '실제적이고 세밀한 부분까지 담고 있는 것'이다. 구체적(세부적)이란 말의 반대는 '추상적'이다. 결론적으로 구체적과 세부적의 차이는 두 가지다. 첫째, 구체적인 묘사가 상황적인 것이라면 세부적인 묘사는 마음이 담긴다. 둘째, 구체적과 세부적의 차이는 실제적인가의 여부다.

구체적으로 묘사하기도 쉽지 않지만 세부적인 묘사는 조금 더 어렵다. 문학적인 감수성의 도움이 필요하기에 그렇다. 세부적으로 묘사할 때 한 가지 원칙이 있다. '귀찮을 정도로 세부적이어야 한다'는 것이다. 귀찮을 정도로 세부적인 묘사를 하면 현실적이고 실제적이 된다.

논리적인 글과 묘사의 글은 쓰는 방식이 다르다. 신문 기사는 논리적인 글이다. 묘사를 해야 하는 소설은 신문 기사 등의 글쓰기와는 많이 다르다. 「조선일보」 선임기자인 박종인은 『기자의 글쓰기』에서 '기사 글쓰기의 원칙' 세 가지를 말한다.

첫째, 쉽게 써라.
둘째, 짧게 써라.
셋째, 팩트(fact)로 써라.

기자는 기사를 쓸 때 팩트(fact)를 중심으로 쓴다. 소설 글쓰기는 팩트가 아니라 상황과 마음을 묘사한다. 팩트 중심의 사실적인 글은 말하기 글이다. 상황과 마음을 세부적으로 묘사하는 글은 보여주기 글이다.

기자는 논리적인 글쟁이다. 소설가는 묘사 글쟁이다. 설교자는 두 명의 글쓰기를 합해야 한다. 즉 기자의 글쓰기와 소설가의 글쓰기 둘 다 갖춰야 한다. 설교자는 기자의 글쓰기와 같이 논리적인 글쓰기를 할 수 있어야 한다. 소설가처럼 상세하게 묘사 글쓰기도 할 수 있어야 한다. 사건이나 상황을 구체적으로, 그리고 가시적으로 묘사해야 한다. 설교자가 구체적으로 상세하게 묘사하면 청중은 따로 개인적인 상상이나 추측할 필요가 없다.

설교자는 팩트 중심의 논리적 글쓰기로 그치면 안 된다. 그러면 청중으로부터 외면받는다. 구체적으로 묘사해야 한다. 곧, 팩트와 묘사가 잘 비벼져야 한다. 대상이 사람이므로 청중의 마음을 끌어당길 수 있는 세밀한 마음 묘사도 해야 한다.

세부적인 묘사란 어떤 것인가? 예를 들어, '행복'에 대해 글을 쓸 때, '나는 지금 굉장히 행복하다'라고 쓰는 것이 아니라 굉장히 행복한 마음을 묘사해 내야 한다. 즉, '2023년 목표를 달성했다. 1월에는 불가능할 줄 알았다. 12월이 되자 목표한 대로 살아왔다. 목표를 달성해서 행복한 것이 아니다. 1년을 하나님과 함께 하나님께 기도하며, 하나님을 기쁘게 하기 위한 삶의 목표를 이루었기 때문이다. 행복은 남의 것만 있는 줄 알았다. 2023년에 행복은 나의 것이기도 했다. 2023년처럼 살아야 한다. 그럼 날마다 행복하다고 말할 수 있다고 확신한다.'

세부적으로 묘사하기는 귀찮을 정도로 세부적이어야 한다. 세부적인 묘사를 하면 청중이 저절로 그림을 그린다. 설교자들은 설교에서 세부적으로 묘사해 청중이 설교의 그림을 그리도록 해주어야 한다.

세부적인 묘사의 예

김대중 정부 때 연설비서관이었던 강원국은 『강원국의 글쓰기』에서 일본의 대표적인 소설가인 무라카미 하루키는 자동차 모델명까지 쓴다고 말한다. 귀찮을 정도로 세부적으로 묘사한다는 것을 알 수 있다.

강원국은 묘사를 '눈에 그려지게 귀에 쟁쟁하게' 하라고 한다. 즉 귀찮을 정도로 세부적으로 하라는 말이다. 그는 귀찮을 정도로 세부적으로 묘사하기를 이렇게 말한다. "단순히 '예쁘다'고만 하면 잘 그려지지 않는다. 코가 어떻게 생겼고, 눈이 어떻게 생겼고, 입이 어떻게 생겼다고 구체적으로 말해야 한다."[141]

소설가 백가흠의 『귀뚜라미가 온다』에 실린 글 '광어'에서는 세부적인 묘사를 이렇게 한다.

'횟감은 오자마자 회 쳐지는 놈도 있지만, 물을 다시 갈아줄 때까지 사는 놈이 있다. 아니 한 번도 수족관이 텅 빈 적이 없으니 줄곧 운 좋게 살아온 놈이 있을지도 모른다. 나는 회를 친다. 면장갑을 낀 다음 공들여 숫돌에 칼을 갈고, 뜰채를 들고 수족관 안을 들여다본다.

회를 치려면 칼이 제일 중요하다. 모든 것은 내 손이 하는 것이 아니라 칼이 한다. 살을 바를 때는 칼의 느낌이 중요하다. 가시, 그놈들의 뼈 위로 살짝 살을 남겨 놓아야 하기 때문이다. 가시에 칼을 붙이고 살을 바르면 그놈들도 고통스러워하기 때문에 살을 살짝, 아주 살짝 남겨놓아야 한다. 그러면 그놈들 대부분이 자기가 회 쳐지고 있는지 모르게 된다. 그것들의 살만 바른다면 말이다. 그 느낌, 살만 들춰내는 칼의 느낌이 중요하다.

놈을 고르지만 선뜻 눈에 들어오는 놈은 없다. 칼이 자기 몸을 후비는 것을 느끼는 놈들도 있다. 그놈들은 내장을 다친 경우이다. 내가 칼의 느낌이 좋지 않은 날, 살짝, 아주 살짝 내장을 건드린 경우에 그놈들은 칼의 느낌을 안다. 그러면 그놈은 나를 노려보며 입을 크게 벌리고 숨을 쉰다. 소리는 나지 않지만 내장 밖으로 바람이 새는 소리가 가냘프게 느껴진다. 그런 경우에는 무채를 수북이, 깊숙이 쌓아준다. 나는 바람 새는 내장이 차가운 접시 바닥에 닿는 것을 원치 않는다. 아주 살짝이지만 그래도 그놈들은 곧 죽는다. 나에게 있어 살짝은 그놈들에게 치명적인 것이다.

당신과 몸을 섞은 날 이후로 내 몸에도 그 바람이 지지 않는다. 나약한 바람, 물고기들이 죽기 전에 내뱉는 그 바람이 내 맘 위를 떠다닌다. 혹 나뭇가지에 앉거나 공지천 물 위로 스미고, 중도에 가서 되돌아오는 바람이 말이다. 그것은 내게 서늘한 바람이다. 당신은 대금과 같다. 거대하고 새까만 구멍을 지니고서 그것을 지나야지 소리가 나는 대금과 같다. 하지만 당신은 방금, 당신의 자궁 속으로 스쳐 간 바람을 기억하지 못할 것이다. 당신은 마취에서 깨어나지 못했으니 말이다.'

작가의 '광어'의 세부적인 묘사는 아주 실감이 난다. 직접 보지 않고도 실제로 본 것처럼 느끼게 한다. 이처럼 묘사는 세부적으로 해야 한다. 이미지 시대에 세부적인 묘사는 설교자가 넘을 수 없는 높은 벽이 아니다. 글쓰기에 관심을 기울이고, 지금보다 조금만 더 생각하고, 마음을 적극적으로 먹고, 구체적으로 행동하고, 세부적으로 글쓰기를 연습하면 가능하다.

생생하게 묘사하라

묘사는 글로 생생하게 그린 그림이다

묘사는 두 가지를 품는다. 하나는 전체를 조망하는 망원경 같은 묘사다. 다른 하나는 세부적으로 파고드는 현미경 같은 묘사다. 묘사는 망원경과 현미경 같은 글이다. 이 묘사가 이미지를 만들어 청중에게 전달되어 말씀에 설복되도록 한다.

앞에서 묘사는 구체적이고 세부적으로 해야 한다고 했다. 뒤이어 묘사는 생생하게 해야 한다고 했다. 묘사도 쉽지 않은데, 어떻게 생생한 묘사를 할 수 있을까?

생생한 묘사란 움직이고 있는 것처럼 보이도록 하는 묘사다. 설교자는 청중의 마음을 움직이는 생생한 묘사를 해야 한다. 생생하게 묘사가 가능한 까닭은 묘사가 감정을 언어로 표현한 글쓰기이기 때문이다. 묘사는 사람이 느끼는 감정을 객관적이고 구체적으로 표현한다.

묘사하려면 대상이 있어야 한다. 생생하게 묘사하려면 그 대상을 관찰하여 표현한다. 화가가 그림을 그릴 때도 자연, 사람, 물체 등 대상이 있는 것과 같다. 화가는 대상을 보고, 관찰한 뒤 그림을 그린다. 글도 대상을 보고, 관찰한 뒤 글로 그린다. 이처럼 묘사란 '한마디로 글로 그린 그림이다.'[142]

묘사로 생생하게 그림을 그릴 때 느낌을 표현해야 한다. 누군가는 느낌이 아니라 설명하려 할 것이다. 묘사의 표현 방법은 설명이 아니라 느낌이다. 이때 조건이 있다. 느낌 표현이 생생해야 한다는 것이다. 설명이 아니라 느낌으로 표현하는 묘사는 말하기와 보는 것 사이의 균형이기에 그렇다. 마크 도티는 『묘사의 기술』에서 이렇게 말한다. "묘사는 당신이 보는 것을 말하기와 당신이 보는 것 사이의 균형에 더 가깝다."[143]

묘사가 당신이 보는 것을 말하기와 보는 것 사이의 균형에 가깝다는 것은 대상으로부터 받은 인상을 생생하고 구체적으로 표현해야 함을 뜻한다. 한양대학교 교양국어교육위원회의 『글이 삶이다』에서는 묘사를 이렇게 정의한다. '묘사는 대상으로부터 받은 인상을 구체적으로 재현하는 것을 목적으로 하는 글의 전개 방식이다. 묘사는 사물을 추상적 개념으로 풀이해 주는 것이 아니라 그걸 모양이나 빛깔, 또는 외형적 특징을 구체적으로 그려 보여준다. 대상을 묘사하려 할 때 글 쓰는 이는 대상의 모습을 정확하고도 풍부하게 묘사함으로써 읽는 사람으로 하여금 마치 눈앞에 마주하고 있는 것처럼 느낄 수 있도록 생생하게 대상을 재현해 내지 않으면 안 된다. 묘사는 이런 의미에서 그림과 매우 유사하다.'[144]

그림은 살아 있다. 묘사도 살아 있게 해야 한다. 살아 있는 묘사는 그 느낌을 생생하게 표현했다는 것을 뜻한다. MKYU의 강사인 권귀현은 묘사를 다음 네 가지로 설명한다.

첫째, 눈앞에 그려줘야 한다.
둘째, 표현이 다채로워야 한다.
셋째, 좀 더 정확하게 설명한다.
넷째, 빗대어서 설명하는 은유는 꼭 들어가야 한다.

그는 묘사를 설명하며 첫 번째로 '눈앞에 그려줘야 한다'고 강조한다. 그만큼 생생하게 표현해야 한다는 뜻이리라. 생생하게 묘사하면 청중은 그 설교에 초 집중하고 그 설교에서 빠져나가지 못한다.

묘사는 설교 글을 생생하게 만들어준다

생생한 묘사가 되면 설교는 살아 움직인다. 청중의 귀로 들리는 것을 지나 청중은 눈으로 생생하게 본다. 생생히 보았다면 청중의 마음은 설교 밖으로 탈출이 불가능하다.

설교자가 생생한 묘사를 하면 청중은 생생한 묘사에 마음이 빼앗긴다. 청중의 마음이 설교에 집중되어 설교에서 눈을 뗄 수 없다. 설교자는 설교 글을 쓸 때 생생한 묘사를 하기 위해 고민에 고민을 더해야 한다.

설교자는 설교를 위해 몇 가지 준비를 해야 한다. 첫째, 성경 본문을 충실하게 연구하고 분석한다. 둘째, 설교 글이 탄탄한 논리가 되도록 해야 한다. 논리가 되면 청중은 설득되기 시작한다. 셋째, 생생한 표현으로 청중의 마음에 울림을 주어야 한다. 울림을 주면 청중의 눈과 귀는 설교 시작부터 마칠 때까지 설교자의 입에 머무른다. 설교자의 말에 강력한 울림을 받아 강렬함에 압도당한다.

마크 도티는 『묘사의 기술』에서 생생한 묘사는 청중에게 강렬함을 준다고 한다. "묘사된 순간은 뇌리를 떠나지 않는다. 일종의 신들림에 해당할 만큼 강력한 본능이다."[145] 생생한 묘사는 청중을 신들림 같은 강렬한 경험을 하게 한다. 생생한 묘사는 청중이 마치 눈앞에 하나님을 마주한 것처럼 느끼게 한다.

묘사하면 글이 생생해진다. 김상훈은 『10주, 글쓰기 완전 정복』에서 이렇게 말한다. "묘사하면 글이 훨씬 생생하고 흥미롭게 된다."[146]

묘사로 글이 생생해진다. 묘사로 청중이 설교를 흥미롭게 받아들인다. 설교자는 생생한 묘사를 하기 위해 생생한 묘사하는 법을 배워 터득해야 한다. 묘사가 터득되지 않으면 묘사를 못 한다. 묘사를 하면 할수록 묘사가 어려워진다. 묘사는 내 영역이 아니라고 포기하기에 이른다.

생생한 묘사가 안되서 청중이 설교를 지켜워하면 이렇게 말한다. "묘사 능력은 유전적으로 태어나야 한다", "묘사는 소설가의 전유물이다." 그러나 박진환은 『당신도 시인이 될 수 있다』에서 묘사는 누구나 할 수 있다고 한다. '보이는 것을 보이는 대로 쓴다는 것은 누구나 할 수 있는 일이다. 따라서 보다 잘 나타내기 위해 다소의 고심이 필요한데, 사실대로 진술하는 묘사는 누구나 할 수 있는 것이기에 대부분의 사람들은 어느 정도 성취할 수 있을 것이다.'[147]

묘사는 누구나 할 수 있다. 묘사를 배워 훈련하면 어느 정도 성취가 가능하다. 묘사를 디깅(Diggimg)하면 된다. 자신의 취향에 맞는 한 분야에 깊이 파고드는 것이 디깅이다. 설교자는 묘사 글을 쓰는 것에 디깅해야 한다. 반드시 묘사할 수 있어야 하기에 깊이 파고들면 많은 성취를 이룰 수 있다.

생생한 묘사에 청중의 귀와 마음이 열린다

생생하게 묘사하면 이미지가 만들어진다. 그 이미지에 청중의 눈이 번쩍 뜨인다. 생생한 묘사로 이미지가 만들어지면 청중의 귀가 열린다. 마음이 열린다. 설교가 진행될수록 청중은 설교에 깊게 빠져든다.

설교자는 어떤 일이 있어도 생생하게 묘사해야 한다. 다른 것은 좀 부족해도 생생한 묘사만큼은 기필코 이뤄내야 한다. 생생한 묘사를 이루면 청중이 상상의 눈이 열린다. '묘사는 감성을 건드려서 독자가 이야기에 빠져들게 하고 동시에 상상의 눈을 열어주기' 때문이다.[148]

생생한 묘사가 열리면 묘사로 인해 더 많은 일을 하게 된다. '묘사는 단순히 어떤 것을 알리는 것 말고도 더 많은 역할을 하기도 한다. 특히 원하는 분위기를 명확히 하거나 원하는 시대로 독자의 관심을 끌기에 좋은 방법이다.'[149]

묘사를 하면 설교가 청중의 감성을 터치하기 시작한다. 그러면 청중이 무심하게 여겼던 하나님에게 깊은 관심을 보이기 시작한다. 그리고 설교의 기대감이 증폭되기 시작한다. 더 나아가 청중은 설교 알고리즘이 작동되어 생생한 묘사의 설교나 글에 많은 시간을 투자하게 된다.

Chapter 4

이미지 글을 써라

설교는 글쓰기다 3

청중은 이미지에
마음을 빼앗긴다

언어는 쌍방 소통을 원한다

인간은 언어를 통해 소통한다. 하나님께서 인간에게 언어 능력을
주셨기에 인간은 소통하길 원한다. 노암 촘스키는 『촘스키의 통사
구조』에서 이렇게 말한다. "인간은 문법을 비롯한 언어 능력을 타
고 났다."[150] 인간은 언어 능력을 타고났기에 언어 능력이 탁월한
사람은 6개 국어를 구사하기도 한다. 아무튼 우리는 언어를 사용
해 다른 사람과 세상과 소통한다.

소통에는 두 가지가 있다. 일방 소통과 쌍방 소통이다. 소통이
란 쌍방 소통을 전제로 한다. 일방 소통을 하는 사람은 없다. 일방
소통은 소통하지 않겠다는 말이다.

언어는 쌍방 소통을 전제로 한다. 쌍방 소통을 전제로 하는 언어는 인류의 가장 위대한 발명품이다. 모텐 H. 크리스티안센, 닉 채터는 『진화하는 언어』의 '띠지'에서 "언어는 인류의 가장 위대한 발명품이다. 이 책은 언어가 '왜 인류의 가장 위대한 발명품인가'에 대한 완벽한 답변이다"라고 서술하고 있다.

인류의 가장 위대한 발명품인 언어로 쌍방 소통해야 한다. 쌍방 소통하면 행복의 통로가 되지만, 일방 소통하면 재앙의 통로가 된다. 아름다운 말, 격려의 말, 위로의 말은 행복의 통로가 된다. 하지만 선동의 말, 유언비어는 재앙의 통로가 된다.

인간의 위대한 발명품인 언어 능력을 타고난 인간이 언어에 무지하다. 이만교는 사람들의 언어에 대한 무지가 인류사에서 가장 놀라운 두 번째 사건이라고 한다. "언어의 발견이 인류사의 가장 놀라운 사건이라 한다면, 언어에 대한 사람들의 무지야말로 인류사의 가장 놀라운 두 번째 사건이라 일컬을 만하다"고 말이다.

언어 발견이 인류사에 첫 번째 놀라운 사건이다. 언어에 대한 무지가 인류사의 가장 놀라운 두 번째 사건이다. 인간의 언어에 대한 무지를 보여주는 것이 쌍방 소통을 추구하지 않고 일방 소통으로 언어 사용을 하는 것이다. 언어는 일방적이 아니고 쌍방적이어야 한다. '언어의 핵심은 본질적으로 쌍방향적이며, 유동적이며, 협력적이라는 데 있다.'[151]

설교자는 언어로 설교한다. 설교 언어로 쌍방 소통해야 한다.

청중이 알아듣고 청중이 삶에 적용하는 설교가 쌍방 소통 설교다. 언어가 쌍방 통행을 원하므로 설교는 쌍방 소통이어야 한다.

쌍방 소통 설교가 되려면 이미지 설교여야 한다

설교가 일방적인 이유가 있다. 설교자는 자신이 만든 설교라 소통이 잘 된다. 그러나 일방적으로 듣기만 하는 청중은 불통되기 십상이다. 한쪽은 소통이 되고 한쪽은 불통이 되는 것은 전형적인 일방 소통이다. 이를 해결하는 방법이 바로 이미지 설교다.

설교자는 쌍방 소통을 하기 위해 청중이 즉각적으로 반응을 보이는 이미지로 설교해야 한다. 하나님은 우리와 쌍방적인 소통을 하신다. 쌍방으로 소통하려면 이미지 글이어야 한다. 예수님은 이미지 글의 대표인 비유로 쌍방 소통하셨다. 이미지 글이 안 되면 일방 소통이 된다.

설교가 힘을 잃고 있다. 설교가 일방 소통이기에 그렇다. 이미지 설교를 하면 청중은 설교자의 설교를 알아듣는다. 현실은 그 반대이니 청중이 설교를 멀리한다. 론 로젤은 『소설쓰기의 모든 것 2』에서 이렇게 말한다. "독자들이 정말 참지 못하는 것 중 하나가 설교다. 설교는 계몽주의의 다른 이름일 뿐이다. 기독교 소설처럼 특정 독자를 겨냥하는 게 아니라면 설교로 비춰질 수 있는 부분은 그게 무엇이라도 멀리하는 게 좋다."[152]

그는 청중이 정말 참지 못하는 것 중 하나가 설교라고 말한다. 설교는 일방적으로 교훈을 주려 한다. 일방적으로 교훈 받으려는 청중은 없다. 거의 의미가 담기지 않은 잔소리처럼 들리는 설교를 들으려 하는 청중은 없다.

F. 스콧 피츠제럴드의 『위대한 개츠비』는 1920년대 미국의 삶을 이해하려면 읽어야 할 소설이다. 이 소설은 이미지 글이다. 이 소설의 '작품 해설'은 이 책을 이렇게 평가한다.

'『위대한 개츠비』는 주제뿐만 아니라 그 형식과 기법에서도 눈길을 끈다. 방금 앞에서 몇 가지 예를 들었지만 피츠제럴드는 이 작품에서 상징과 이미지를 즐겨 사용한다. 어떤 장면에서는 그가 묘사하는 대상이 너무나 구체적이어서 직접 눈으로 보고 귀로 듣고 코로 냄새를 맡는 느낌이 든다. 예를 들어 "이제 오케스트라가 노란 칵테일 음악을 연주하기 시작했다'는 문장에서는 시각적 이미지와 청각적인 이미지를 결합하여 독특한 공감각적(共感覺的) 효과를 빚어낸다. 상징이나 이미지는 말할 것도 없고 한 편의 장편시를 떠올리게 하는 서정적인 산문을 구사하기도 한다. 세계 소설사를 샅샅이 뒤져 보아도 이 작품처럼 서정적인 작품을 찾아보기는 그리 쉽지 않다. 번역하는 과정에서 상당 부분 놓치고 말았지만 원문을 읽다 보면 마치 산문시를 읽고 있는 듯한 느낌을 받게 된다.'[153]

『위대한 개츠비』가 이미지 소설이었기에 독자의 마음을 파고

들어 1920년대 미국의 삶을 이해하려면 읽어야 하는 소설이 되었다.[154]

이미지 시대에 설교자는 설교가 잔소리처럼 들리지 않도록 해야 한다. 잘 그린 그림처럼 비춰 보여주어야 한다. 설교가 이미지가 될 때 일방적인 교훈, 잔소리가 되지 않는다. 그때 비로소 쌍방 소통이 이루어진다.

설교가 쌍방 소통을 할 수 있으려면 시나 그림이 돼야 한다. 시나 그림은 독자적인 동시에 끊임없이 상호의존적이다. 이런 이유로 시인은 회화적 요소를 도입하고자 한다. 화가는 언어적 메시지를 도입하려 한다. "시인들은 회화적 요소의 도입을 통해 읽을 수 있는 시를 넘어서는 '볼 수 있는' 시를 꿈꾸고 있고, 화가들은 언어적 메시지를 도입함으로써 볼 수 있는 그림을 넘어서는 '읽을 수 있는' 그림을 모색하고 있는 듯 보인다."[155] 시나 그림은 일방 소통이 아니라 상호의존하며 쌍방 소통하려 한다.

언어를 사용하는 설교가 설명적이라면 일방 소통이다. 쌍방 소통을 하려면 이미지여야 한다. 시와 그림이 상호의존적이듯 설교에서도 설명과 이미지가 상호의존적이어야 한다. 그래야 쌍방 소통이 가능하다.

설교에는 언어적 요소와 회화적 요소가 들어 있다. 설교자는 화가처럼 언어적 메시지를 받아들여야 한다. 또한 시인처럼 회화적 요소를 받아들여야 한다. 이미지 설교는 회화적 요소와 언어적 요소의 결합에서 나온다. 그래야 쌍방 소통이 자연스러워진다.

청중은 이미지에 마음을 빼앗긴다

청중이 마음을 빼앗기는 것은 성경 자체가 아니다. 성경 글이 이미지이기 때문이다. 이것은 곧 지금이 이미지 시대인 것을 증명하는 증표이기도 하다. 이에 설교자는 청중의 마음을 빼앗아 오기 위해 이미지 설교를 해야 한다. 청중은 이미지에 마음을 주고 이미지에 대한 인식 능력이 뛰어나다. 『마음의 탄생』의 저자인 레이 커즈와일은 이렇게 말한다. "인간은 논리를 처리하는 능력은 약한 반면 패턴을 인식하는 능력은 놀라울 정도로 뛰어나다." 토마스 웨스트 교수는 "글자는 느리고 이미지는 빠르다"고 한다.

청중은 이미지에 빠른 반응을 보인다. 논리 처리 능력보다 이미지 처리 능력이 더 빠르다. 즉 패턴 인식 처리가 뛰어나다.

청중은 이미지 처리 능력만 빠르지 않다. 슬프게도 이미지의 노예가 되었다. 이에 청중은 이미지가 아니면 반응을 보이지 않는다. 현대에 이미지는 주인이 되었고, 언어는 하녀가 되었다.[156] 이미지가 주인인 시대에 설교는 이미지여야 한다. 언어가 하녀가 되었기에 청중은 말에는 대항하고 이미지에는 꼼짝하지 못한다.

청중이 이미지에 지배당함을 보여주는 대표적인 사례가 있다. 바로 대화 때마다 사용하는 이모티콘이다. 이미지가 주인이 되니 글자보다는 이미지인 이모티콘이 대화의 중심에 있다. 대화 마지막은 이모티콘으로 종결한다. 때론 대화 시작도 이모티콘으로 한다. 카카오톡, 당근을 실행한 후, 마무리는 이모티콘이다. '감사합니다', '안녕', '사랑해요', '축복의 통로', '최고예요' 등의 이모티콘으로 마무리한다. 뿐만 아니라 일상에서도 이미지가 지시하는 대로 살아간다. 집 문만 열고 나가면, 길거리의 교통 표지판, 도로 표지판, 지하철노선도 등을 접한다. 청중은 이미지의 지시에 따라 행동해야 목적지까지 갈 수 있다. 이처럼 청중은 이미지에게 소중한 마음 주기를 주저하지 않는다.

묘사와 이미지의 차이

Chapter 2와 Chapter 3에서 '묘사'를 다뤘다. Chapter 4와 Chapter 5에서는 이미지를 다루고 있다. 이 책의 주제가 '이미지 글쓰기'다. 글이 이미지가 되려면 묘사가 무엇인지 알아야 한다. 이 책에서 중요한 개념인 묘사와 이미지의 차이를 알아야 한다. 묘사와 이미지의 차이가 어떤 것인지 알기 어렵다. '작가조차도 묘사와 이미지의 차이를 혼동할 정도'다.[157] 작가조차 묘사와 아미지의 차이의 혼동한다면, 묘사와 이미지 차이를 분별하기 어렵다.

묘사는 인물이 어디에 있고, 무엇을 하고, 어떤 옷을 입고, 햇빛이 어느 정도인지, 사과파이의 향은 어떤지, 병실 화병에 꽂힌 장미는 어떤 색인지 등을 설명하는 것이다. 청중에게 이야기 속의 세계가 진짜처럼 느껴지게 만드는 방법이다.

이미지는 보석처럼 더 세심하게 다듬어 이야기 속에 배치한 묘사다. 사람이나 장소, 사건을 설명보다 더 생동감 넘치고 깊이 있게 한다. 즉 이미지란 청중의 머릿속에 그림을 그리도록 하는 것이다. 그 그림을 이미지라고 한다.

설교자는 구별이 어려운 묘사와 이미지의 미묘한 차이를 알아야 한다. 차이를 안 뒤 이미지 시대에 맞게 이미지를 좀 더 부각시켜 상황에 맞게 사용해야 한다. 설교에서 묘사보다 이미지를 조금 더 부각되게 하기 위한 세 가지 조건이 있다.

첫째, 다양한 기법을 잘 배우고 활용해야 한다.
둘째, 노련한 작가들로부터 다양하게 배워야 한다.
셋째, 신중하게 써야 한다.

여기서 둘째 항목인 '노련한 작가들로부터 다양하게 배우'려면, 자신이 즐겨 읽는 특정한 한두 장르만 읽어서는 안 된다. 훌륭한 작가들이 여러 장르에서 뛰어난 본보기를 보여주듯이, 독서의 폭을 넓혀야 한다.[158]

설교자는 묘사로 청중의 마음에 다가가도록 표현해야 한다. 그리고 이미지 글로 청중에게 보이도록 해야 한다. 앞에서도 말했듯이 청중이 이미지에 빠르게 반응하므로 설교에서 이미지를 사용해 탁월한 효과를 거두어야 한다.

이미지 글은 효과가 탁월하다. 이미지 글의 탁월한 요소는 5가지다.

첫째, 설명에 의존하지 않고 감정을 불러일으킨다.

둘째, 이야기 주제로 독자의 관심을 끈다.

셋째, 인물이나 화자의 단면을 보여준다.

넷째, 앞으로의 이야기 전개를 암시한다.

다섯째, 장면의 시작이나 마지막에 독자의 시점을 확대한다.

뇌는 이미지를 빠르게 처리한다

"저는 당신의 세계를 배우기 위해 여기 온 것입니다." 영화 '인턴'에 나오는 명대사다. 주인공 벤(로브트 드 니로)가 자신보다 마흔 살이나 어린 줄스(앤 해서웨이)의 회사에 인턴으로 출근하여 사장인 줄스에게 던진 대사다.

이미지 시대에 설교자가 할 말도 이와 다르지 않다. "저는 이미지 글쓰기를 배우기 위해 이 책을 읽습니다"라고 해야 한다. 설교자가 이미지를 배워야 하는 이유는 뇌가 이미지 처리를 잘하기 때문이다. 뇌가 처리하는 방식은 이미지다. 즉 뇌는 이미지 처리를 쉽고 빠르게 한다.

뇌가 이미지 처리를 쉽고 빠르게 하는 것은 뇌가 이미지를 좋아하기 때문이다. 뇌는 이미지를 좋아해 상투적인 이미지 제거도 잘한다. 특히 시각적인 이미지 제거를 더 잘한다. '시각 이미지는 진부한 은유, 매우 진부하여 그것이 문제라는 점을 망각할 정도로 일상 언어로 굳게 자리 잡은 은유에서 상투성을 제거한다.'[159]

설교의 목적은 청중의 변화다. 언어가 청중과 부딪히면 변화가 시작된다. 큰 변화는 아니다. 어쩌면 변화되는 것처럼 보일 수도 있다. 진짜 변화는 마음속에 있는 이미지가 바뀌면 일어난다. 청중의 변화 요인으로 이미지가 전부라고 말할 수 있다. 이미지로 청중의 뇌를 바꿔야 한다. 즉 뇌의 변화가 일어나면 청중의 생각이 바뀐다.

매주 몇 편씩 설교해야 하는 설교자는 글의 상투성을 제거하는 데 많은 노력이 필요하다. 글의 상투성을 제거하려면 이미지 글로 쓰면 된다.

설교자의 모범인 예수님은 이미지 글의 대가였다. 이미지 설교를 하니 청중이 설교를 들을 때마다 놀랐다. 놀란 것으로 그치지 않고 수천 명이 설교를 더 듣기 위해 아침부터 저녁까지 따라다녔다. 김진규는 『히브리 시인에게 설교를 배우다』에서 예수님을 이미지의 천재라고 한다. '예수님은 그림 언어의 천재이셨다. 예수님의 비유 대부분이 그림 언어들로 가득 차 있다. 마태복음 13장을 보자. 씨 뿌리는 비유, 겨자씨와 누룩 비유, 가라지 비유, 감춰진 보화 비유, 좋은 진주를 구하는 장사꾼 비유, 그물 비유 등 당시에 친숙한 그림 언어들을 사용하여 하나님 나라의 심오한 진리를 쉽게 설명하셨다. 예수님의 이와 같은 가르침에 청중들은 놀라움을 금치 못했다.' [160]

마태복음 13장에도 이미지가 가득 들어 있다. 예수님이 사용하신 길가, 돌밭, 가시밭, 좋은 밭 등은 모두 이미지다. 당시에 농사를 짓던 사람들이 너무나 쉽게 접할 수 있는 이미지들이다. [161]

예수님은 이미지를 통해 청중의 마음을 빼앗았다. 청중의 뇌는 이미지 글 처리가 쉽고 빠르다. 그러므로 이미지 설교를 해야 한다.

이미지 글쓰기,
성경에서 배워라

성경은 글이다

성경은 글이다. 설교자는 그 글을 말로 변환해 청중에게 전한다. 우리가 성경을 읽는 것, 성경을 묵상하는 것, 성경을 연구하는 것은 성경이 글이기에 가능하다.

하나님께서 성경을 글로 쓰셨다. 글 덕분에 우리가 성경으로 하나님을 믿는다. 만약 글이 아니라면 기독교는 한국 땅까지 올 수 없었을 것이다. 성경이 글이므로 설교자는 글에 관심을 가져야 한다. 글쓰기를 최고로 잘해야 한다.

설교자는 글을 읽지만 성경 글만 읽는다. 교인에게도 성경 글만 읽으라고 한다. 성경 글만 읽으면 세상에서의 물질적, 건강의 축복도 덤으로 받는다고 한다. 이는 성경에 쓰여 있는 글을 왜곡하는 것이다. 성경 글을 읽으면 구원의 축복을 받는다. 영적인 축복을 받는다.

설교자들은 세상의 사기에 잘 빠진다. 성경 글만 읽으니 세상에 눈이 어둡다. 세상 글을 읽어야 세상을 조금은 알 수 있다. 이는 성경 글이 세상의 축복까지 주는 도구라고 성경을 왜곡한 결과다.

설교자는 글을 읽고 연구하고 분석해 글을 잘 활용해야 한다. 성경 글 연구는 기본이다. 세상 글도 읽고 연구하고 분석해야 한다. 성경이 글이라면 설교자는 글과 가장 가까워야 한다. 성경이 글로 우리에게 다가왔다면 우리도 글로 세상에 다가가야 한다. 성경이 글이라면 설교자는 좋은 글 읽기를 주저하지 않아야 한다. 좋은 글 읽는 것에 최고여야 한다.

설교자들로부터 종종 듣는 말이 있다. 설교를 하나님께 받아서 한다는 말이다. 목사 초기 때 몸이 많이 아파서 기도원에 다닐 때였다. 원장은 설교 때마다 하나님께 받아서 설교한다고 했다. 어제도 그런 말을 또 들었다. 자신은 설교를 하나님께서 받아서 한단다. 한 달 전에도 그런 말을 들었다.

글을 읽지 않으니 하나님께 받아서 할 수밖에 없을 것이다. 어떻게 하나님께서 매번 설교를 주시는가? 하나님께 받아서 한다는 말은 새빨간 거짓말이다. 기도원에 다닐 당시, 사위가 목사였다. 그 사위가 한 말이 있다. 자신이 설교를 작성하려면 필요한 주석

책부터, 관련 자료, 예화까지 도움을 준다고 했다.

성경은 글이다. 글을 소중히 여겨야 한다. 글을 소중히 여긴다는 것은, 글을 읽고 내 것으로 만들어야 한다는 것이다. 하나님의 글, 하나님이 말씀으로 만드신 사람들이 집필한 글 등을 읽는 것이 설교자의 사명이다.

설교자는 글쓰기에 최고여야 한다

설교자는 글을 읽어야 한다. 신학을 했다면, 다음 스텝으로 인문학책을 읽어야 한다. 문학의 시대이므로 인문학 중에서 문학책을 많이 읽어야 한다.

설교자는 글도 많이 읽어야 하지만 글도 많이 써야 한다. 인풋(input)도 중요하지만 아웃풋(output)이 더 중요하다. 아웃풋은 글쓰기다. 글은 많이 쓸수록 더 잘 쓰게 된다.

글을 많이 써야 한다. 아울러 잘 써야 한다. 글을 잘 쓰려면 글쓰는 방법도 배워야 한다. 글을 잘 쓰지 못한다면 글을 연구하고 분석하지 않았다는 증거다.

설교자는 성경 글은 읽지만 세상 글은 잘 읽지 않는다. 글쓰기에는 거의 관심이 없다. 설교자에게 글쓰기는 중요하게 다뤄져야한다. 세상에서는 글쓰기가 각광을 받는다. 신학 분야에서는 글쓰기가 천대를 받는다. 말만 잘하면 된다는 인식이 팽배하다. 글쓰기가 천대받으니 말도 안 되는 소리, 엉뚱한 소리를 하게 된다.

우리는 글의 기독교를 믿는다. 글의 기독교를 전파하는 일에 최일선에 서 있다. 하나님은 글을 쓰셨다. 하나님의 선지자, 예수님의 제자들을 통해 글을 쓰셨다. 예수님을 위해 살아가는 설교자도 글을 써야 한다. 글을 세상에서 최고로 잘 써야 한다. 글을 읽는 것은 물론 글을 어떻게 쓸 것인가를 연구하고 분석해 글쓰기의 달인이 되어야 한다. 그러나 설교자만큼 글쓰기에 무관심한 사람이 없다. 글쓰기의 원칙에 따라 쓰는 사람은 소수다. 설교자들 사이에서는 글쓰기를 천대하는 분위기가 팽배하다. 글쓰기를 천대하니 세상은 설교자의 글을 인정해 주지 않는다. 읽을거리가 없거나, 읽기힘들다고 볼멘소리를 한다.

글을 잘 쓰려면 글을 많이 읽고, 글을 많이 써야 한다. 글을 읽고 글을 쓰려면 지적인 것에 관심이 많아야 한다. 설교자는 책을 읽지 않는 리더 그룹, 글을 쓰지 않는 리더 그룹 중 한 그룹인 것 같아 안타깝다.

언젠가 들은 말 중에 이런 말이 있다. 종교개혁 당시 천주교의 상위 5%가 교회를 떠났다. 1970년대 미국 교회의 상위 5%가 교회를 떠났다. 한국 교회는 팬데믹 이전부터 특히 팬데믹 기간에 30대와 40대, 즉 교회의 상위 5%가 교회를 떠났다. MZ세대 중에 SKY가 교회 안에 없다고 한다.

사회의 상위 5%가 나라를 끌고 간다. 상위 5%가 교회를 떠난다는 말은 교회 리더들이 지적으로 탁월하지 못하다는 반증이다. 설교자들이 종종 하는 말이 있다. "교회가 영적으로 가지 않고 지적으로 가기에 교회가 쇠퇴한다"는 말이다. 언제 설교자 그룹이 지적으로 탁월한 적이 있기나 했는가? 묻고 싶다. 한국 교회는 한마디로 반지성주의다. 지금도 반지성주의가 주류다. 반지성주의가 주류다 보니 교회가 지적이었던 적이 없다.

영국의 매튜 아놀드와 김형석 교수는 유럽 교회 쇠퇴의 원인이 교양의 쇠퇴에 있다고 분석한다. 즉 교인들의 지적 수준과 교양이 세상 사람보다 뒤처져 있기 때문이다. 교양 높은 사람이 교양 낮은 사람과 어울리려 하지 않는 건 당연하다. 한국 교회도 교양 수준이 세상보다 낮다. 그러니 상위 5%에 속한 사람들이 교회에 머물려 하지 않는다.

글을 잘 쓰는 것은 교양 수준이 높다는 반증이다. 키케로가 교양을 '마음의 육성'이라고 했듯이 교양인은 마음을 경작한다. 또한 교양인은 구별 능력을 지닌 사람이다. 무엇을 할지, 무엇을 하지 않을지 구별할 능력이 있다. 한 작가는 저서를 통해 '교양은 구별할 줄 아는 안목이고요. 교양을 쌓는다는 것은 자신의 길에 방향감각을 갖는 일이죠'[162]라고 서술한 바 있다.

하나님의 교양인은 세상 교양인보다 분별력이 뛰어나야 한다. 이정일 목사가 입버릇처럼 하는 말이 있다. "내가 쓰는 책은 세상 작가보다 수준이 뒤떨어지지 않는 책을 쓰겠다"이다. 그는 기독교

책은 세상의 책보다 수준이 확 떨어지는 것을 안타까워한다.

설교자는 한국 사회에서 중요한 리더 그룹 중 하나다. 그러나 책 읽기, 글쓰기, 책 쓰기 등에서 세상으로부터 인정받지 못하는 분위기다. 이는 곧 교회가 세상을 이끌어 갈 준비가 되어 있지 않다는 말이다.

특히 이미지 시대에 이미지 설교 쓰기는 더 심각하다. 성경의 저자들은 글을 쓸 줄 알았다. 글을 쓸 줄 알았기에 성경이 우리에게 전해졌다. 예수님과 성경의 저자들은 이미지 글쓰기의 대가다. 예수님의 비유는 이미지 글쓰기의 최고다.

예수님은 이미지 글을 쓰셨다. 성경 저자들도 이미지 글을 썼다. 우리는 글쓰기 등에서 예수님을 본받지 않는 경향이 강하다. 예수님의 글이 이미지 글이라면 설교자도 이미지 글을 써야 한다. 앞에서 강조했듯이 이미지 시대에 이미지 글의 시작인 묘사는 글쓰기의 기본이다. 성경도 이미지 글의 보고이다. 설교자가 가야 할 글쓰기는 정해져 있다.

이미지 글쓰기, 성경에서 배워라

성경은 하나님의 글이다. 설교는 인간의 글이다. 하나님은 글로 세상을 정복하셨다. 이제 설교자가 인간의 글, 특히 이미지 글로 세상에 도전해야 한다. 설교자는 글로 세상을 복음화하는 일에 앞장서야 한다.

설교자는 이미지 시대에 맞게 이미지 글을 써야 한다. 설교자는 이미 이미지 글을 자주 접해 왔다. 이미지 글의 최고가 성경이기 때문이다. 성경에는 이미지 글이 넘친다. 아가서, 시편, 잠언, 예언서 등은 이미지 글의 보고(宝庫)다.

김진규는 시편, 잠언, 아가서, 예언서 등은 이미지로 썼다고 말한다. "시가서와 선지서에는 특히 이미지 언어들이 많다. 뿐만 아니라 신약성경을 보면 예수님도 바울도(베드로도 요한도 누가도) 자주 이미지 언어를 사용했다."[163]

특히 아가서 4장 3-5절은 전체가 이미지 글이다. '네 입술은 홍색 실 같고 네 입은 어여쁘고 너울 속의 네 뺨은 석류 한 쪽 같구나. 네 목은 무기를 두려고 건축한 다윗의 망대 곧 방패 천 개, 용사의 모든 방패가 달린 망대 같고 네 두 유방은 백합화 가운데서 꼴을 먹는 쌍태 어린 사슴 같구나'(아 4:3-5).

사람들은 아가서를 시(詩)처럼 읽고 좋아한다. 이는 아가서가 잘 기억하게 하는 이미지로 쓰였기 때문이다. 특히, 아가서 4장 3절-5절은 '사랑의 이미지'를 잘 보여준다.

시편 23편도 이미지로 쓰인 글이다. '여호와는 나의 목자시니 내게 부족함이 없으리로다. 그가 나를 푸른 초장에 누이시며 쉴 만한 물가로 인도하시는도다. 내 영혼을 소생시키고 자기 이름을 위하여 의의 길로 인도하시는도다. 내가 사망의 음침한 골짜기로 다닐지라도 해를 두려워하지 않을 것은 주께서 나와 함께하심이라. 주의 지팡이와 막대기가 나를 안위하시나이다'(시 23:1-4).

시편 23편은 이미지를 통해 목자가 어떤 모습인지, 목자가 있을 때 어떻게 행동해야 하는지, 그리고 목자의 사명이 무엇인가에 대한 내용을 상세한 이미지로 보여준다.

이사야 1장 2-3절도 이미지 성경이다. "이사야 1장 2-3절의 내용은 간단하다. '이스라엘 백성들이 하나님을 잊어버렸다'는 내용이다. 그러나 단순히 산문체로 표현한 것에 비해 시적인 표현이 얼마나 생생하게 다가오는가! 얼마나 감동적인가! 여기에 나타나는 이미지와 대구법이 이 말씀을 감동과 생동감이 넘치는 표현으로 끌어올려 우리의 가슴에 강하게 와닿는다. 이 짧은 두 구절 안에 얼마나 다양한 이미지 언어가 등장하는가? '하늘', '땅', '귀', '자식', '양육', '소', '임자', '나귀', '주인의 구유' 등의 이미지 언어가 등장한다. '하늘이여 들으라 땅이여 귀를 기울이라'라는 표현에는 하늘과 땅에 마치 귀가 있는 듯 의인법을 사용해 하나님께 하소연을 들어 달라고 호소한다. 하늘과 땅도 그림 언어이지만, 하늘과 땅이 귀를 갖고 귀 기울여 듣는 모습 또한 의인법을 사용한 이미지 언어이다."[164]

설교자의 이미지 글쓰기는 시급하다. 가성비를 지나 시성비(시간 대비 성능의 효율)가 중요해지고 있다. 즉, 시성비를 생각한다면 이미지 글쓰기가 시급하다.

이미지 글쓰기는 멀리 가지 않고 가까운 성경으로부터 배우면 된다. 이미지로 쓰여진 성경을 읽고, 이미지 성경을 베껴 쓰면 된다. 이미지 글의 최고 교재는 성경이기에 그렇다.

단계별로 이미지 글을 써야 한다

성경은 이미지 글의 보고다. 설교자가 되었다는 것은 이미지 글의 남다른 실력을 이미 갖췄다는 것이다. 설교자는 작가, 문학가 수준의 글쟁이 아니던가? 작가, 문학가 수준이라면 이미지로 글을 쓸 수 있어야 한다.

21세기는 문학의 시대이자 이미지의 시대다. 사진, 그림 등 시각적인 것뿐 아니라 글도 이미지로 되어 있다. 글 중 쉽게 읽히면서 핵심을 전달하는 글은 이미지 글이다.

지금부터라도 설교자는 성경 주해를 위한 설교 글쓰기에 머물면 안 된다. 묘사로 설교 글을 작성해 이미지의 글이 되게 해야 한다. 21세기 미디어의 발달, 영상의 발달은 설교도 이미지여야 함을 말해준다. 만약 설교 글이 이미지가 아니면 설교는 청중의 관심 밖으로 밀려난다. 세상은 교회에 관심을 꺼버린다.

설교자들은 설교 글을 설교자의 생각과 정보, 주장을 직접적으로 전달하는 식에서 이미지 글로 전환해야 한다. 지금의 설교는 논리적인 동시에 감각적일 필요가 있다.

이미지 글의 특징이 있다. 글이 이미지가 되려면 동작을 보여주면 된다. 동작을 보여주면 청중이 직관적으로 '그렇다'고 인정한다. 동작을 보여주면 머릿속에 이미지가 그려진다.

설교를 이미지로 써야 하는 것은 이미지로 각인되어 청중의 기억 속에 오래 머물게 하려는 데 있다. 미국 언론인인 조지 퓰리처는 이렇게 말한다. 첫째, 짧게 써라. 그러면 읽힐 것이다. 둘째, 명료하게 써라. 그러면 이해될 것이다. 셋째, 그림(이미지)같이 써라. 그러면 기억 속에 머물 것이다.

설교자는 전한 설교가 청중의 기억 속에 머물기를 바란다. 예수님의 설교인 비유를 듣고 수많은 청중이 쫓아다닌 것은, 비유는 기억 속에 오래 머물기 때문이다.

설교자는 이미지 글을 써야 한다. 그 첫출발이 예수님의 비유이면 좋겠다. 비유는 이미지 글인 동시에 이미지보다 훨씬 강력하다. '은유, 직유 등 비유는 보는 이미지를 향해 가기'[165]때문이다. 비유가 이미지를 향해 간다면 설교자는 성경을 통해 이미지 글쓰기를 배워야 한다.

03

이미지 글이
눈에 보인다

설교자! 글쓰기 배워야 한다

이미지 시대에 설교자는 이미지 글을 써야 한다. 이미지 글을 쓰
려면 이미지 글 쓰는 법을 배워야 한다. 어떤 설교자가 글쓰기에
대한 생각을 페이스북 댓글로 달았다. '글쓰기라는 스킬에 매달리
지 말고 성경이란 본질을 붙잡아라.'

　성경 본질은 붙잡아야 한다. 붙잡는 것으로는 안 된다. 본질을
본질답게 드러내야 한다. 성경이 성경답게 된 것은 글쓰기 덕분이
다. 성경의 본질을 드러내려면 글을 써서 드러내야 한다. 성경이
글로 써졌기에 세계 최고의 베스트셀러는 물론 세상에 유일한 진
리로 인정받는다. 그렇다면 우리가 할 일은 이미 나와 있다.

사람들은 한국 교회가 수직 낙하하는 이유로 본질을 놓친 것을 꼽는다. 물론 본질을 놓친 것도 있지만 현실적으로는 첫 번째 원인은 아니라고 생각한다. 교회는 사회의 조직 중 하나다. 사회 조직 중에서 교회가 교회다움을 드러내지 못해서, 즉 교회가 사회적으로 인정받지 못해서다. 사회적으로 인정받지 못한 것은 가치를 추구하는 사회, 교양을 추구하는 사회에 교회가 공익적인 모습을 보이기보다 사익을 쫓는 등 사회의 요구에 부응하지 못했기 때문이다. 이런 교회답지 못한 모습이 본질이라면 할 말은 없다. 하지만 본질이라고만 하면 너무 추상적으로 들리므로 좀 더 쉽게 표현한다면, 교회의 수준이 세상보다 낮은 게 첫 번째 이유다.

설교자 글쓰기는 사회적 수준에 도달했는가? 글쓰기도 사회적 수준보다 떨어진다. 한국 교회 리더가 세상 리더보다 뒤떨어지는 것 중 하나가 글쓰기다. 책을 비교해 보면 단번에 알 수 있다.

설교자들은 내용만 중요시한다. '성경적인 내용인가? 신학적인 문제는 없는가?'만을 중요시한다. 현대 신학은 변증적이어야 하니 이해가 간다. 하지만 세상 흐름과는 배치된다. 세상은 글쓰기에서 형식을 내용보다 더 중요하게 여긴다. 강원국은 『강원국의 글쓰기』에서 글의 '내용'과 '형식'의 중요성이 바뀌었다고 한다.

"과거엔 내용이 먼저이고 형식이 뒤따랐다. '무엇(내용)'이 우선이고, '어떻게(형식)'는 '무엇'에 종속되게 마련이었다. 이제는 형식이 '무엇'에 해당한다. 내용이 '어떻게'다. 글의 전개 형식을 '무엇'

으로 결정하면 내용은 '어떻게'라고 채울 수 있다. 콘텐츠는 차고 넘친다. 구슬이 서 말이다. 꿰는 게 문제다."

내용이 좋으면 뭐하나? 꿰지 못하는 것이 설교자의 문제가 아닌가? 말도 안 되는 논리, 전혀 맞지 않는 설교가 주를 이룬다. 설교에서 자제해야 할 설교자의 자기 자랑이 넘쳐나고, 믿음과 행동으로 보이지 않는다고 청중을 혼낸다. 시대에 맞지 않는 오래전 형식으로 설교한다.

좋은 내용을 글로 꿰는 형식이 더 중요하다. 이미지 글쓰기는 내용이 아닌 형식이다. 형식이 중요한 시대에 설교자는 내용을 멋지게 담을 수 있는 형식을 갖추지 못했다.

내용을 담는 것은 글이다. 더 좋은 내용으로 만드는 것은 형식이다. 만약 글을 잘 쓰지 못하면 좋은 내용이 하찮게 된다. 세상에서는 글을 쓰지 못하면 직장 생활을 못한다. 리더로서 인정받음을 기대하지 못한다. 대리에서 과장으로 진급도 만만치 않다. 설령 진급해도 버티기 어렵다. 다국적 기업에서는 글을 못 쓰면 버티지 못한다.

설교자의 세계는 다르다. 글을 쓰지 못해도 계속 설교한다. 은퇴 때까지 설교를 한다. 은퇴 이후에도 설교하는 것을 자랑한다. 듣기 힘든 설교를 청중은 하나님 자녀라는 명분 때문에 듣는다. 운이 나빴던 설교자만 표절했다고 사임을 한다. 이는 교회가 비정상적인 사회 조직 중 하나임을 증명하고 있는 사안 아닌가?

중대형 교회 설교자가 설교 표절로 사임했다는 소식을 잊을만 하면 듣는다. 설교자는 글쓰기에 취약하다. 박사 학위가 있어도, 외국에 유학을 다녀와도 남의 설교를 표절한다. 이유는 단 하나다. 글을 쓰지 못하기에 그렇다. 이럴진대 세계 최고인 성경이 성경답게 대접받는 것을 기대할 수 없다.

설교자는 글을 쓸 줄 알아야 한다. 시대에 맞게 이미지 글을 쓸 줄 알아야 한다. 우리나라는 독서, 글쓰기, 책 쓰기에서 다산 정약용의 영향이 절대적이다. 정민의 『다산선생 지식경영법』에서 다산은 독서를 책 쓰기까지라고 한다. 그의 글쓰기 방법은 초서와 질서다.

미국, 유럽, 뉴질랜드 등 선진국은 글쓰기가 교육의 중심이다. 세상은 글쓰기에 매진하고 있다. 우리나라의 좋은 대학 중 글쓰기를 가르치지 않는 대학은 거의 없다. 신학교 중 글쓰기를 가르치는 대학은 거의 없다.

글쓰기는 기독교의 본질인 성경을 세상에서 제 역할을 제대로 하게 해준다. 글을 못 쓰는데 본질만 부르짖으면 본질이 본질로 대접받는가? 설교자는 적어도 세상 다른 분야의 리더보다 수준이 뒤떨어지지 않아야 한다. 자기 것, 성경을 글로 표현해야 하는 글쓰기가 뒤떨어지면 기독교의 수직 추락은 당연하다. 설교자에겐 성경을 성경답게 만들 책임이 있다. 예수님처럼 이미지 글로 성경을 성경답게 대우받도록 할 책임이 있다.

이미지 글쓰기는 배워야 한다

설교자는 글쓰기를 배워야 한다. 이미지 시대에는 이미지 글쓰기를 배워야 한다. 최재천 교수는 글쓰기의 중요성을 "이 세상 모든 일은 결국 '글쓰기'로 판가름 난다. 어떤 직업에도 예외가 없다"라는 말로 강조한다.

이 세상 모든 일, 특히 설교는 글쓰기로 판가름 난다. 설교자의 가장 취약점이 글쓰기다. 15년째 설교자들에게 글쓰기를 가르치고 있으면서 내린 결론은, 글을 쓰지 못하는데 설교를 잘하는 설교자를 만난 적이 없다는 것이다.

설교자는 글쓰기 중 이미지 글을 쓸 줄 알아야 한다. 이미지 글은 인간의 감수성과 행동에 직접적 영향을 준다. "커뮤니케이션 가운데서도 시각적 측면은 인간의 감수성과 행동에 직접적 영향을 주기 때문에 영상디자이너는 커뮤니케이션 원리나 그에 따른 심리적, 물리적, 윤리적 측면에 대한 지식을 폭넓게 가질 필요가 있다. 이럴 때 영상디자이너는 시각적 형태를 표현하는 것 못지않게 정신적 소통 모델 속에서 그들을 통합하여야 한다. 즉, 시각 전달은 형태와 색채, 그리고 그 구성에 대한 시각적 담지체를 중요시하면서도 의미 전달 기능도 갖추고 있어야 한다. 영상디자인이 전달 기능에 충실하기 위해서는 먼저 커뮤니케이션에 대한 이론적 기초를 알고 있어야 한다."[166]

교회는 이미지 글쓰기에 아직 입문도 하지 않았다고 생각한다. 설교자에게 이미지 글쓰기는 일머리 문해력이라 할 수 있다. 송숙희는 『일머리 문해력』의 책 표지 뒷면에 이렇게 적었다. '문해력을 키우면 일머리는 자연스럽게 따라온다.'

김난도는 인공지능 시대 대안을 '호모 프롬프트'에서 찾는다. "신기술이 등장하면 언제나 그에 대한 이해력 혹은 문해력이 필요해지는데, 호모 프롬프트는 바로 'AI 리터러시' 혹은 '인공지능 문해력'을 갖춘 인간에 관한 트렌드 키워드다. 이 문해력은 비단 AI 사용 방법에 관한 것만은 아니다. 후술하는 바와 같이 생성형 AI를 능숙하게 사용하면서도, 인공지능에게 미흡한 부분을 창의적으로 보완해 나갈 수 있는 인문학적 문해력을 포함한다. 그런 의미에서, 이 키워드가 인간을 뜻하는 '호모'로 시작한다는 점에 주목할 필요가 있다. 하루가 멀다 하고 생성형 AI 관련 신기술과 서비스가 등장하는 이 시점에서 단지 기술의 변화를 쫓아 가는 것이 아니라, 이 거대한 진보의 메가트렌드 속에서 우리 '인간'들이 무엇을 어떻게 해야 할 것인가를 생각해 보는 키워드이기 때문이다."[167] 이처럼 인공지능 시대에 필요한 것은 문해력이다. 여기에 발맞추어 설교자는 이미지 글로 더 창의적인 글쓰기를 해야 한다.

이미지 시대, 설교자는 두 가지 부문에서 특출나야 한다. 하나는 성경이다. 다른 하나는 글쓰기다. 특히 이미지 글쓰기다. 설교자들은 성경에 똑똑해야 한다. 글쓰기도 똑똑하게 잘해야 한다. 성경에 똑똑한 것은 기본이다. 글쓰기에 똑똑한 것도 기본이다. 지금은 이미지 글쓰기까지 똑똑해야 한다.

바울이 성경에만 똑똑하지 않았다. 글쓰기에도 똑똑했다. 그리고 당시의 인문학인 율법에도 똑똑했다. 이런 바울을 하나님은 베드로 대신 유럽 복음화를 위한 사도로 쓰셨다.

설교자는 설교자의 본질을 잊으면 안 된다. 성경에만 똑똑하면 큰일 난다. 글쓰기에도 똑똑해야 한다. 만약 성경에만 똑똑하면 결국에는 본래의 아름다움을 강탈당하게 된다. 워렌 W 위어스비는 『상상이 담긴 설교』에서 성경에만 똑똑한 것의 문제를 이렇게 말한다. "갈갈이 쪼개어 (분해해서) 죽인다." 이 말은 글은 쓰지 못하고 성경만 잘하면 성경 본래의 아름다움과 힘을 강탈당한다는 뜻이다. 그는 이어서 말한다. "얼마나 신랄한 기소장인가! 나 자신도 책을 좋아하는 사람들이 자연을 대하는 방식처럼 성경을 다뤄 왔다는 사실을 고백하지 않을 수 없다. 성경의 살아있는 말씀이 자연스런 방식으로 제 스스로를 표현하게 하기보다, 그 본문을 사정없이 분해하여(쪼개어) '공연히 간섭하기 좋아하는 지식인'의 태도로 오려 붙이고 뒤섞음으로 해서 본래의 아름다움과 힘을 강탈하고 만 적이 한두 번인가."

워렌 W 위어스비의 이 표현은 윌리엄 워즈워스의 시 〈돌려놓은 탁자〉(The Tables Turned)의 마지막 글 '갈갈이 쪼개어 죽이고 마네'를 인용해 한 것이다. 그는 성경만 해석하면 성경 본래의 아름다움과 힘을 강탈당하게 된다고 말한다.

그는 성경에만 똑똑한 것이 무조건 옳은 것은 아니라고 한다. 성경이 가치 있게 전달되어야 한다. 가치 있게 전달되도록 커뮤니케이션 능력을 지녀야 한다. 이미지 글로 청중의 마음을 파고들어야 가치 있게 전달할 수 있다.

예수님은 로마 복음화에 본질만 붙잡은 베드로를 쓰지 않고 세상 학문에 능통한 바울을 쓰셨다. 말씀과 기도라는 두 날개뿐 아니라 하나님과 세상(인간)이라는 두 날개를 동시에 붙잡은 바울을 쓰셨다.

많은 설교자가 글쓰기를 '스킬(Skill)'로 오해한다. 글쓰기는 스킬이 아니라 설교자의 본질에 속한다. 세상에서 글쓰기는 학문함의 최고봉에 속한다. 글쓰기는 성경을 성경답게 제대로 대접받게 하는 최고의 처방이다.

소설가, 시인, 시나리오 작가, 웹툰 작가를 아무나 하는가? 오랫동안 피를 토하고 말로 할 수 없는 땀을 흘려도 될까 말까다. 그들이 사회로부터 인정받는 것은 글을 잘 쓰는 데 있다. 설교자의 설교는 한국 사회에서 어떤 대접을 받고 있는가? 청중이 설교를 찾아 들으려 하지 않는다.

설교자는 설교할 때마다 글을 쓴다. 즉 글쓰기와 성경은 함께 간다는 말이다. 둘은 떨어질 수 없다. 그러므로 글쓰기를 스킬로 폄하하지 말아야 한다. 하버드대학, 예일대학, 옥스퍼드대학, 서울

대학교 등이 글쓰기에 올인한다. 설교자가 글쓰기를 스킬이라고 폄하하는 것은 신학교육이 어느 정도 균형 잡히지 않았는가를 드러낼 뿐이다.

설교자는 이미지 시대에 맞게 이미지 글쓰기를 배워야 한다. 즉, 소설가 경지에 올라가도록 배워야 한다. 소설가 경지에서 이미지 글을 쓸 때 한국 사회에서 성경은 성경답게 대접받게 된다.

다섯 가지 방법으로 이미지 글을 써라

설교 글을 이미지로 써야 한다. 청중에게 설교를 보여주려면 이미지 글이어야 한다. 이미지 설교로 하나님을 보여주어야 한다. 하나님을 본 청중은 하나님을 사랑하게 되어 있다. 그렇다면 설교를 이미지로 쓰려면 어떻게 해야 하는가? 우리가 알고 있는 이미지 글쓰기 방법은 아래와 같다.

첫째, '원리!'
이미 많이 들어서 그만 들어도 될 정도다. 그만큼 중요하다.
둘째, '어떻게.'
알고 싶은 데 알 방법이 거의 없다. 가장 쉬워야 하는 데 가장 어렵다. 결국 '어떻게?'가 문제다. 필자는 '어떻게?' 이미지 글을 쓰는가를 신학에서 찾고자 했다. 하지만 찾지 못해 결국 인문학,

특히 문학에 기댈 수밖에 없었다. 신학은 성경 뜻풀이가 큰 관심사다. 인문학은 글쓰기가 큰 관심사다. 이미지 글쓰기는 신학을 한 다음 문학을 통해 길을 열어야 한다. 설교는 논증 중심으로 써 청중에게 들려져야 한다. 설교는 이미지로 써 청중에게 보여야 한다. 청중에게 보일 때 청중의 마음은 설교에 빼앗긴다. 설교 글에서 보이는 이미지 글을 쓰려면 다섯 가지 방법을 사용해야 한다.

첫째, 구체적으로 묘사한다.
둘째, 세부적으로 묘사한다.
셋째, 함축적으로 묘사한다.
넷째, 상상하게 만들어준다.
다섯째, 영상과 예화를 적절하게 활용한다.

이 다섯 가지 중에 영상과 예화를 적절하게 활용하는 것은 이미 상용화되었다. 구체적, 세부적, 함축적으로 쓰는 것도 일부분 한다. 상상하게 하는 것은 어렵지만 꼭 해야 한다. 작가들은 이미지 글을 쓰기 위해 다음 세 가지 방법 사용을 권한다.

첫째, 상상하게 한다.
둘째, 세부적인 묘사를 한다.
셋째, 오감을 활용한다.

설교자는 이 모든 방법을 사용해야 한다. 할 수 있는 것부터 배워서 이미지 글을 써야 한다. 나중에 오감을 활용하는 방법까지 배우면 이미지 글쓰기를 터득한 것이 된다. 이미지 글쓰기를 하려면 세 단계를 거쳐야 한다.

첫째, 이미지 글쓰기 책을 읽는다.
둘째, 묘사 책을 읽는다.
셋째, 각자의 수준에 맞게 이미지 글을 쓴다.

마지막으로 이미지의 글을 쓰는 단계를 어떻게 잡아야 하는가?

첫째, 느낌을 쓴다.
둘째, 오감으로 쓴다.
셋째, 구체적으로 쓴다.
넷째, 세부적으로 쓴다.
다섯째, 상상하며 쓴다.

Chapter 5

이미지 글쓰기,
네 가지 방법

설교는 글쓰기다 3

구체적으로 써라

상세하게 써라

이미지 글쓰기는 구체적으로 쓰는 것으로부터 시작한다. 구체적으로 쓰려면, 먼저 상세하게 쓰는 것과의 차이를 알아야 한다. '구체적'과 '상세하게'는 뜻이 다르다. 구체적이란 말은 '세부적'과 비슷한 말이고, '추상적'이란 말과 반대된다. 구체적이란 '실제적이고 세밀한 부분까지를 담고 있다'는 뜻이다. '상세하게'란 '낱낱이 자세하게'라는 뜻으로 구체적이며 실제적이고 세밀한 부분까지 포함한다. 그러니까 구체적으로 쓴다는 것은 추상적으로 쓰지 않고 이해되게 쓴다는 뜻이다. '믿음', '사랑', '소망'이라고 쓰지 않고 '이삭을 바친 아브라함의 믿음', '장점 찾기', '무지개'처럼 개념으로 의미가 통하게 쓰는 것이다.

구체적으로 쓰기는 상세하게 쓰기와 다르지만 상세하게 쓴다는 것이 내포되어 있다. 상세하게 쓰는 것의 사용 용례를 보면 구체적으로 쓰는 것과의 차이를 이해할 수 있다. 상세하게 쓴다는 것은 아래의 세 가지 경우에 해당된다.

첫째, 영화 장면을 상세히 묘사한다. 둘째, 이 부분은 좀 더 상세히 논의한다. 셋째, 원인을 상세히 밝히다 등이다.

캐빈 밀러는 청중에게 먹히는 설교가 내러티브 설교라는 것을 전제하고 3D를 설명한다. 그중 하나가 '상세하게 설명하기'임을 염두에 두고 3D 기법을 살펴보면 다음과 같다.

① 상세히(Details) 설명하라. 사람들이 보고 있음을 인지하고 묘사하라고 한다. 상세히 설명하는 것은 주제에 대한 상세한 설명이다.

② 대화체(Dialogue)가 되어야 한다. 생동감 있게 진행되려면 문어체가 아니라 대화체여야 한다.

③ 극적인 결말(Denouement)로 표현되어야 한다. 청중에게 먹히려면 점진적으로 궁금증을 유발하면서 긴장감이 있고 문제가 뒤엉켜 있으면서 결론을 향해 나갈 수 있어야 한다.

우리는 상세하게 설명해야 한다. 상세하게 설명하면 이미지 글이 된다. '묘사하는 방법'(Chapter 3)에서 말하기와 보여주기를 언급했다. 말하기 글은 지나치게 간결한 글이다. 글이 지나치게 간결하면 청중을 설득하기 어렵다. 보여주기 글은 다른 말로 상세한 글이다.

성경의 이야기는 상세하게 기술되어 있다. 예를 들면, 창세기의 아브라함이 이삭을 바치는 장면, 요셉이 형들에게 팔린 이야기, 요셉이 보디발 아내와의 관계로 감옥에 갇힌 이야기, 요셉이 아버지 야곱을 만난 이야기, 누가복음 탕자 이야기 등은 상세하다. 마찬가지로 이미지 설교가 되려면 상세하게 기술해야 한다.

상세한 글의 반대는 간결한 글이다. 간결한 글과 상세한 글의 차이는 크다. 글만 봐도 알 수 있다. 다음의 글은 간결한 글이다. '모든 성도가 교회에 모여 떠나갈 듯이 기도를 했다.' 이어지는 글은 상세한 글이다.

'2023년 9월 15일 밤 9시에는 전 성도가 함께하는 특별 금요 기도회가 있는 날이다. 다른 날은 '특별'한 날이 아니다. 기도하고 싶은 성도만 참석하면 된다. 2023년 9월 15일 밤 9시는 전 성도가 예배당에 함께 모여 기도하는 날로 정했다. 전에는 각자의 처소에서 기도하거나, 가까운 교회에서 기도했다. 이날은 교회에서 멀리 살더라도 모든 성도가 참석해야 한다. 이날은 교인의 영적 회복을 위해 기도한다. 교회의 존재 이유는 성도의 영적 성장이다. 성도의 영적 성장을 위해 초대교회처럼 마음을 모아 기도하고자 한다. 하

나님께서 감동받으시길 고대하며 큰소리로 간절하게 기도하는 금요 기도회다.'

론 로젤이 보여주는 간결한 글과 상세한 글의 차이를 알면 더 이해가 된다. 이어지는 글은 간결한 글이다. '모든 이가 즐거운 시간을 보냈다.' 반면 토니 모리슨의 소설 『술라』(Sula)의 한 문단은 상세한 글이 어떤지 보여준다.

"늙은이들은 조그마한 아이들과 춤을 추고 있었다. 어린 소년들은 누나나 여동생과 춤을 추었고, 흥겨움을 표현하는 몸짓에 눈살을 찌푸리는(신의 손길이 그렇게 하라고 명령할 때 말고는) 교회 여신도들도 발끝으로 톡톡 장단을 맞추었다. 누군가(모두가 말하기를, 신랑의 아버지가) 사탕수수 술 한 병을 펀치에 부어버렸기 때문에, 흑맥주보다 더 독한 음료는 절대 마시지 않는 여자들은 물론 한잔하려고 슬그머니 뒷문으로 빠져나가던 남자들도 취해서 비틀거렸다. 한 꼬마가 빅터 축음기 옆에 서서 손잡이를 돌리며 버트 윌리엄스의 '날 위해 한 잔만 남겨줘'라는 노랫소리에 미소 짓고 있었다."

구체적인 글과 상세한 글의 차이를 알아야 한다. 상세한 글과 간결한 글의 차이도 알아야 한다. 그다음, 이미지 글을 쓰기 위해 상세하게 써야 한다. 상세하게 쓰면 어느 시점이 지나면 이미지가 떠올려진다.

설교는 더 구체적이어야 한다

설교자가 쓸 글은 구체적인 글이다. 설교는 구체적으로 써야 한다. 설교 용어도 추상적이지 않은 구체적인 용어를 써야 한다. 구체적으로 설명하고 구체적으로 묘사하면 이미지 글이 되기 때문이다. 그렇다면 어떤 글이 구체적인 글인가? 구체적인 글을 알기 전에 '구체적'이란 말의 뜻을 알아야 한다. 구체적이란 말에는 다음 세 가지 의미가 있다.

첫째, 사물이 직접 경험하거나 지각할 수 있도록 일정한 형태와 성질을 갖추고 있다. 둘째, 실제적이고 세밀한 부분까지 담고 있다. 셋째, 사물이 직접 경험하거나 지각할 수 있도록 일정한 형태와 성질을 갖추고 있다.

이 셋을 종합해 쉽게 정리하면 이렇다. 구체적이란 '쉽게 인지되고 지각되어 부딪히는 순간 무엇인지 아는 것'이다. 그 이유는 실제적이고 세밀한 부분까지 포함하고 있기에 그렇다. 구체적인 글이란 '구체적인 것을 구체적으로 설명한 글'이다.

작가는 글을 구체적으로 써야 한다. 구체적으로 이미지 글을 써야 한다. 마찬가지로 설교자도 구체적으로 글을 써야 한다. 설교자는 구체적으로 쓰기보다 당위적이고 모호하게 쓴다. 오히려 추상적으로 쓰는 경향이 강하다.

설교자가 구체적으로 쓰지 못하니 모호하게 쓸 확률이 높다. 조동범은 『상상력과 묘사가 필요한 당신에게』에서 '많은 이가 글을 모호하게 쓴다'고 했다.[168] 구체적인 글을 써야 하는데 거꾸로 모호한 글을 쓴다. 이제 모호한 글이 아니라 구체적으로 써서 이미지 글이 되도록 해야 한다.

설교자는 구체적인 글에 익숙하지 않다. 성경의 추상적인 용어에 익숙하기 때문이다. 많은 성경 용어의 뜻이 모호하다. '하나님의 큰 은혜를 받자', '신앙생활을 잘하자', '예배가 인생을 바꾼다', '하나님의 사람은 기도에 열정적이다' 등 모호하고 추상적인 글이 설교자의 구체적인 글쓰기를 방해한다.

설교자는 설교를 구체적으로 써야 한다. 추상적인 글은 청중의 마음을 파고들기 힘들다. 그러나 구체적인 글은 청중의 마음을 파고든다. 청중의 마음을 하나님께로 인도해야 하는 설교자는 청중이 눈에 보이듯, 손에 잡힐 듯 분명하고 구체적으로 설교문을 써야 한다. 구체적인 이미지 글에 청중은 하나님과 영적으로 호흡하기 시작한다. 그런 설교가 청중에게 큰 울림을 준다.

스토리텔링(Storytelling)이란 무엇인가?

스토리텔링이란 무엇인가? 말 그대로 상대방에게 알리고자 하는 내용을 흥미로운 이야기로 만들어 전달하는 행위다. 흥미 없는 이야기도 흥미롭게 만드는 것이 스토리텔링이다. 스토리텔링 자체가 구체적인 이야기다. '오늘 학교 잘 다녀왔어!'라고 한다면 흥미롭지 않다. '하나님은 오늘도 우리를 지켜주셨지?'라고 하면 감동적이지 않다. '하나님이 하루를 시작하게 하셨어. 하루를 살 때 위험한 순간이 있었지만 아무 일도 일어나지 않았어. 잠드는 지금까지 하나님의 손길을 느끼지 않은 적이 없었어. 잠자리에 들면서 하나님께 감사하다는 말을 하지 않고는 잠을 잘 수 없어!'라는 글은 감동적이고 흥미를 일으킨다.

스토리텔링은 흥미롭고 감동적이다. 그래서 공감대가 형성된다. 스토리텔링이 공감대를 형성하는 이유는 이야기를 만드는 과정에서 공감대가 형성되기에 그렇다. '좋은 스토리텔링은 공감대를 형성할 수 있도록, 그럴싸한 이야기를 만드는 과정에서 나온다.'[169]

설교자는 스토리텔링을 해야 한다. 설교자가 스토리텔링을 할 때, 깊은 정서적 몰입과 공감을 이끌어내는 커뮤니케이션을 하게 된다. '스토리텔링은 단순히 정보를 전달하는 것이 아니다. 전달하고자 하는 정보를 쉽게 이해시키고 오래 기억하게 하며 깊은 정서적 몰입과 공감을 이끌어낸다는 특성을 지닌 커뮤니케이션의 한 방법이다. 그래서 오늘날에는 문학, 만화, 애니메이션, 영화, 방송, 게임과 같은 창작 분야뿐 아니라 각종 생산품, 디자인, 홈쇼핑, 테마파크, 스포츠, 관광 등의 광고와 마케팅 같은 홍보 분야, 그리고 교육, 강연, 설교와 같은 훈육 분야에 널리 사용되고 있다.'[170]

스토리텔링은 전달하고자 하는 정보를 쉽게 이해시키고, 오래 기억하게 하며, 깊은 정서적 몰입과 공감을 이끌어낸다. 이는 스토리텔링이 구체적이기 때문이다. 고로 오늘날 스토리텔링을 사용하지 않는 분야가 없다. 한 분야를 굳이 꼽는다면 설교가 아닐까?

설교는 스토리텔링이 돼야 한다. 성경을 스토리텔링으로 전달해 청중에게 감동을 줘야 한다. 흥미와 감동으로 청중의 뇌리에 성경의 구체적인 이야기가 오래 기억되도록 해야 한다.

스토리텔링은 구체적이다

구체적인 글이 있다. 이야기 글이다. 소위 스토리텔링 글이다. 이야기는 언제나 구체적이다. 전래동화는 모호하거나 추상적이지 않고 이야기가 구체적이다. 그리고 할머니의 옛날이야기도 구체적이다. 한국 사람들은 할머니의 옛날이야기를 많이 듣고 자라서 구체적인 이야기에 쉽게 끌린다.

어릴 적, 많이 듣던 할머니의 옛날이야기는 아주 구체적이었다. 할머니는 이야기 중 문을 두드리는 장면도 실감나게 구체적으로 이야기해 주셨다. 무서운 이야기는 소름 끼칠 수 있게 더 구체적으로 의성어까지 보태 말해주셨다. 감동적인 이야기는 눈물을 흘릴 수 있도록 동원할 수 있는 모든 것을 동원해 구체적으로 이야기해 주셨다.

할머니의 구체적인 옛날이야기가 전해지면 아이들은 흥미진진해 이야기에 흠뻑 빠져들었다. 졸음이 몰려와 눈도 떠지지 않는 상태에서도 잠을 쫓아내려고 안간힘을 썼다. 잠이 쏟아져도 이야기가 구체적이라 이야기에 빠져들다가 잠드는 것이 부지기수다. 자다가 깜박 깨면 이야기를 듣기 위해 얼굴도 때려 보고, 손도 비틀고, 다리도 꼬집는다. 할머니의 구수한 옛날이야기는 오늘이 마지막이길 바라지 않는다. 내일 그리고 또 내일도 해 달라고 조른다. 밤마다 할머니의 옛날이야기를 들으며 평생 살고 싶다는 마음을 품게 된다.

아이들이 할머니의 이야기를 좋아하는 이유는 구체적이기 때문이다. 할머니의 옛날이야기는 흥미진진한 스토리텔링이다. 그런 할머니의 옛날이야기는 어른이 되어도 구체적으로 기억한다. 설교도 할머니의 옛날이야기처럼 구체적인 스토리텔링이어야 한다. 구체적인 스토리텔링이면 청중은 설교에 푹 빠진다. 잠이 와도 잠을 쫓기 위해 할 수 있는 모든 행동을 한다. 만약 스토리텔링이 구체적이지 않으면 일부러 잠을 자려고 할지 모른다.

호소도 구체적으로 해야 한다

스토리텔링은 구체적일 때 감동적이다. 감동까지 주려면 청중에게 '호소'할 때도 구체적이어야 효과가 있다. 설교자는 청중에게 하나님의 말씀대로 살라고 호소할 때가 있다. 그럴 때, 당위성만

외칠 것이 아니라 구체적이어야 한다.

미시간대학교 심리학과 리처드 니스펫 석좌교수와 스탠퍼드대학교 심리학과 교수인 리 로스는 『사람일까 상황일까』에서 호소할 때 구체적으로 하라고 조언한다.

2차 대전 중 미국 정부는 군사 작전에 들어가는 어마어마한 비용을 대기 위해 전쟁 채권 구매를 독려하는 대중 캠페인을 수차례 시도한다. 일반적인 호소(전쟁 채권을 사세요)에서 보다 구체적인 호소(채권을 100달러 더 사 주세요)로 나아가고, 또 특별한 시간이나 장소(직장에 방문)에 가서 호소하면 채권 판매는 2배, 즉 전체 노동자의 25%에서 50%로 늘어났다. 직접적으로 대면이 없는 상태에서는 임금 노동자의 20% 미만이, 누군가가 직접 대면해 부탁하면서 그 자리에서 서명만으로도 구매를 결정할 수 있는 있을 때는 거의 60%가 자신의 이름을 신청서에 적어 넣었다.

호소할 때도 이처럼 구체적으로 하면 효과 만점이다. 리 로스와 리처드 니스벳이 쓴 『사람일까 상황일까』에서는 교회 이야기도 다룬다. 그는 기독교는 복음 전파 경로 요인을 민감하게 받아들인다고 말한다. 그 결과, 기독교가 많은 청중에게 파고들 수 있었다고 주장한다.

기독교는 모호하지 않고 구체적이었기에 청중에게 파고들 수 있었다. 기독교는 모호하고 일반적인 호소(예수님을 구세주로 삼으라) 대신, 바로 그 순간에 할 수 있는 한 가지 구체적인 행동을 요구(자리에서 일어나 앞으로 나오세요)해 파고들었다.

구체적으로 다가갈 때 효과가 훨씬 좋다. 구체적으로 예배 시간에 자리에서 일어나 앞으로 나오라고 초청을 하면 처음 나온 신자가 다음 주에도 훨씬 좋은 결신을 맺는다.

복음은 일종의 호소다. 설교도 일종의 호소다. 초기 기독교가 구체적인 호소로 청중에게 파고들었듯이, 인공지능 시대에도 구체적인 호소로 청중이 예수님을 만날 수 있도록 통로를 마련해야 한다.

호소도 막연하면 먹혀들지 않는다. 호소는 구체적이어야 한다. 청중은 구체적인 호소에 반응을 보이고 교회가 원하는 복음의 구령에 좋은 결실을 맺을 수 있다.

주제와 관련해 구체적이어야 한다

호소할 때 구체적이어야 하는 이유를 살폈다. 이제 설교 주제(제목)와 관련해서도 구체적이어야 하는 이유를 알아보고자 한다. 어떤 설교자는 주제와 관련 없이 구체적일 때가 있다. 청중은 설교 제목을 미리 알 수 없다. 빠르면 교회에 도착해 주보를 보면서 알게 되고 늦으면 설교를 듣기 시작하면서부터 알게 된다. 이때 설교 제목과 관련 없는 내용이 구체적이면 황당할 뿐이다.

설교는 주제(제목)와 관련해 구체적이어야 한다. 필자는 주제 설교를 선호한다. 또한 주제 설교를 가르친다. 설교 유형에는 강해 설교, 주제 설교, 본문 설교, 제목 설교 등이 있다. 대부분의 사람은 강해 설교를 최고라고 생각한다. 그러나 필자가 주제 설교를 선택한 이유가 있다. 바로 세 가지다.

하나는 신학 후 얼마 지나지 않아 읽은 책 때문이다. 책을 읽고 있는데 그 책에 '세계 10대 설교'라는 글이 있었다. 세계 10대 설교 중 6개가 주제 설교였다. 또 하나는 복잡한 시대에 한 가지만 기억하게 해 주어도 충분하다는 생각 때문이었다. 마지막으로 원 포인트 설교를 하지 않으면 안 되는 시대이기 때문이다. 두 번째와 세 번째가 중복되는 감은 있지만 조금 다르다. 청중은 설교가 한 주제(원 포인트)이길 원한다. 하나의 주제로 시작해 마치길 원한다.

이 이야기, 저 이야기를 하다 보면 하나도 핵심 파악이 안 된다. 설교자가 무슨 설교를 했는지 청중이 기억하지 못한다. 주제를 관통하지 못하는 설교는 고도화된 지식 사회, 즉 청중이 설교자보다 지식이 높은 시대에 어울리지 않는다.

여기서의 핵심은 어떤 설교 유형이냐의 문제가 아니다. 청중이 제목 하나만 기억할 수 있는 설교를 하자는 것이다. 청중은 설교에서 하나만 남아도 일주일을 살 수 있다. 청중은 설교자에게 많은 것을 원하지 않는다. 한 가지만이라도 제대로 알게 해 주길 원한다.

제목 설교라고 만만하게 보면 안 된다. 제목 설교는 설교 제목을 만드는 것부터 쉽지 않다. 매번 다른 제목, 거기다 좋은 제목을 잡으려면 기도하고 고민하고 공부도 많이 해야 한다.

다니엘 핑크는 『파는 것이 인간이다』에서 '피치', 즉 설득력 있게 요점만 전달하는 여섯 가지 능력을 이야기한다. 그중 한 가지가 '제목' 피치다. 그는 제목 잡는 방법 두 가지를 제시한다. '유용성을 강조할 것인지? 호기심을 강조할 것인지?'가 그것이다.

제목 잡기가 쉽지 않다. 좋은 제목은 오랜 시간을 투자해야 잡을 수 있다. 설교자는 제목만 잡으려고 해도 적어도 세 가지를 갖춰야 한다. 시대에 맞는 언어, 깊고 넓은 사고력, 남다른 어휘력 등이다.

이미지 글은 주제와 관련해 구체적이어야 한다. 주제와 관련해 구체적일 때 설교가 이미지로 남아 청중을 들은 설교대로 살도록 이끈다. 은유는 『쓰기의 말들』에서 주제와 관련된 상황의 구체성을 다음과 같이 언급한다. "글에서 보여줘야 할 것은 '주제와 관련된 상황'의 구체성이다"라고 말이다. 은유는 이에 대한 구체적인 실례를 든다. '어제 카페에서 하루 종일 만화책을 읽었다'라고 쓰지 말고, '창이 넓은 2층 카페에서 만화 『레드 로자』를 읽었다'가 좋다고 말이다. 또한 '아이와 남편을 두고 외국 여행을 떠났다'라고 쓰지 말고, '열다섯 살 아들과 남편을 두고 배낭을 꾸려 한 달간 인도로 갔다'라고 써야 한다고 조언한다.

설교가 구체적이지 않으면 막연하고 모호해진다. 막연하고 모호해져 추상적이면 이미지로 남지 않는다. 청중은 추상적인 단어나 표현을 급히 외면하고 구체적인 단어나 표현에 민감하게 반응한다.

설교를 할 때 구체적으로 해야 한다. "하나님 사랑해요"보다 "하나님, 사랑해서 성령과 진리 안에서 예배드리기 위해 교회로 달려가요"라고 해야 한다.

구체적인 글이 이미지가 되는 것은 표현이 감각적이기 때문이다. '달려간다'는 말은 감각적 표현이다. '달려간다' 말은 눈에 보이는 시각적 표현이다. 편하게 예배드리지 않고 교회로 달려가 예배를 드리겠다는 것은 청중에게 적극성, 열정, 사랑의 이미지를 남긴다.

남자들은 추상적인 결론 말하기를 잘한다. 주제와도 부합하지 않아 모호하고 추상적일 때가 많다. 여자들은 말할 때 구체적이다. 구체적인 이야기는 명확하게 이해된다. 구체적이지 않은 이야기는 들으면 마치 이빨이 빠진 것처럼 허전하다.

설교자는 주제와 관련해 구체적이어야 한다. 그럴 때 무슨 이야기인지 소상하게 알게 된다. 소상하게 알기에 들은 대로 행동하고 싶어 한다. 나아가 보여진대로 살겠다는 결단까지 한다.

구체적인 글이 청중의 마음을 설교에 머물게 한다

'말하기'와 '글쓰기'는 다르다. 어떤 사람은 말에 강하지만 글에는 약하다. 어떤 사람은 글은 약하지만 말에는 강하다. 말과 글쓰기 둘 다 잘하면 금상첨화가 된다.

아이들은 할머니의 옛날이야기에 빠져든다. 구체적으로 이야 기해서 그렇다. 구체적인 이야기에 빠져든다면 글도 구체적이어 야 한다. 구체적인 글은 이미지의 글이 된다. 청중은 이미지 글에 푹 빠져 헤어 나오지 못한다.

설교도 구체적이어야 한다. 설교자가 장면, 상황, 마음을 구체 적으로 쓰면 청중이 설교에 집중한다. 설교로 청중의 머릿속에 등 장인물의 사소한 감정, 생김새까지 세세히 그려 주면, 청중은 그 설교에 선명한 이미지를 그린다. 그렇다고 모든 것을 구체적으로 쓰라는 것은 아니다. 때론 여백의 미도 구체적인 글이 된다.

설교자는 설교에서 하나님, 등장인물, 상황, 배경 등을 구체적 으로 설명하고 묘사해야 한다. 하나님이 원하시는 것, 등장인물의 목소리 색, 세세한 감정, 느낌, 냄새, 맛, 성경이 쓰여질 때의 배경, 상황과 상황의 부딪힘, 청중이 사건을 통해 느끼는 것 등을 통해 성경을 느끼고, 보고, 만질 수 있도록 구체적으로 묘사해야 한다.

서울성경신학대학원대학교의 이정현은 『해돈 로빈슨의 설교 학』에서 내러티브의 특징 가운데 두 가지를 강조한다. 첫째, 구체 적인 묘사이다. 이것은 사물을 눈으로 볼 수 있도록 우리를 현장 으로 인도하는 능력이 있다. 구체적으로 묘사하는 것은 청중이 성 경의 현장에 있는 것처럼 하는 묘사다. 만약 청중이 현장에 있다고 느끼지 않으면 설교에 마음을 쏟지 않을 확률이 높다. 구체적으로 설교하면 청중은 설교 안에 오래 머물고자 한다.

구체적인 설교는 청중의 마음속에 강렬한 이미지를 만든다. 좋은 설교란 구체적으로 작은 세계가 눈에 보이듯이 정확하게 제시하는 글이다. '좋은 글이란 개괄적으로 나아가 커다란 덩어리를 보여주는 것이 아니다. 오히려 구체적이고 작은 세계를 눈에 보이듯이 정확하게 제시하는 것이 좋은 글이다.'[171]

설교 글을 구체적으로 쓰는 것은 누구나 가능하다. 아래 두 가지를 습득하면 된다. 첫째는 작은 세계를 눈에 보이듯이 정확하게 제시한다. 둘째는 동사를 활용해 쓴다. 동사를 쓸 때 가능하면, 뻔하지 않은 단어를 선택해야 한다. '걷다'라는 동사를 쓰고자 한다면 '산책하다', '느릿느릿 걷다', '터덜터덜 걷다', '거닐다' 등의 단어를 써야 한다.

구체적인 글은 어떤 글인가?

설교의 반응이 좋은 글과 반응이 별로인 글의 차이는 구체적으로 쓰느냐 그렇지 않느냐로 나뉜다. 설교를 잘하느냐 잘 못 하느냐도 '구체적으로 쓰느냐, 구체적으로 쓰지 않느냐'로 나뉜다.

어떤 글이 구체적인 설교가 되는가? '어제 교회에서 예배를 드렸다'는 구체적인 글이 아니다. "어제 송파구에 있는 친구 교회에서 온 가족이 찬송과 기도, 그리고 '하나님은 사랑이시다'라는 제목의 설교를 듣는 예배를 드렸다"가 구체적인 글이다. '새벽마다 기도하러 교회에 간다'는 구체적인 글이 아니다. '한 주에 6번씩 새벽 4시에 일어나 깨끗하게 옷을 갈아입고 교회에 간다'가 구체적인 글이다.

글을 쓸 때 구체적으로 써야 한다. '와! 이 치즈케이크 정말 맛있어요'보다는 '와! 이 치즈케이크는 부드러움이 혀에 닿는 순간 살살 녹는 느낌이고, 달달함은 맛있는 초콜릿을 한입 가득 문 느낌이어서 입안이 행복해요'라고 써야 한다.

'자동차'보다는 '싸구려 부품을 부착한 가마로(영화 '트랜스포머' 시리즈에서 범블비가 변신하는 차로 유명해진 쉐보레사의 쿠페형 자동차)'가 구체적인 글이다.

'고양이'보다는 '수염이 없는 절름발이 얼룩무늬 고양이', '정원'보다는 '할머니가 키우던 장미를 고사시킨 재스민이 무성한 버려진 정원'[172]으로 써야 구체적인 글이다.

'교회에 갔어요'보다는 '교회에서 내가 듣고 싶었던 설교를 통해 하나님을 만났어요. 기도를 하는데 눈물이 주르륵 흘러서 순간 창피했어도 예배와 기도로 하나님을 만나는 순간, 짜릿한 쾌감을 느꼈어요'라고 써야 구체적인 글이다.

설교자가 구체적으로 글을 쓰면 그 글이 '또렷한 형상'을 가지고, 청중의 가슴을 파고든다. 청중은 그 글을 자신의 것으로 삼고

신앙 생활을 한다. 설교 글이 구체적일수록 청중과 글의 고유한
생명력이 살아난다.

함축적으로 써라

설교 글, 이미지로 쓸 수 있다던 세미나!

어떤 세미나에서 강사가 한 말이 인상 깊었다. "설교는 그림을 그리듯 해야 한다." 그 말에 귀가 쫑긋해졌다. 이미지 글에 대해 고민하던 차였기에 그랬다. 그리고 설교 글은 그림을 그리듯 써야 하는 것은 알고 있었기에 그랬다. 그 강사의 말에 이미지 글쓰기 방법의 길로 들어간다고 기대가 컸다. 기대가 크면 실망도 크다고 했던가? 강사는 시간 내내 이미지 글을 써야 한다는 당위적인 말만 되풀이했다. 그냥 실망이 아니라 대실망이었다. 이것이 유명한 신학교 교수의 수준이란 말인가? 한동안 혼란스러웠다.

예전부터 많이 듣던 말이 있다. "소설을 많이 읽어라", "시를 많이 읽어라", "수필을 많이 읽어라", "이미지로 글을 써라" 등이다.

이미지 글쓰기를 배우려 하니 교회 안에서는 찾을 수 없다. 교회 밖에서 알아보니 비용이 꽤 비싸 배우기를 포기했다. 그리고 몇 년째 도전하고 고민한 결과를 이 책에 담는다.

이미지 글을 쓰려면 소설을 많이 읽고, 시를 많이 읽고, 수필을 많이 읽어야 한다. 소설을 많이 읽으면 구체적인 묘사를 배운다. 시를 많이 읽으면 함축적인 묘사를 배운다. 수필을 많이 읽어도 구체적인 묘사와 함축적인 묘사를 동시에 배운다.

함축적으로 이미지를 그리려면 시와 수필을 많이 읽어야 한다. 특히 시를 많이 읽어야 한다. 마틴 로이드 존슨 목사는 시를 이렇게 말한다. "시란 진리와 즐거움을 연합하는 기술인데, 상상으로 하여금 이성을 돕도록 함으로써 그렇게 한다." 그렇다. 시는 이성을 도와 청중이 진리와 연합하도록 돕는다. 설교자가 함축적인 이미지 글을 쓰려면 자주 시와 접촉해야 한다.

한 사람이 물었다. "요즘 어떤 책 쓰세요?" 필자는 "이미지 글쓰기 책을 씁니다"라고 대답했고, 돌아온 답은 이랬다. "이미지 글쓰기 책을 쓴다고 이미지 글을 쓸 줄 아는 것은 아니다." 명언이다. 그의 명언에 대답할 말이 없어 결국 이렇게 답했다. "이미지 글을 쓸 줄 모르니 글을 쓰고 싶어서 이미지 글쓰기 책을 씁니다."

또 다른 사람이 물었다. "요즘 어떤 책 쓰세요?" 똑같이 "이미지 글쓰기 책을 씁니다"라고 답했다. 돌아온 답변은 이랬다. "무조건 써 주세요!" 그도 영상 시대에 이미지 글쓰기를 해야 하는데 방법을 몰라 찾고 있단다.

어떤 교수가 물었다. "요즘 어떤 책 쓰세요?" 이번에도 "이미지 글쓰기 책을 씁니다"라고 대답했다. 돌아온 답변은 이랬다. "저도 쓰려고 했는데 먼저 쓰시는군요! 설교자에게 당장 필요한 글이 이미지 글이죠!"

설교자는 논리적인 글은 물론 이미지 글까지 써야 한다. 논리적인 글, 이미지 글에 대해 이렇게 말하는 사람이 있다. "성경만 제대로 해석하면 되는 것 아냐?", "글쓰기가 뭐가 그렇게 중요해. 본질만 집중해도 턱없이 부족해!"

앞에서 내용보다 형식이 더 중요하다고 했다. 성경 내용을 담아내는 것은 성경 자체가 아니다. 들리는 글, 보이는 글, 묘사, 이미지 글과 같은 형식이다.

함축적으로 써라

소설은 구체적으로 쓰고, 시는 함축적으로 쓴다. 수필은 구체적으로, 그리고 함축적으로 쓴 글이다. 소설가, 시인이 쓴 수필은 독자의 반응이 좋다. 소설가나 시인이 이미지 글을 쓸 수 있기 때문이다. 권대근은 『문장가로 가는 길』에서 수필의 함축성에 관해 이렇게 말한다. "수사는 아름답게 꾸미려고 하는 것이 아니라, 진실을 드러내고자 하는 표현 방법이라 했거니와 수필 문장의 수사법은 다른 문장 - 소설·희곡 등과 동일하게 적용되는 것이라고 보아서는 안 된다. 그것은 수필 문장이 다른 산문과는 달리 본질적으로 함축성이 담겨야 하는 문장이기 때문이다."[173]

시는 물론 수필도 함축적인 글이다. 그중 시는 함축성을 대표한다. 예전에 곽선희 목사가 늘 했던 유명한 말이 있다. "설교자는 수필을 많이 읽어야 한다." 최근 어떤 설교자와 대화 중에 자신이 아는 유명한 설교자가 이렇게 말했단다. "수필집을 많이 읽고 설교를 하세요. 저는 수필을 많이 읽고 설교합니다." 어떤 설교자는 이 말에 이렇게 덧붙였다. "수필을 많이 읽는 것이 중요하다는 말에 그때부터 수필을 많이 읽으려고 했지만 거의 읽지 못했습니다."

수필을 읽는 것도 좋지만 함축적인 설교 글을 쓰려면 함축적인 글을 대표하는 시집(詩集)을 많이 읽어야 한다.

설교자는 이미 시를 많이 읽고 있다. 시가서 등이 시이지 않던가? 이미지 글에 관심이 많다면 시가서를 더 자주 읽고 이미지 글이 무엇인지, 어떻게 쓰는지 고민해야 한다. 그중 시편은 현존하는 시(時) 중 최고다.

설교자가 시가서를 많이 읽으면 시적인 표현력이 좋아진다. 함축적인 글도 잘 쓰게 된다. 누가 뭐라고 해도 시가서는 함축적인 이미지 글쓰기의 교과서이지 않던가?

시를 많이 읽어야 하는 이유가 있다. 시는 '설명하지 않고 보여준다'는 단순한 원리로 넘친다. 시란 무엇무엇이라고 굳이 설명이 필요치 않다. 읽으면 느낌으로 다가온다. 느낌으로만 다가오지 않고 시상까지 떠오르게 한다. 막연하기만 한 '시적인 표현을 어떻게 해야 하는가'에 대한 고민도 시간이 흐르면 해결된다.

어느 목사가 자신은 시인이 되고 싶단다. 어떤 신학교 교수는 시인으로 등단했다고 자랑한다. 어떤 설교자는 최근에 응모해 시인이 되었단다. 그들이 시인이 된 것이 부러웠다. 진짜 부러운 것은 함축적인 글을 잘 쓸 수 있겠다는 것에 대한 부러움이다.

설교는 함축적인 글로 담겨야 한다. 의미가 담긴 글이 많아야 한다. 설교에는 명문장이 많아야 한다. 설교는 시적인 글이 많아야 한다. 청중이 깊이 생각할 수 있는 문장이 많아야 한다.

설교에서 명문장, 시처럼 함축적인 글을 쓰면 청중은 이미지로 듣고 하나님께 반응을 보인다. 설교에서 함축적인 문장이 있으면 청중은 설교를 듣고 행복해한다. 다음 주 설교 듣기를 기대한다.

나태주 시인의 「풀꽃 1」에 이런 글이 있다.

'자세히 보아야 예쁘다. 오래 보아야 사랑스럽다. 너도 그렇다.'

이런 시를 읽는 순간, 곁에 있는 연인의 아름다움이 우회적으로 표현된다. 이 시를 읊어주는 순간, 연인은 자신이 꽃처럼 예쁘다는 것을 인지한다. 이런 시를 읽는 순간, 교인은 하나님을 깊이 생각한다.

시인은 풀꽃을 함축적으로 묘사하고 있다. 자세히 보아야 한다거나 오래 보아야 한다는 등으로 함축적으로 썼다. 풀꽃이 자라는 곳이 어디인지, 풀꽃 잎은 몇 개라는 등의 말이 없다. 풀꽃은 자세히 보고, 오래 보는 것이라는 함축된 말로 충분하다.

시는 함축적인 의미를 주어 청중의 마음을 연다. 감동적으로 만들어준다. 그러므로 설교자는 함축적으로 글을 쓰기 위해 시와 친구가 돼야 한다.

함축적인 시들

시는 주변 아주 가까이 있다. 지하철역에만 가도 시를 만난다. 문학적인 공간에 가면 시를 만날 수 있다. 석촌호수에서는 일 년에 몇 번 시를 만날 수 있는 시화전을 연다. 카톡으로 시를 보내주는 친구도 있다. 좋은교회 담임인 성기태 목사는 종종 카톡으로 시를 보내준다. 페이스북에 시를 올리는 페친들도 꽤 된다.

감성적인 청중은 시와 함께 인생을 즐긴다. 어떤 분이 자신은 에세이와 시집을 매주 읽는다고 자랑한다. 필자도 여행갈 때 시집을 들고 가는 편이다. 이번 치앙마이 책 쓰기 여행에서도 나태주 시집을 한 권 넣었다가 책을 써야 하기에 다른 책들을 넣느라 캐리어의 무게 때문에 빼내는 아쉬움을 겪었다. 어떤 사람은 시를 읽을 때마다 자신이 살아 있음을 느낀다.

설교자는 함축적 의미가 담긴 시를 틈날 때마다 읽어야 한다. 심심할 때도 인터넷에서 시를 찾아 읽어야 한다. 함축적인 시는 한 단어, 한 구절에 깊은 뜻이 담겨 있으니 시를 가까이해야 한다. 청중은 시적인 단어, 구절, 그리고 문장에 마음을 몽땅 주는 것을 주저하지 않는다. 이를 안다면 시를 읽지 않고는 견딜 수 없다. 함축적인 의미가 담긴 시들은 청중의 큰 사랑을 받는다. 그 시에서 생각조차 할 수 없는 이미지를 만나기 때문이다.

1922년 1월 「개벽」지에 발표된 김소월의 시 중 「엄마야 누나야」가 있다. 어릴 적 많이 읊었던 시이다.

엄마야 누나야 강변 살자
뜰에는 반짝이는 금모래 빛
뒷문 밖에는 갈잎의 노래
엄마야 누나야 강변 살자

이 시는 엄마와 누나와 함께 강변에 살면 최고로 행복하다는 것을 말한다.

정현종 시인의 시 〈방문객〉에 이런 글이 있다.

사람이 온다는 건 실로 어마어마한 일이다. 한 사람의 일생이 오기 때문이다.

손님이 어떤 사람인가를 명백하게 보여준다. 호스트가 이 시를 알고 있다면 손님이 찾아올 때 어떻게 맞이하고 섬기며, 어떻게 보낼 것인가를 보여준다.

아래는 도종환의 시 <흔들리며 피는 꽃>이다. 꽃의 흔들림에 많은 생각을 하게 한다.

흔들리지 않고 피는 꽃이 어디 있으랴
그 어떤 아름다운 꽃들도
다 흔들리며 피었나니.

흔들리지 않고 피는 꽃은 없다. 인생도 흔들림으로 성숙해진다. 결국 흔들림으로 삶에 최고로 아름다운 꽃이 핀다.

한국인이라면 다 아는 장석주의 <대추 한 알>이다.

대추가 저절로 붉어질 리는 없다
저 안에 태풍 몇 개
천둥 몇 개, 벼락 몇 개.

맛있는 대추가 되기까지 겪은 풍상을 천둥과 번개로 선명하게 보여준다.

시바타 도요의 <약해지지 마>다.

있잖아, 힘들다고 한숨짓지마
햇살과 바람은
한쪽 편만 들지 않아.

힘들어도 약해질 필요가 없다고 한다. 햇살과 바람이 한 편만
들지 않듯이, 삶도 한 편만 있지 않으니 용기 내라고 힘을 준다.

최하림 시인의 <봄>이다.

봄이 부서질까 봐
조심조심 속삭였다.
아무도 모르게 작은 소리로.

봄이 소리 없이 옴을, 소리로 봄의 반가움을 보여준다.

청중은 이런 시를 접할 때마다 가슴이 따뜻해진다. 삶을 아름답
게 만들고자 한다. 설교자가 마음을 만져주는 시를 읽어주면 청중

의 마음은 하나님의 손길로 만져짐을 경험한다.

시는 애송한다. 상세하게 묘사된 소설은 애송하지 않는다. 길어서 애송이 불가능하다. 하지만 함축적인 이미지가 담긴 시는 즐겨 애송한다. 굳이 좋아하는 이유의 설명도 필요치 않다. 이미지가 주는 강력한 힘만으로도 시는 애송할 가치가 넘친다.

설교자들은 시를 많이 읽고 애송해야 한다. 더 나아가 소설책도 많이 읽어야 한다. 거기다 그림까지 감상해야 한다. 그럴 때 설교가 풍성한 이미지로 청중과 소통한다.

시는 청중의 가슴에 오래 머문다

함축적인 의미를 품은 시를 활용하면 청중의 가슴에 최대한 오래 머문다. 오래 머물게 해 삶을 시처럼 살게 한다. 설교자는 청중을 사랑하므로 청중이 시처럼 살아갈 수 있게 하기 위해 시와 친밀해야 한다.

시와 친밀하지 않은 청중도 애송하는 시가 몇 개쯤은 있다. 설교자도 애송하는 시가 몇 개쯤은 있다. 힘들 때, 위로가 필요할 때 꺼내서 암송한다. 암송하는 도중 힘듦이 행복함으로 변한다.

'흉유성죽(胸有成竹)'이란 사자성어가 있다. '대나무 그림을 그리기 전에 이미 가슴속에 완성된 대나무 그림이 있다'라는 뜻이다. 촉나라 지방관인 문동(文同, 1018-1079)은 후세에 묵죽, 즉 먹으로 그린 대나무 그림의 개조로 추앙받을 정도로 대나무 그림을 잘 그렸다. 문동은 당대의 문인들을 집으로 초대하여 시회(詩会) 여는 것을 즐겨 했다. 그의 절친한 친구인 조보지는 문동이 즉석에서 대나무를 그리는 모습을 지켜보는 것을 특히 좋아했다. 학자이자 시인이기도 했던 조보지에게 하루는 한 청년이 찾아와 "여가 선생의 대나무 그림은 실로 신묘의 경지에 이르렀다고 할 것인데 그 비결이 무엇인지요?"라고 물었다. 이에 조보지는 "여가가 대를 그리고자 할 때, 마음속에는 이미 완성된 대나무의 형상이 있다(여가화죽시 흉중유성죽, 与可画竹時 胸中有成竹)"라고 대답했다.

여가가 대나무를 그리고자 할 때, 마음속에는 이미 완성된 대나무의 형상이 있듯이, 설교자가 글을 쓸 때는 쓰고자 하는 글의 이미지가 마음속에 있어야 한다. 설교자의 가슴속에 시가 오래 머물러야 있어야 한다. 글을 쓸 때 시적인 이미지가 오래 머물러 있어야 한다. 설교자에게 시적인 이미지가 마음속에 오래 머물러 있을 때 시처럼 함축적인 글이 되어 나온다. 동시에 설교자에게 오래 머문 시적 이미지는 청중의 마음속에도 오래 머문다. 청중의 마음속에 하나님의 말씀이 삶의 한 토막 한 토막에 오래 남겨진다.

상상력을 사용하라

상상이 사라진 시대, 상상력이 중요하다

루이스 캐럴의 소설『이상한 나라 앨리스』는 7살 소녀 엘리스가 토끼 굴을 타다가 떨어져 도착한 이상한 나라에서 겪는 모험을 그린다. 모험 중 엘리스는 끊임없이 변화한다. 그녀의 변화는 물약 때문인 줄 알았다. 알고 보니 상상력이었다. 앨리스가 테이블 위에 놓인 물약을 보면서 생각한다. '저 약을 먹으면 커질거야. 저 약을 먹으면 작아질거야.' 먼저 생각하고 그렇게 되기를 바란 뒤 물약을 먹으면 생각한 대로 된다.

앨리스가 이상한 나라에 갔기 때문에 앨리스에게 이상한 일이 일어나는 줄만 알았다. 하지만 앨리스가 갔던 이상한 나라는 모든 것이 이상하게 굴러가는 그런 나라가 아니라 앨리스가 생각한 대로 일이 벌어지는, 상상한 대로 이루어지는 나라였다.

엘리스는 상상이 현실이 되는 삶을 살았다. 21세기 상상이 인공지능을 만들었다. 상상이 곧 디지털 휴이넘 탄생을 예고하고 있다. 휴이넘은 고도화된 언어와 문화를 갖췄고 예의 바르고 평화롭다. 현재와 같은 디지털 기술의 발전이 이어지면 인공지능(AI)은 인간을 지배할 '디지털 휴이넘'이 될 수 있다.

상상으로 세상은 지금처럼 발전을 거듭해 왔다. 상상으로 달나라에 갔고, 화성에 갔다. 상상해야 미래에 꿈을 이룰 수 있는데, 설교자는 묵상은 하지만 상상하지 않는 것 같다. 상상하지 않으면 상상의 세계가 내 안에서 이뤄지지 않는다. 상상을 안 하면서 물약을 먹고 원하는 대로 이루길 바란다. 그러면 물약을 먹는다고 어떤 일이 일어나지 않는다. 상상을 한 뒤 물약을 먹어야 상상이 현실이 된다.

상상해야 하는 이유는 조세프 쥐베르의 말처럼 '상상은 영혼의 눈'이기 때문이다. 이미지 시대가 되었으니 더 많이 상상해야 한다. 이미지를 머릿속에 그리며 상상해야 한다. 상상 대신 검색을 하거나 정보를 탐색하면 안 된다. 지금은 정보를 찾아도 글은 검색되지 않고 영상인 유튜브가 먼저 뜬다. 영상이 먼저 뜨니 상상할 필요가 없다.

상상하지 않는 세상에서 살지만 미래를 예견해야 하는 설교자는 상상력을 발휘해야 한다. 하나님의 나라를 건설해야 하는 설교자는 상상 앞에 서야 한다. 상상하면 정신적 작용이 활발해진다. "'상상'은 정신이라는 인간 내면의 화랑(畫廊)에 어떤 상(像)을 만들어내는 정신 작용이다."[174] 동시에 설교자는 월터 브루그만의 다음의 말처럼 청중이 상상하도록 해줘야 한다. "설교자는 이 텍스트를 바탕으로 복음이 지배하는 세상을 묘사하는 게 아니라 회중이 그것을 상상하도록 도와주는 역할을 한다는 사실입니다."[175]

상상이 정신적인 작용이라면 상상력도 정신적인 작용에서 어떤 힘이 솟구친 것이다. 상상은 현재를 바라보지 않고 미래를 바라본다. 미리 보여주기가 아니다. 보이지 않는 것을 미리 보는 것이다.

청중은 상상하면 현재의 것에 까막눈이 된다고 생각한다. 반대로 상상하면 현실에 깊이 들어가 이해가 더 잘된다. 상상할 때 존재하지 않는 것을 존재하게 만들어 준다. '상상력이란 감각 세계에 실재 존재하지 않는 것을 마음속에 그림으로 그려주는 정신적인 기능이다.'[176]

C.S. 루이스는 상상을 이렇게 말한다. "상상은 의미에 속한 기관이다. 새로운 비유를 창출해 내거나 옛것을 새롭게 되살리기도 하는 이 상상이 진리를 낳는 원인은 되지 못하나 그 조건은 될 수 있다." 릴랜드 라이켄은 "상상이란 새로운 것을 창조할 뿐만 아니라 익숙하고 낯익은 것도 신선한 방식으로 느낄 수 있게 하며, 예

로부터 내려오는 진리를 새롭게 표현하여 인생에 새롭게 적용할 수 있게 하는 작용이다"라고 상상을 정의한다. 그렇다. 상상해야 익숙하고 낯익은 것을 낯설게 만든다. 내려오는 진리를 새롭게 표현할 수 있다.

상상은 하나님의 선물이다. 영국의 위대한 설교자인 마틴 로이드 존스는 "우리 모두는 매우 과학적이었기에 상상할 수 있는 여백이 전혀 없다. 이는 내게 매우 유감스러운 일이다. 왜냐하면 설교에 있어서의 상상은 가장 중요하고 가장 큰 도움을 얻을 수 있기 때문이다. 나는 이러한 상황이 위험하다는 것에 전적으로 동감한다. 하지만 상상은, 하나님의 선물이라는 것을 잊지 말아야 한다"고 말했다.

상상이 하나님의 선물이라면 하나님을 전하는 설교자는 하나님의 선물을 내 것 만들어야 한다. 설교자는 틈만 나면 상상을 즐겨야 한다. 상상하면, 성경 시대의 상황을 현재 상황으로 옮길 수 있다. '상상은 성경 시대의 상황을 현재 상황으로 옮길 수 있도록 도와준다. 만약 설교자가 성경의 상황을 현재의 상황으로 옮기지 않는다면 그것은 설교를 하지 않는 것과 같다.'[177]

상상력이 필요한 시대에 설교자는 아인슈타인의 상상의 삶을 본받아야 한다. 아인슈타인은 사고 자체를 문자나 숫자로 하지 않고 이미지로 형상화시키고 상상하는 연상법을 활용했다. 그는 이렇게 회고했다. "나는 책의 글자나 다른 사람의 말을 언어 그 자체로 생각하지 않는다. 나는 그것들을 살아 숨 쉬는 영상으로 바꾸어 이해한다. 그리고 나중에 그것을 다시 언어적으로 풀어냈다."

상상으로 성경 시대의 상황을 현재 상황으로 옮겨야 하는 설교자는 아인슈타인처럼 상상 자체가 삶의 일부분이어야 한다. 설교자에게 있어 상상하는 삶이 일상이 된다면 이미지로 설교하는 것은 현실이 된다.

상상력을 발휘해라

설교 시간은 청중이 상상력을 발휘하는 시간이어야 한다. 월터 브루그만은 『텍스트가 설교하게 하라』에서 설교 시간을 이렇게 말한다. "설교자와 회중은 설교 시간과 장소를 상상력을 발휘하는 시간과 장소로, 말하자면 성경의 복음적인 대본에 따라 현실의 이미지를 바꾸는 시간과 장소로 재구성할 수 있다고 나는 생각합니다."[178]

설교자는 설교 시간을 청중이 상상력을 발휘하는 시간으로 만들어야 한다. 상상력을 발휘하면 신앙이든 삶이든 폭발한다. 유영만, 박용후는 『언어를 디자인하라』에서 상상력은 존재하는 현상과 존재하지 않는 이상을 연결할 때 폭발한다고 말한다. "상상력은 존재하는 현상과 존재하지 않는 이상을 연결할 때 폭발한다. 하지만 외부의 정보를 해석해 낼 내 안의 사유체계가 없다면, 아무리 좋은 정보가 들어와도 기존 정보와 새로운 정보를 연결시킬 수 없다. 미지의 세계를 상상할 기반이 없기 때문이다. 당연히 상상은 공상, 환상, 몽상, 망상으로 전락한다."

설교자는 성경과 이미지를 연결해 설교가 청중에게 전달될 때 폭발이 일어나도록 해야 한다. 존재하는 현상과 존재하지 않는 성경을 잘 연결하면 설교가 폭발한다. 폭발케 하는 것은 상상력이다.

상상력을 발휘하려면 상상력이 풍부해야 한다. 상상만 열심히 한다고 상상력이 풍부해지지 않는다. 사유체계를 갖춰 상상력을 현실과 연결할 수 있어야 한다. 상상력이 풍부해지면 전과 다른 사람이 된다. 갇힌 자신을 풀어내고 하나님 안으로 끌고 들어간다. 죽은 언어도 살아 있게 한다. 할 수 없다는 패배 의식을 할 수 있다는 승리 의식으로 뒤바꾼다.

설교자는 없던 상상력도 쥐어짜야 한다. 남과 차별화된 상상력을 길러야 한다. 좋은 상상력은 어떻게 기를 수 있는가? 상상력은 관찰을 통해 길러진다. 관찰이란 자연이나 사물을 주의 깊게 보고 어떤 특성이나 상태를 파악하는 능력이다. 관찰력을 기르면 시야가 넓어진다. 무언가에 집중하는 능력이 증대된다. 상상력을 발휘해 핵심을 꿰뚫게 된다. 낯선 것에 호기심을 갖는다. 말씀을 암송하는 것에 그치는 신앙생활을 역동적인 실행력으로 바꾼다.

상상력을 기르지 못하면 어떻게 되는가? 지금까지 해 왔던 것만 이리 굴리고 저리 굴리기만 한다. 새로운 것에 도전하지 못한다. 시대가 필요로 하는 것에 접근할 엄두도 못 낸다. 생각만 많고 행동이 거의 없다.

상상력과 경험을 모두 갖추면 금상첨화다. 하지만 대부분의 사람이 상상력을 갖추었거나 경험만 갖춘다. 둘 다 갖추지 못해 안타깝다. 화이트 헤드는 이렇게 말한다. "이 세상의 비극은, 상상력이 뛰어난 사람들은 경험이 모자라고 정작 경험이 많은 사람은 상상력이 빈곤하기가 일쑤라는 데 있다. 지식이 모자라는 사람이 멋대로 상상력을 발휘하는가 하면, 그저 학자연하는 사람이 상상력은 모자란 채 지식만 다룬다. 대학의 과제는 상상력과 경험을 접합시켜 주는 데 있다." 설교자는 상상력을 발휘할 수 있어야 한다. 상상력이 발휘되면 언젠가 설교가 폭발한다.

상상력이 문장력도 좌우한다

상상력이 문장력을 좌우한다. 상상력과 문장력은 상관없다고 생각할 수 있다. 그렇지 않다. 상상력의 크기만큼 좋은 문장을 쓴다. 장경철은 『진작 이렇게 책을 읽었더라면』에서 상상력이 문장력에 직접적인 영향을 준다고 한다. '상상력이 부족하다는 것은 단순하게 기발한 생각이 부족하다거나 표현 능력이 부족한 것이 아니다. 상상력이 부족하다는 것은 글을 쓸 때 다음 문장으로 나아갈 수 없다는 것을 의미한다. 상상력은 모든 글의 처음이며 그것을 통해 글은 한층 새로운 표현과 세계를 제시할 수 있다. 글을 쓸 때 상상력이 제한되면 다양한 생각을 떠올릴 수 없고 그것은 곧바로 소재의 빈약함으로 나타난다. 또한 소재가 빈약하기 때문에 문장 역시일정한 테두리 안에 머물 수밖에 없게 된다. 상상력이 부족하다는것은 단순하게 새로운 글감을 찾지 못한다는 데 머물지 않는다. 상상력이 부족할 때 문장은 앞으로 나아가지 못하고 멈춰 버릴 수밖에 없다. 상상력이 부족한 글은 글 자체에 생동감이 없을 뿐만아니라 표현 자체도 상투적이고 진부한 장식적 수사가 되고 만다. 그런 만큼 상상력을 통해 글의 씨앗이 되는 세계를 넓히고 묘사를통해 표현력을 확장한다면 금세 좋은 글을 쓸 수 있다. 이때 상상력은 세상에 존재하지 않는 기발한 발상만을 의미하지 않는다.'

상상력이 부족하면 글을 쓸 때 다음 문장은 앞으로 나아가지못하고 멈춰 버린다. 상상력이 글의 씨앗이 되는 세계를 넓힌다. 하나님 나라를 상상하는 설교자라면 상상력이 남다르게 커야 한다. 안타까운 것은 상상력이 뛰어난 사람은 경험이 모자라고, 경험이 많은 사람들은 상상력이 빈곤하다는 것이다. 상상력과 경험은 맞물려 있다.

많은 설교자가 글을 쓰라고 하면 열심히 생각한다. 하지만 시간이 지나도 글은 나오지 않는다. 상상력이 부족하면 더 이상 글을전개할 수 없다. 반대로 상상력이 풍부하면 상상력 속에서 좋은문장을 쓸 수 있다.

상상력이 글과 연결되는 이유는 상상력은 정신적인 작용이기에 그렇다. 상상력은 보이지 않는 것을 생생하게 보이도록 해 준다. 이에 대해 장경철은 『진작 이렇게 책을 읽었더라면』에서 다음과 같이 서술한다.

'상상력은 보이지 않는 것을 생생하게 보이도록 만드는 역할을 담당합니다. 상상력이란 의미 있게 형성된 이미지들을 서로 연결해서 입체적 집을 짓는 능력입니다. 즉 상상력은 보이지 않는 생각의 집을 짓는 능력입니다.'[179]

그렇다. 상상력은 보이지 않는 생각의 집을 짓는다. 그러므로 설교의 집을 지으려면 설교자는 남다른 상상력을 갖춰야 한다. '사람은 하나님의 형상을 따라 지음 받았다. 하나님의 창조 능력을 지니고 있다. 이 창조 능력, 혹은 창의력 대부분이 상상력 안에 들어 있다.'[180] 창조 능력이 상상력 안에 있다. 창조주 하나님을 위해 살아가는 설교자는 상상력으로 설교와 청중의 내면세계를 연결해야 한다. 설교자가 상상을 활용해야 하는 이유는 '상상을 통해 우리 주변 세계를 우리 내면세계와 연결하는 가교를 짓기 때문이다.'[181]

상상력은 정신적인 작용이다. 그리고 마음의 작용이다. '상상력이란 고향 산천의 아름다움을 마음속으로 그려 본다거나, 지난날의 행복했던 시간들을 떠올려 본다거나 또는 옛사랑의 애인과 미래의 일들을 그려 보는 정신적인 힘을 말한다. 심리학에서는 이를

두고 이미지는 사실이나 관념을 재료로 새로운 사실과 관념을 만들어내는 마음의 작용으로 풀이한다.'[182]

'상상력은 이미지를 생산하는 원동력이다.'[183] 이에 설교자는 상상력을 발휘해 들리는 설교에서 보이는 설교, 즉 이미지 글로 전환해야 한다. 한국 교회 설교의 한계는 인간의 도전으로 달성하지 못한 것이 아니라 상상력의 빈곤으로 인한 한계다.

논리는 어느 정도의 목적지까지 인도한다. 그러나 상상의 세계까지는 가지 못한다. 본질 추구는 본래 교회 모습으로 되돌린다. 하지만 우리가 처한 상황을 돌파하지 못한다. 상상력이 발휘되면 문제를 해결함은 물론 추구한 바의 목표점까지 간다.

이미지 시대에 설교자가 이미지의 글로 세상에 도전장을 내밀려면 상상력이 세상보다 뛰어나야 한다. 지금 없는 상상력을 끄집어내 풀(Full)로 가동해야 한다. 애덤 스미스가 『국부론』에서 한 말을 설교에 적용해야 한다. "한 나라의 진정한 부의 원천은 그 나라 국민의 창의적 상상력에 있다." 한국 교회가 세상에서 신뢰를 회복하고자 한다면 설교자의 상상력이 회복되어야 한다.

청중을 상상마당으로 끌고 가야 한다

설교로 청중을 상상케 만들어야 한다. 청중을 상상하게 만들지 못하면 설교를 마친 뒤, 청중은 더 이상 들은 설교를 반추하지 않는다. 상상 대신 '말씀 순종을 어떻게 해야 하는가'만 고민한다.

　설교자의 첫 번째 책무는 청중을 상상하게 만드는 것이다. 이미지 설교를 하면 청중은 상상하기 시작한다.

어느 중국의 황제가 궁중 화가에게 궁궐에 그 화가가 그린 벽화를 지우라고 명령하였다. 그 벽화 속의 물소리로 인해 잠을 설친다는 것이다. 언제나 그림은 말이 없다. 아무리 장엄한 폭포 그림이라 할지라도 그림 속에서 물소리가 날 리가 없다. 더욱이 밤에는 폭포수가 보이지 않을 터인데….

– 송태현의 『이미지와 상징』에서

　위의 에피소드는 이미지가 주는 힘이 어느 정도인지 말해준다. 이미지는 상상력의 실재다. 위 에피소드는 설교자가 이미지 설교를 해야 하는 충분한 근거를 제공한다. 황제는 그림 속의 물을 보면서 마음의 귀로 물소리를 듣곤 했을 것이다. 어느덧 벽화만 떠올려도 물소리가 들렸을 것이고, 나중에는 벽화를 떠올리지 않아도 물소리가 들렸을 것이다. 황제는 궁정 화가의 그림으로 이미지가 상상되자 잠을 이루지 못했다. 청중도 이미지 설교에서 상상이 활발해지면 잠을 이루지 못한다. 이처럼 상상할 수 있게 하는 이미지는 사람의 마음을 지속적으로 사로잡는다.

　이탈리아의 베네치아에 어떻게 도시가 세워질 수 있었을까? 피라미드나 만리장성처럼 오만한 제왕들의 권력 의지가 아닌, 유배된 몇천 명의 사람이 생사를 걸고 비상한 상상력으로 일군 대역사였다. '신이 자연을 낳고 인간이 도시를 만들었다'고 하지만 바닷속에 숲을 이루고 수면 위에 도시를 만든다는 기상천외한 발상은 상상력으로 말미암았다.

이광주는 『담론의 탄생』에서 다음과 같이 베네치아는 상상력의 산물이라고 서술한다.

"많은 시인, 작가, 예술가가 베네치아에 대한 사랑을 토로했다. 그중에서도 베네치아를 가장 좋아하고 사랑한 사람은 러스킨과 레니에였다. 19세기 고딕 리바이벌 운동에 불을 당긴 『베니스의 돌』의 저자 러스킨에게 베네치아는 '아름다운 것 이외의 것들을 모두 잃은' 것으로 비쳤으며 산 마르코 대성당은 '균형 잡히고 풍요롭고 환상적인 색채의 작품으로, 인간의 상상력을 가득 채운 가장 아름다운 꿈'으로 비쳤다." 베네치아를 낳은 것은 역사가 아니다. 그리고 베네치아는 이탈리아도 유럽도 비잔틴도 아닌 바로 '환상이나 꿈에 가까운 비현실성'의 산물이다.

위대한 도시를 만든 것은 상상력이다. 위대한 설교를 만드는 것도 상상력이다. 이미지 설교를 만들어내는 것도 상상력이다. 설교자는 청중이 상상하도록 만들어야 한다. 상상력은 하나님과 인간을 만나게 하는 장소이기 때문이다. 바바라 브라운 테일러는 이렇게 말한다. "상상력은 하나님과 인간이 만나는 장소이며, 하늘과 땅이 만나는 방으로 성(聖)과 속(俗)이 하나가 되어 예견치 못한 방법으로 흥이 넘치는 곳이다."[184]

프레드 크레독은 '감정 이입적' 상상력을 말한다. "설교에서 상상력이 하는 기능은, 설교자에게 능력을 부어 주는 것과 관련된 상상력의 역할을 설교자가 연구함으로써 회중들이 가지고 있는 상상력을 더 잘 이해할 수 있도록 회전 고리를 연결해 주는 것이다."[185]

설교자는 설교를 통해 청중이 상상하게 만들어야 한다. 청중을 설교의 상상 마당으로 끌고 가야 한다. 청중이 상상 마당으로 가면 청중은 하나님과 영적인 깊은 교제를 한다.

청중은 상상력 설교에 온몸을 들썩인다

"힘 있고 성공적인 설교를 하는 데 있어 여러분이 의존해야 할 첫 번째 요소가 뭐냐 하면, 듣고 놀랄 분들도 계시겠지만, 그것은 상상력입니다. 한 설교자를 탄생시키는 데 있어 이보다 더 중요한 요소는 없다고 봅니다."

위의 말은 헨리 워드 비처 목사가 한 말이다. 그는 성공적인 설교를 하는 설교자를 탄생시키는 힘은 상상력이라고 한다.

설교자다운 설교자가 되려면 상상력의 사람이 돼야 한다. 힘 있고 성공적인 설교자는 상상력에서 나온다. 청중을 설교로 하나님께로 이끌려면 상상력의 사람이 돼야 한다.

상상력의 설교자가 되면 죽은 언어도 생명 있는 언어로 만든다. 김진규는 『히브리 시인에게 설교를 배우다』에서 이렇게 말한다. "상상력은 죽은 언어를 살려낸다." [186] 죽은 언어를 살려내야 말씀이 청중을 감격의 도가니로 끌고 간다.

성공적인 설교를 하는 설교자, 죽은 언어를 살려내는 것은 성경 주해력이 아니라 상상력이다. 그렇다면 이유 불문하고 설교자는 상상력의 사람이 돼야 한다.

설교자가 설교로 청중의 상상을 자극하지 못하면 설교는 지루해진다. 지루함은 그래도 견딜 만하다. 상상력을 자극해 주지 못하면 다른 생각, 망상에 빠져 설교에서 이탈케 하는 것이 문제다. 상상과 망상은 '생각을 한다'는 면에서는 일맥상통하지만, 상상은 영혼을 살찌우는 반면 망상은 영혼을 갉아먹는다.

설교자는 청중에게 상상력으로 가득 찬 설교를 전해 주어 온몸을 들썩이게 만들어야 한다. 워렌 위어스비의 저서 『상상이 담긴 설교』의 역자인 이정우는 이 책에 대해 이렇게 말한다. "위어스비가 제시하는 것은 '상상력'으로 가득 찬 설교, '상상력'으로 청중의 마음을 건드리는 설교, '상상력'으로 사람의 감정을 뒤흔드는 설교를 말한다. 이는 단지 머리를 끄덕이는 설득을 당하는 설교가 아니라, 온몸을 들썩이게 하는 감격이 넘치는 설교를 말한다."

설교자는 청중을 상상하게 만들어야 한다. 설교자는 청중의 생각을 자극해, 상상력을 꽃피워야 한다. 상상력은 경험과 성경과 우리의 삶, 그리고 청중의 삶이 서로 맞물릴 때 강해진다. 상상력이 강해지면 청중이 상상의 힘으로 말씀을 듣고 온몸을 들썩인다. 청중은 상상력을 발휘할 수 있는 설교에 마음은 물론 몸까지 들썩인다.

상상력은 성령 충만에서 나온다

상상력은 성령 충만한 삶의 일부다. 박진환은 『당신도 시인이 될 수 있다』에서 상상력은 성령 충만한 삶의 일부라고 말한다. "상상력과 창조력은 성령 충만한 삶의 일부"[187]라고 말이다. 상상력이 성령 충만한 삶의 일부라면 설교자는 성령 충만해야 한다.

앞에서 상상력은 정신적 작용이라고 했다. 상상력은 정신적인 작용임과 동시에 영적인 작용이다. 영적인 작용이므로 설교자는 성령 충만해야 한다. 영적인 하나님은 상상하신 것을 말씀으로 천지를 창조하셨다. 상상하신 것대로 말씀으로 인간을 만드셨다.

설교자는 상상력의 시대에 성령 충만함으로 청중을 상상케 하는 이미지 설교를 만들어야 한다. 성령으로 충만하면 설명에 그치는 설교가 아닌 이미지 글로 만들어낸다.

이미지 글은 성령 충만한 사람에게 더 많은 상상력을 불러일으킨다. 하나님께서 어떻게 말씀하고 싶은가를 상상케 만든다. 들은 말씀, 듣고자 하는 말씀을 상상력으로 하나님과 적실하게 연결한다.

상상력은 말씀만 상상하지 않는다. 그다음 설교가 어떻게 전개될 것인가도 상상하게 한다. 상상력은 이미지를 만들어낼 뿐 아니라 생각하기 쉽지 않은 개념까지 만들어낸다. 들은 설교를 상상하면 다른 개념으로 만들어 더 많이 상상토록 한다.

성령 충만하신 예수님은 구원을 상상해서 '좁은 문'이란 개념을 생각해 냈다. 하나님 나라를 상상해서 '겨자씨'란 개념과 '그물'이란 개념을 생각해 냈다. 설교자는 이처럼 상상으로 이미지 글을 써야 한다. 그 이미지 글을 직관적으로 본 청중이 하나님을 상상하도록 해야 한다.

성령 충만하면 사랑하는 마음으로 상상한다. 청중을 사랑하는 마음으로 상상해 이미지 글을 쓴다. 청중을 사랑하므로 청중이 설교를 듣고 하나님을 뜨겁게 상상할 수 있도록 만들고자 한다.

설교자는 성령 충만함으로 한계 없는 상상력을 발휘해야 한다. 상상력 발휘로 청중을 성령 충만하게 살도록 해야 한다. 아인슈타인은 "논리적인 사람은 정해진 목적지 A에서 B로 갈 수 있다. 상상력이 풍부한 사람은 가고 싶은 곳 어디든 갈 수 있다"며 상상력의 영역은 한계가 없다고 했다.

상상력이 풍부한 사람의 영역에 한계가 없다면 설교자는 청중에게 가고 싶은 곳 어디든 갈 수 있는 상상력을 발휘하도록 해 주어야 한다. 청중이 상상력을 발휘하면 진리를 깨닫는다. 진리를 진리답게 만든다.

1948년 노벨문학상을 수상한 T.S. 엘리엇은 이렇게 말했다. "분해하고 분석하는 연구는 단지 암탉이 알을 품는 것에 불과하다." 그리고 "주석은 언어를 '비우게' 하여 우리에게 사실을 더 많이 가지도록 한다. 그러나 상상력은 언어를 '채워서' 진리를 낳게 한다"라고 했다.

상상력이 언어를 '채워서' 진리를 낳게 한다면 설교자는 상상력 기르기를 최우선으로 두어야 한다. 청중이 이미지 설교를 듣고 상상력이 넘치도록 만드는 데 힘써야 한다.

주석은 언어를 비우게 하지만 상상력이 언어를 채워 진리를 낳을 수 있는 이유는 상상력이 영혼의 눈이기에 그렇다. 앞서 언급한 교육학자인 조세프 쥬베르의 말처럼 '상상력은 영혼의 눈'이다. 설교자는 그 눈을 가져야 한다. 설교자는 성령 충만해야 한다. 성령 충만해야 상상력이 나온다.

성령 충만 그 자체이신 성령님은 상상력도 최고였다. 즉, 하나님은 상상력으로 넘친다. 하나님이 상상력으로 넘친다면 우리도 성령 충만하면 상상력으로 넘치게 된다. 성령 충만으로 상상력이 발휘되면 진리가 진리답게 된다.

상상력이 언어를 채워서 진리를 낳게 한다. 상상력이 언어를 '채워서' 진리를 낳게 한다면 설교자는 상상력 기르기를 최우선으로 두어야 한다. 성령 충만한 상태로 상상력을 길러야 한다. 성령 충만이 상상력을 풍성하게 한다.

설교자는 성령 충만함으로 맑은 영혼의 눈을 가져야 한다. 성령 충만함으로 다른 어떤 사람보다 상상력이 샘솟아야 한다.

감각적으로 써라

감각적으로 글을 써라

글은 논리적이다. 즉 이성적이다. 또한 글은 감각적이어야 한다. 특히 이미지 글이 되려면 감각적이어야 한다. 논리적인 글에 청중이 고개를 끄덕이기만 한다면 감각적인 글에는 놀라 토끼 눈을 뜬다. 청중이 감각적인 글에 놀란 반응을 보인다면 설교자는 감각적인 글을 써야 한다. 감각적인 글이 청중의 감각 깨우는 데 예민하기에 그렇다. 이미지 글은 청중의 감각을 깨운다.

글을 감각적으로 쓰려면 영적, 감성적 감각이 있어야 한다. 영적, 감성적 감각은 설교자가 사물과 만나는 체험을 통해 키워진다. '이미지가 사물로 그린 그림을 성립시키기 위해서는 필연적으로 사물과 만나는 감각적 작업이 선행되어야 하는데, 이 작업이 감각적 체험에 의존되어 있어 이미지는 감각적 체험의 산물이란 이치가 성립된다.'[188] 설교자가 감각을 키우면 이미지 글이 무엇인지를 알기 시작한다.

설교의 황태자로 불리는 찰스 스펄전 목사는 감각적 글을 썼다. 제이 아담스 교수는 찰스 스펄전 목사의 설교를 다섯 가지 '감각적 호소(Sense appeal)'라는 관점으로 분석했다. 스펄전 목사는 현대 설교자들이 설교에 실패하는 이유를 '감각적 호소'가 부족했기 때문이라고 진단한다.[189] 스펄전 목사가 말한 대로라면 설교자들이 설교에 실패하는 이유는 '감각적 호소'가 부족하기 때문이다. 그러므로 설교자는 이미지 글을 쓰기 위해 스펄전처럼 영적, 감성적 감각을 키워야 한다. 동시에 감각적 단어도 익혀야 한다.

설교자가 감각적이면, 설교도 감각적이다. 설교가 감각적이면 설교를 듣는 청중이 눈물을 훔친다. '그랜빌 비망록에 따르면 스펄전 목사가 설교하기 시작해서 45분쯤 지나면 청중들이 손수건을 꺼내 눈물을 닦고 흐느끼는 소리가 들려왔다고 한다. 그때부터 설교의 효과가 나타나기 시작했다.'[190] 이처럼 청중이 눈물을 흘린 것은 스펄전 목사의 설교가 청중에게 감각적으로 다가왔기 때문이다.

청중은 노련한 설교자뿐 아니라 노련한 작가의 글에 눈물을 훔친다. 노련한 설교자, 노련한 작가는 청중을 눈물 흘리게 한다. 감각적으로 다가왔기에 그렇다. 평범한 설교자는 아이디어로 설교를 채운다. 남다른 문장으로 설교를 채운다. 독창적인 해석으로 설교를 채운다. 반대로 노련한 설교자, 노련한 작가는 아이디어가 아니라 이미지로 채운다. '노련한 창조적 작가는 마음속으로 그림을 그리는 법을 알고 있으며, 그 그림을 독자에게 전달하는 언어를 사용할 줄 안다. 노련한 창조적 작가는 이렇게 다른 방법을 사용해서 내용에 관한 생각을 아이디어가 아니라 이미지로 채운다.'[191] 노련한 작가가 채우는 이미지는 감각적 이미지다.

설교자는 설교에서는 노련하다. 이제 글쓰기에도 노련해야 한다. 노련한 작가가 감각적 이미지로 채우듯이 설교자는 시각, 청각, 촉각 등 감각을 자극하는 이미지로 채워야 한다. 감각의 이미지로 채우면 기적 같은 변화가 일어난다.

"프랑스의 한 장님이 '저는 태어날 때부터 장님입니다'라는 팻말을 들고 미라보 다리 위에서 구걸을 하고 있었다. 하지만 무심히 지나치기만 할 뿐 동정하는 이는 많지 않았다. 그 모습을 본 어떤 사나이가 그 팻말을 뒤집어, 몇 자를 적어서 팻말의 구절을 바꾸어 다시 걸어 주었다. 하루에 10프랑밖에 못 얻었던 그 장님은 그 후부터 몇 배가 훨씬 넘는 돈을 얻게 되었다. 그 사나이가 적어 준 말은 '곧 봄이 오건만 저는 봄을 볼 수 없답니다'였다. 이 글귀를 바꾸어 준 그 사나이는 시인 로제 카이유였다."

한 푼 동정받지 못한 소경이 어떻게 몇 배나 되는 돈을 얻을 수 있었는가? 감성을 자극하는 감각적 문장 덕분이다. 봄이라는 계절과 시각이라는 감각을 절묘하게 연결해서 '볼 수 없음의 슬픔'을 타자가 느낄 수 있도록 쓴 감각적인 글 덕분이다.

설교자는 감각적이어야 한다. 감각을 자극하는 글을 써야 한다. 하지만 감각을 자극하는 글쓰기는 쉽지 않다. 엄청난 준비를 해야 한다. 세계적인 소프라노 조수미가 이런 말을 했다. "성공의 비법은 자신감이다. 자신감의 비밀은 '엄청난 준비.'" 설교자도 이미지 글쓰기에 자신감을 갖기 위해 엄청난 글쓰기 훈련을 해야 한다. 그래야 감각적인 글로 청중의 마음과 눈물을 훔칠 수 있다.

이미지는 감각을 자극한다

노련한 작가는 아이디어만이 아니라 이미지로 채운다. 노련한 작가는 왜 이미지로 채우는가? 청중의 감각은 이미지로만 깨울 수 있다는 것을 알기 때문이다. '사람은 평서문으로 말하면 전체 대화에서 5%만 기억하고, 스토리로 말하면 65%를 기억한다고 한다. 그리고 스토리에 상징과 이미지를 가미하면 잊어버리는 것이 더 어렵다고 광고 기획자들은 이구동성으로 말한다.'[192]

노련한 작가가 이미지로 채운다면 설교자도 설교를 이미지로 채워야 한다. 이미지로 채우면 이미지가 청중의 감각을 자극한다. 감각이 자극되면 청중은 설교로부터 탈출하기 어렵다. 그 이유는 이미지라는 용어의 더 정확한 표현이 '감각 언어'이기에 그렇다.

김진규는 『히브리 시인에게 설교를 배우다』에서 이렇게 말한다, "이미지라는 용어를 좀 더 정확하게 번역한다면 '감각 언어'가 더 낫다. 왜냐하면 이미지는 시각적 요소뿐 아니라 청각, 후각, 미각, 촉각, 운동감각 등 인간이 느낄 수 있는 모든 감각을 포괄하는 개념이기 때문이다."[193]

이미지가 감각 언어라면 설교자는 글을 감각적으로 써 청중의 감각과 연결해야 한다. 청중은 이성적인 존재가 아니라 감정적인 존재이다. 데일 카네기는 이렇게 말했다. "사람을 대할 때는, 논리의 동물이 아니라 감정의 동물임을 상대하고 있음을 명심하라."

설교자는 청중이 논리적인 존재가 아니라 감각적인 존재라는 것을 기억해야 한다. 그리고 감각적인 청중과 연결하는 방법을 터득해야 한다.

'감각이 논리를 이긴다'는 말이 있다. 이성이 지배하는 의식이 아니라 감각이 지배하는 무의식이 우선이란 말이다. '의식의 언어는 논리이다. 무의식의 언어는 상상력이다. 상상력은 논리를 이긴다.'[194] 무의식의 언어는 감각으로 꽃피운 상상력이다. 감각이 청중을 상상하게 한다면 설교자는 할 수만 있다면 청중의 감각을 자극하기 위해 애써야 한다.

청중의 의식 세계가 논리적 세계라면 무의식의 세계는 감각의 세계다. 무의식은 감각을 자극할 때 발현된다. 청중에게는 자의식의 세계보다 무의식의 세계가 훨씬 크다. 의식의 세계가 10%라면, 무의식의 세계는 90%이다. 90%를 차지하는 무의식의 언어인 감각을 사용해야 한다.

사람을 대할 때, 이성적이 아니라 감각으로 접근하듯이, 설교자도 청중에게 다가갈 때 감각을 자극하는 이미지로 다가가야 한다. 감각은 인간의 뇌에서 가장 원시적인 부위인 변연계의 편도체에서 발생한다. 청중이 이성보다는 감각에 반응한다면 감각을 자극하기 위한 나름의 처방전이 있어야 한다. 그 처방전은 이미지 글쓰기다.

이미지가 감성(감정)을 자극한다

이미지는 감각을 자극하고 감성을 자극한다. 이미지가 감성을 자극하므로 설교자는 이미지 글을 써야 한다. 감성의 어원은 라틴어 'emotere(이모테로)'다. 'emotere'의 뜻은 '움직이는 에너지'다. 감성은 감정과 감각으로 입력된 정보를 처리하는 프로세스다. 소위 "감성이 풍부하다!"라는 말을 한다. 이 말은 외부로부터 입력된 정보를 정확히 해석하고 다양하게 표현하는 능력이다.

감성은 청중 마음의 움직임을 이해하고 해석한다. 타인의 마음을 역지사지로 풀어낸다. 우리는 역지사지와 배려를 공감이라고 말한다. 제레미 리프킨의 말처럼 '21세기는 공감의 시대다.' 페터

비에리는 '공감은 교양의 척도'라고 한다.

감성은 공감케 한다. 공감이란 상대방의 감정과 감각을 내 안에서 정확히 이해하고, 함께(共) 느끼는(感) 것이다. 그것을 적절하게 표현하는 것이 바로 감성이다. 예술인의 음악과 미술은 느끼는 감정에 따라 능력 발휘 여부가 결정된다.

이미지는 사람을 자극한다. 특히 감정이 풍부한 사람을 자극한다. 청중이 지닌 내면의 에너지를 말씀대로 살기 위해 남기지 않고 쏟게 한다. 감정이 작동되면 청중은 자신도 모르게 눈물을 뚝뚝 흘린다.

이성보다 감성에 호소해야 하는 시대가 왔다. AI는 이성으로 가득하다. AI가 이성으로 가득하니 감성은 인간의 영역이다. 전문가들은 AI와 인간의 차별화는 감성이라고 한다. 최근에 AI에 감성을 집어넣고 있다. 지금 인간 감정을 이해하고 반응하는 '인공감성지능(AEI: Artificial Emotional Intelligence)' 구현이 새로운 목표로 떠오르고 있다.

왜 AI에게 감성까지 집어넣으려고 하는가? 이는 인간의 삶에 감성을 자극해야 설득되는 시대가 왔다는 반증이다. 이경재는 『심리학 청백전!』의 표지에서 이렇게 외친다. "마음을 읽어라, 감성의 시대가 가까이 왔느니라." 그는 이렇게 덧붙인다. "감성이라는 처리 장치를 적극적으로 활용하라. … 감성을 잘 활용하면 이해심 많고 포용력 있으며 이른바 '끌리는 사람'이 된다."[195] 끌리는 설교를 하려면 감성을 자극해야 한다.

사람은 첫인상을 중요하게 여긴다. 첫인상은 이성보다는 감정과 관계있다. 사람이 사람을 대할 때 이성보다는 감정이 앞선다. 물건을 구입할 때도 이성보다는 감정이 앞선다.

설교가 이미지여야 하는 것은 청중은 이성적인 판단을 하는 좌뇌가 아니라 감정을 관장하는 우뇌에 의해 이끌리기 때문이다. 워렌 W 위어스비는 『상상이 담긴 설교』,에서 후새를 이렇게 평가한다. '후새는 사람들이 어떤 존재인지 알았다…. 압살롬의 마음도 하나의 화랑이지 토론장이 아니라는 사실을 알았다.' [196]

후새는 사람의 감정을 읽었다. 감정을 읽자 압살롬과 그 휘하 사람들이 후새의 말을 선택했다. 설교자는 설교 행위에서 사람의 마음이 하나의 그림을 전시하는 화랑이라는 것을 알았다면 사람의 감정을 중시해야 한다. 설교자가 청중이 감정에 의해 움직이는 존재라는 걸 안다면, 감정을 터치하는 이미지 글을 써야 한다.

인터뷰 중 한 기자가 유명 쇼호스트에서 마케팅 전문가로 변신한 황현진 세일즈연구소 셀랩(SELLAB) 대표에게 물었다. "말로 설득해야 하는 사람에게 어떤 이야기를 해주고 싶나?" 그는 이렇게 대답했다.

"그림이 그려지게 말해야 한다. 어려운 지식을 써서 말한다는 것은 실상 그 부분을 잘 모른다는 것이나 마찬가지다. 친구에게 점심에 곰탕집을 가자고 설득하는데 단순히 '그 집 사람들이 맛있대'보다는 '그 집은 도시가스비가 한 달에 800만 원씩 나오는 집이야'라고 하면 24시간 동안 육수를 끓이는 느낌이 확 전해지지 않나. 글자로 하는 게 아니라 그림으로 하는 게 설득이다. 이것이 화법이자 화술이 중요한 이유다." 글은 '말씀 화(話)' 자가 아니라 '그림 화(畵)' 자가 돼야 한다. 즉, 설득의 달인의 비결은 話法 아닌 畵法이다. '그림을 그리듯 생생하게 설명해야 한다.'

설교도 이미지로 보여주어야 한다. 보여주되 '그림을 그리듯 생생하게 설명해야 한다.' 즉 '話法 아닌 畵法으로' 보여줘야 한다. 이것이 바로 설교자의 이미지로 쓴 설교다.

청중의 감각을 깨워야 한다

옥한흠 목사는 설교는 '청중에게 들려야 한다'고 강조한다. 장신대 설교학의 김운용 교수는 청중의 귀에 들리지 않는 설교는 '나쁜 설교'라고 한다. 청중은 설교가 들리지 않으면 설교 시간을 시간 낭비라고까지 생각한다.

이미지 시대에는 '설교가 보여야 한다.' 설교가 시각적 이미지로 보여야 한다. 들리는 것으로는 부족하다. 내 눈에 똑똑하게 보이는 설교여야 한다. 보여주면 청중은 주목한다. 이미지 시대이므로 무조건 설교가 보여야 한다.

설교가 청중에게 보이려면 청중의 감각을 자극해 깨워야 한다.

이미지가 청중에게 커다란 영향을 주는 것은 이미지가 감정적 힘을 지니고 있기 때문이다.

인간의 신경과 뇌를 깨우는 것은 감각이다. 청춘들이 자기는 '연애세포가 죽었다'라는 말을 한다. 이는 그들의 연애 감각이 죽었다는 말이다. 이 말에는 죽은 연애세포를 살리고 싶다는 간절한 소망이 깃들어 있다.

교회가 팬데믹을 지나면서 수직 낙하 중이다. 여기에는 여러 가지 이유가 있겠지만 그중 하나가 감각이 무뎌졌기 때문이다. 즉, 설교 감각이 전보다 더 무뎌졌다. 팬데믹 위기를 맞았지만 설교의 변화가 거의 없다. 위기를 맞으면 변화를 추구한다. 쓰리 포인트에서 원 포인트 설교로 넘어갔어야 했다. 들리는 글에서 이미지 글로 넘어갔어야 했다. 즉, 교회는 시대 흐름과 설교 감각이 무뎌졌다.

설교가 청중에게 들리거나 보이지 않으면 설교 감각이 죽은 것이다. 이 설교 감각을 깨워야 한다. 청중이 설교 시간에 졸고 있다면 감각이 자고 있음이다. 설교자는 청중의 설교 감각이 새록새록 깨어나도록 이미지로 설교해야 한다.

설교 감각이 죽으면 설교 현장에서 두 가지 상반된 반응을 보게 된다. 하나는 설교자의 목소리다. 설교자의 목소리에 자신감이 약화된다. 다른 하나는 청중의 목소리다. 청중은 설교자의 설교가 귀에 들리지 않는다. 이것은 설교자의 영적 감각과 청중의 신앙 감각 문제다.

설교가 청중의 눈에 보이려면 감각을 깨우는 이미지로 설교해야 한다. 설교가 이미지로 그려지지 않으면 청중이 듣는 한순간에만 설교에 머문다. 청중에게 이미지로 그려지지 않으면 가슴까지 내려갈 수 없다. 가슴까지 내려오지 않으면 청중이 교회 문을 나서는 순간 남는 것이 없다. 어떤 설교인지 청중의 눈에 보이지 않으니 청중에게 변화가 일어나지 않는다.

설교자는 이미지로 청중의 거반 죽은 감각을 깨워야 한다. 설교가 이미지면 청중의 감성을 열어준다. 감성이 열리면 청중은 마음을 활짝 연다. 이후부터는 사람들은 이미지 설교를 듣기 위해 앞다투어 몰려든다.

이미지 시대에 설교자는 이미지로 설교를 보여주어야 한다. 보여주면 청중의 감각이 열린다. 보여주면 설교가 새롭게 보인다. 마지막에는 설교가 화젯거리가 된다. '보여주면 주목받는다. 주목받는 것으로 그치지 않는다. 화젯거리가 된다.'[197]

설교자는 말로 설교한다. 이때 감각을 깨우는 이미지의 말이어야 한다. 그러면 청중은 그 이미지에 마음을 송두리째 주기를 기뻐한다.

Chapter 6

예수님의 비유가
이미지 글쓰기의 교본이다

설교는 글쓰기다 3

비유로 보이는
설교를 하라

비유는 설교를 보이게 한다

설교에서 비유 사용이 필요하다. 설교자는 비유 사용에 적극적이어야 한다. 비유는 비슷한 성질을 갖은 것들을 비교해 원하는 결론을 도출하는 기법이다. 비유는 다른 두 영역을 비교하는 방식이다. 비유의 효과는 어렵고 복잡한 개념을 쉽게 설명하는 데 있다. 물론 단점도 있다. 매력적이지만 치명적인 약점을 지녀 '서론과 결론에 활용하는 것이 좋다.'[198] 일반적인 글은 짧기 때문에 서론과 결론에만 적합할 수 있다. 하지만 설교는 본문에 사용해도 치명적이지 않다. 단, 넘치지 않는다는 전제 조건이 붙는다.

필자의 글쓰기 시작은 예수님의 비유다. 어느 날 예수님의 비유가 글에서 핵심이라는 것을 깨달았다. 세상 작가들의 책을 통해서 비유를 배웠다. 설교에 적용하면서 그 위력을 깨달았다. 뿐만 아니라 작가들은 소설, 시, 에세이 등 글쓰기에서 비유가 중요하다고 여기저기서 언급한다.

신학교에서는 예수님의 비유를 글쓰기로 가르치지 않는다. 그러나 보이는 글쓰기의 핵심은 비유다. 이런 핵심을 놓치는 것이 안타깝다. 신학교에서 배운 비유는 '비유가 무슨 뜻인가'다.

비유 사용이 어려운 이유가 있다. 어휘력이 뒤따라야 하기 때문이다. 어휘력이 따라주지 않으면 비유 사용에 제한이 걸린다. 이에 비유를 잘 사용하려면 어휘력을 향상시켜야 한다. '아트설교연구원'에서는 '한 단어'의 특징(속성) 찾기, 대조와 비교되는 '두 단어'의 공통점과 차이점 찾기를 통해 어휘력 향상을 꾀한다.

예수님의 비유를 설교에 접목하면 청중의 설교에 대한 반응이 폭발적이다. 청중은 예수님의 비유를 사용한 설교를 이렇게 평가한다. '설교가 쉽고, 무엇을 설명하는지 확실하게 이해되고, 설교의 이미지가 그려져 똑똑하게 보인다.'

예수님은 비유로 설교하셨다. 신학교에서는 비유로 설교하라고 가르치지 않는다. 세상은 비유 사용이 활발하다. 신학교는 예수님은 비유가 아니면 말씀하지 않았다는 것을 위시해 비유가 무엇인지, 비유가 무슨 뜻인지 등 비유를 하나님 나라를 해석하는 뜻풀이로 배운다. 예수님께서 비유로 설교하시어 수많은 청중이 설교 한 번 더 듣기 위해 밥도 굶으며 쫓은 이유가 무엇인지 가르치지 않는다. 예수님이 하나님이라 하나님의 말씀을 듣고 따랐다고 가르친다.

예수님의 비유는 예수님 당시나 이미지 시대나 청중이 설교를 보게 하는 데 최고다. 세상 작가는 비유를 사용해 독자를 자기 글에 끌어들인다. 무라카미 하루키의 『기사단장 죽이기』만 봐도 '~처럼'으로 끝나는 비유법이 수두룩하다.[199] 경제학자 장하준은 매번 비유를 적극적으로 활용한다.[200] 스티브 잡스도 비유를 통해 자기 생각을 전달하는 데 능했다.[201]

이미지 시대에 설교자는 예수님께서 비유가 아니면 설교하지 않으셨다는 말씀처럼 비유를 사용할 줄 알아야 한다. 한 발 더 나아가 예수님처럼 비유 사용에 능통해야 한다.

비유는 천상의 의미를 지닌 지상의 이야기다

예수님은 설교 때마다 비유를 사용한다. 비유가 현상과 관점을 설명하는 데 적합하기에 그렇다. 예수님은 비유를 사용할 때 하늘의 이야기를 땅의 소재를 가져와 사용한다. 비유로 천상의 의미를 세상 이야기로 적용한다.

최더함 목사는 비유를 '천상의 의미를 지닌 지상의 이야기'라고 정의한다. 그는 예수님의 '스피치' 7가지 특징 중 하나를 예수님의 비유라고 말한다. "예수님은 군중의 이해를 돕기 위해 일상 생활 일들을 소재로 비유를 즐겨 사용하셨다. 예수의 비유는 '천 상의 의미를 지닌 지상의 이야기'였다. 특히 비유는 유대인들에게 친숙한 이야기 전달 방식이었다."[202]

그는 예수님은 유대인들에게 친숙한 이야기 전달 방식인 비유를 사용했다고 말한다. 또한 예수님께서 전한 진리는 크고 놀랍고 화려하고 SF 공상과학 영화 같은 이야기가 아니라, 삶 속에서 일어나는 잔잔한 감동의 물결이었다고 말한다.

유대인에게 비유는 친숙한 이야기 전달 방식이었다. 마찬가지로 이미지 시대에 비유는 이미지를 만들어 전달하므로 친숙한 전달 방식이다. 친숙한 전달이 된 것은 유대인들이 어릴 적에 듣던 성경 속 재미있는 이야기를 비유로 들었기에 그렇다. 예를 들면, 창조 이야기, 노아 홍수 이야기, 모세 이야기, 엘리야 이야기, 다윗 이야기, 사무엘 이야기, 다윗의 범죄에 대해 경고하는 나단의 용기 있는 비유 이야기(삼하 12:1-7), 하나님의 포도원으로 이스라엘 백성을 묘사하는 이사야의 비유 이야기(사 5:1-7) 등이다.

예수님도 당시 일상에서 일어나는 친숙한 이야기들을 비유로 설명한다. 주인과 종의 관계, 들판에 핀 백합화, 들판에서 자라는 곡식 등으로 설명한다. 예수님이 친숙한 이야기로 설명했다면, 설교자도 친숙한 이야기로 설명해야 한다. 청중은 친숙한 이야기에 호기심을 갖는다.

예수님이 친숙한 일상의 이야기를 비유로 말씀하자, 청중은 비유 이야기에 환호했다. 하늘의 이야기는 어렵다. 어려운 천상의 이야기는 이 땅의 청중에게 쉽게 전달돼야 한다. 친숙한 비유를 사용하면 쉽게 전달된다,

박홍순은 『말의 전쟁』에서 비유를 사용해야 하는 이유를 이렇게 말한다. "비유는 내용을 쉽게 전달하기 위한 것에 머물지 않고, 문제의 본질을 드러내는 데에도 유용하게 쓰인다. 구조적인 본질을 설명하는 개념어를 사용해야 하는 경우가 많다." 비유는 문제의 본질을 드러내는 데 최적이다. 비유는 내용을 쉽게 전달한다. 비유는 천상의 의미를 지상의 이야기로 전달케 한다. 예수님이 비유를 사용했다면 설교자가 비유 사용을 고민할 필요가 없다.

비유는 언어의 본질적인 기능이다

예수님께서 비유를 사용하신 것은 비유의 언어적 본질 기능 때문이다. '비유는 언어가 가지고 있는 본질적인 한 기능이라고 할 수 있다. 그것은 일상적 언어생활이나 문장에서 많이 쓰이고 있기 때문인데 이는 비유가 모든 언어 속에 편재하고 있는 수사의 한 원리로 작용하고 있기 때문이다.'[203]

비유가 언어가 가지고 있는 본질적인 한 기능인 것은 일상적 언어생활이나 문장에서 많이 쓰이고 있음은 물론 모든 언어 속에

편재하고 있는 수사의 한 원리로 작용하기에 그렇다.

비유는 본질적인 기능과 더불어 이미지를 효과적으로 전달하는 기능을 한다. '비유는 표현하고 싶은 이미지를 효과적으로 전달하는 방법 중 하나다.'[204] 비유는 언어생활과 문장, 그리고 표현하고 싶은 이미지를 효과적으로 전달하므로 적극적으로 사용해야 한다.

언어의 본질적 기능인 비유에는 두 가지 의미가 있다. 하나는 넓은 의미의 비유다. 다른 하나는 좁은 의미의 비유다. '넓은 의미로는 문체·수사와 같은 뜻으로 쓰이고 있는바, 즉 독자의 관심과 흥미를 끌고 문장에 변화와 정체를 더하기 위한 수사 형식 일반을 의미한다. 이에 비해 좁은 의미의 비유는 구상적·회화적 비유 표현, 특히 메타포와 같은 뜻으로 쓰인다. 다시 풀어보면 어떤 사물이나 의미를 다른 사물이나 의미에 유추하여 표현하는 직유·은유·의인·제유·환유·풍유·중의법 등을 포괄하게 된다.'[205] 설교자가 넓은 의미의 비유를 사용하든 좁은 의미의 비유를 사용하든 이미지로 전달되므로 그 설교는 청중의 관심과 흥미를 끈다.

비유는 언어의 본질적인 기능이므로 일상생활에 깊이 스며들어 있다. 세상은 비유의 언어로 되어 있고, 우리는 비유의 언어를 사용하며 살아간다. 즉, '사람들은 비유의 언어로 살아간다. 세상은 비유의 언어로 구성되어 있다.'[206] 이처럼 비유는 성경, 다른 경전, 고전, 일상생활 등 사용되지 않는 분야가 없다. 성경, 고전, 일상생활 등이 비유의 언어로 되어 있을 만큼 비유는 우리의 삶 깊이 들어와 있다. 이런 상황이라면 설교자는 이미지 시대에 맞게 설교 곳곳에 비유를 사용해야 한다.

작가들은 비유 사용에 적극적이다

비유는 예수님, 고전, 일상생활에서 적극적으로 사용된다. 글쟁이인 작가도 비유 사용에 적극적이다. 작가가 비유를 적극적으로 사용하는 것은 비유가 설득과 창의에 탁월하기 때문이다. M. 산드라 페냐는 『은유와 영상도식』에서 '은유가 사고가 아니라 낱말의 문제라는 전통적인 생각은 명백히 잘못되었다'[207]라며 창의의 중요성을 말하더라도 여전히 글쓰기에서 비유(은유) 사용에 적극적이어야 한다고 주장한다.

　일상에서는 작가들이 사용할 수 있는 은유적 표현이 많다. 은유 표현은 시와 노랫말 등에 많이 들어있다. 그리고 은유적 사고는 시와 노랫말 같은 '언어적 표현'에만 들어 있는 것이 아니라 회화, 조각, 음악, 무용과 같은 '비언어적 표현'에도 들어있다. '요컨대 모든 은유적 표현은 은유적 사고가 장르마다 다른 수단과 방법으로, 예를 들면 시와 산문에서는 수사법으로, 학문에서는 전문용어로, 회화와 조각에서는 색과 형태로, 음악에서는 선율과 리듬으로, 무용에서는 동작으로 형상화된 일종의 결과물이다.'[208]

비유는 언어를 사용하는 작가인 소설가, 시인 등이 적극적으로 사용한다. 소설가, 시인은 비유를 탁월하게 다룬다. 특히 시인은 시에서 비유 사용이 가장 정교한 경지에 이르렀으므로 탁월하게 다룬다.

작가라면 비유의 표현을 탁월하게 다루어야 한다. M. 산드라 페냐는 『은유와 영상도식』에서 '우리가 매일 사용하는 비유적 표현을 탁월하게 다루는 사람, 같은 것과 다른 것을 연결하는 언어의 경향을 최대한 풍부한 효과를 내는 방향으로 활용하는 사람일 필요가 있다' [209]라며 작가는 비유의 표현을 탁월하게 다루어야 한다고 권면한다.

작가는 다른 것과 연결하는 언어인 비유를 최대한 풍부한 효과를 내는 방향으로 활용한다. 설교자도 비유를 최대한 풍부한 효과를 내는 방향으로 활용해야 한다.

시인은 비유를 사용해 시를 가장 정교한 경지에 이르게 한다. '비유는 시에서 가장 정교한 경지에 이른다. 간결하게 압축되고 의미로 인해 생기가 넘치고 동시에 여러 방향을 가리킨다. 그리고 직유와 은유는 의미라는 케이크 위에 입혀진 당의처럼 단순히 장식적인 장치가 아니다. 비유적 표현은 그저 의미를 더 매력적으로 보이게 만들기 위한 방식이 아니라, 그 자체로 의미를 갖는다. 그 것도 아주 중요한 의미와 경험의 질감을 전달하고 경험을 탐구하여 의미를 찾기 위한 시의 주요 도구 중 하나다.' [210]

비유가 갖는 자체 의미로 인해 비유는 시 등의 글에 생기를 더한다. 작가만 글에 생기가 필요하지 않다. 철학자도 글에 생기가 필요해 비유 사용에 적극적이다. 철학자이자 작가인 니체는 비유 사용에 적극적이었다. 강대진 외 10명이 저술한『인문학 명강 : 서양고전』에서는 니체를 읽으려면 상징과 비유에 익숙해져야 한다고 조언한다. 철학자인 플라톤은 이데아를 설명하기 위해 '동굴의 비유'를 사용했다. 이처럼 소설가나 시인, 작가뿐 아니라 철학자도 비유 사용에 적극적이다.

설교자도 비유 사용에 적극적이어야 한다

설교자는 '설교 작가'[211] 이므로 비유 사용에 적극적이어야 한다. 더 나아가 비유 사용에 최고가 돼야 한다. 설교자의 스승인 예수께서 비유를 사용했다. 이에 예수님의 설교 제자인 설교자도 비유를 사용해야 한다. 사용에 그치지 않고 예수님처럼 비유 사용이 어느 정도 경지에 도달해야 한다.

과연 설교자는 설교에서 비유 사용에 어느 정도 경지에 올라 있는가? 예수님과 기독교에서 비유는 본질에 속한다. 설교자에게도 본질에 속해야 한다. 비유가 아니면 사용하지 않았던 예수님, 비유가 아니면 시를 쓰지 못하는 시인, 비유가 아니면 설교자, 이런 등식이 성립돼야 한다.

설교자는 시인, 소설가, 작가처럼 글을 다루는 사람이다. 글을 다루는 시인, 소설가가 비유를 사용한다면, 설교자는 설교의 모델이신 예수님처럼 비유 사용에 능통해야 한다.

예수님은 일상 언어로 비유를 사용하셨다. 일상 언어에 비유를 사용하면 이미지 글이 된다. 설교자도 일상 언어를 통해 성경 언어를 이미지로 표현해야 한다.

종교와 시의 본질은 비유다. 세상은 철학자들의 토론장이 아니라 차라리 화랑과 같다. 화랑에는 모든 비유와 개념들이 그림처럼 걸려 있다. 비유 사용이 종교의 본질이라면 설교자는 비유 사용에 있어 시인이나 소설가보다 사용 빈도가 많아야 한다. 비유는 종교의 본질일 뿐 아니라 "오랜 세월에 걸쳐 종교가 자주 사용한 문학적 도구다. 매주 일요일 아침 울려 퍼지는 찬송가를 생각해 보자. '굳건한 요새는 우리의 신이시네'에서 사실 신이 요새라는 게 아니고 요새와 같다는 뜻이다. 다른 찬송가에서는 기독교 병사들을 노래한다. '전쟁을 행진하는 병사들'에서 병사들은 진짜 병사들이 아니고 자신들의 종교적 서약이 병사의 서약과 비슷하다는 뜻이다."[212]

비유는 종교의 본질이다. 본질이신 예수님께서 설교 때마다 사용했다. 역사적으로 비유는 교회 설교, 교회 찬송가에서까지 사용했다. 이제 이미지 시대를 맞은 설교자가 사용할 차례다. 설교자는 쇠락하는 교회를 다시 세울 수 있는 마지막 기회라고 생각하고 비유 사용에 적극적이어야 한다. 비유 사용으로 예수님처럼 많은 청중이 설교를 듣기 위해 따라다니는 날을 만들어야 한다.

은유가
글맛을 보랜다

모든 언어는 은유적이다

은유는 비유의 여러 가지 방법 중 하나다. 어원에 따른 은유의 본질은 어떤 개념을 다른 개념과 관련지어 이해하거나 경험하는 것이다. '은유라는 수사법이 추상적 관념의 표현에 구체적인 심상을 제공하는 수단으로 알려져 왔다는 정도로 이해하자. 원래 은유는 그리스어 meta (바꾸다)+phora (움직이다) 라는 어원적 의미를 갖추고 있다.' [213]

'모든 언어는 기본적으로 은유적'이라는 말이 있듯이, 언어는 은유로 표현되어야 하고 은유를 사용해야 한다. '말은 사물 자체, 다시 말해 그것이 아닌 무언가를 상징하므로, 모든 언어는 은유적이라고 말할 수 있다.'[214] 언어가 은유적이라면 표현도 은유로 해야 한다. 설교도 은유로 표현해야 한다.

언어는 은유로 표현돼야 한다. 그리고 은유는 설득의 도구로 사용해야 한다. 은유는 '설득의 아버지'[215]다. 은유로 설득하려면 "무엇보다도 중요한 것은 은유의 거장이 되는 것이다"라는 아리스토텔레스의 말을 따라야 한다. 그는 은유를 정복하라고 한다. "비교할 수 없이 가장 위대한 것은 은유를 정복하는 것이다. 이것만이 다른 사람에게 나눠 줄 수 있다. 이는 천재의 표징이다"라고 말이다.

은유를 사용하고, 은유를 정복하고, 은유의 거장이 되려면 모든 언어에 은유를 사용해, 언어를 은유로 표현해야 한다. 설교 언어는 은유적이어야 하므로 설교자는 은유의 거장이 돼야 한다.

은유의 기원은 두 가지이다. 하나는 언어이고, 다른 하나는 자연이다. 은유의 기원이 언어이고 자연이라면 은유를 삶의 일부분으로 녹여내야 한다. '우리는 은유를 호흡하고, 은유 속에서 헤엄치고, 은유 속에서 돌아다닌다.'[216] 사람이 은유를 호흡하고, 은유 속에서 헤엄치고, 은유 속에서 돌아다닌다면 설교자도 동일하다.

마크 도티는 『묘사의 기술』에서 이집트학자 수전 브린드모로우 이야기를 한다. 그는 문자의 기원이 자연에 대한 관찰에서 시작되었다며 하나의 예를 든다. '쓰기'를 의미하는 상형 문자에 영향을 준 것이 게가 집게발로 모래 위를 총총거리며 다니는 모습이라는 것이다. 이처럼 우리는 자연에서 은유를 찾고 그 은유를 사용한다. 설교자는 언어와 자연에서 은유를 발견하고 은유를 사용하여 문장을 만들어야 한다. 모든 언어가 은유적이므로 은유로 청중을 설득하고 감동시켜야 한다.

은유는 듣는 청중과 가슴을 단단하게 연결한다

은유는 청중의 마음을 움직인다. 그리고 은유는 듣는 청중의 마음을 단단하게 연결한다. 워렌 위어스비는 『상상이 담긴 설교』에서 은유는 듣는 청중의 마음과 가슴을 단단하게 연결한다고 말한다. "'살아 있는 은유'란 듣는 청중의 마음과 가슴을 단단하게 '연결시켜' 들은 것에 대해 뭔가 하기를 간절히 원하게 한다."[217]

은유는 청중의 마음과 가슴만 단단하게 연결시키는 데 머물지 않는다. 은유는 청중의 마음을 흔든다. 은유가 청중의 마음을 흔들었다는 것은, 은유를 통해 하나님의 뜻을 발견했다는 말이다.

은유로 청중의 마음을 흔든 사람이 있다. 독재자 히틀러다. 그는 은유를 즐겨 사용해, 사람들이 잘 아는 분야의 용어로 연설 내용을 쉽게 전달한다. 특히 영국을 비롯한 연합군과의 전투와 관련해서는 축구나 권투 경기처럼 사람들이 가깝게 느끼는 스포츠 분야 용어나 상황을 사용해 청중 선동에 앞장섰다.

"내가 처칠의 좌우 훅을 치고 들어가는데, 그가 '당신은 완전히 진 사람이오'라고 한다면, 그하고는 더 말해 볼 수가 없습니다.

(…) 그더러 얼마든지 공격하라고 하십시오. 하지만 그는 피를 많이 흘리게 될 것입니다. (…) 이 전쟁의 관건은 누가 결정적인 혹을 날리느냐입니다."

히틀러는 전쟁 상황을 전하고 전투 의지를 북돋는 것이 목적인 경우, 스포츠에 비유하는 일이 많았다. 위의 연설에서는 권투 용어를 써서 말하고자 하는 바를 수월하게 전달했다. 특히 스포츠는 전쟁에 대한 국민의 공포를 없애고 게임처럼 쉽게 생각하고 참여하게 유도한다는 점에서 히틀러의 이해에 딱 들어맞는다.

적군이나 유대인을 표현할 때는 생물학이나 의학 용어를 사용해 편견을 갖게 유도했다. 예를 들어 '유대인은 전형적인 기생충으로 존재한다. 유리한 번식 기반이 주어지기만 하면 악성세균처럼 점점 더 많이 확산되는 그런 기생충이다'라는 식으로 경멸의 감정을 증폭시켰다. [218] 그가 그렇게 한 것은 '은유는 비교하고 이해하고 의사소통하는 힘을 지녔기 때문이다.' [219]

교회가 2000년 이상 이어질 수 있었던 것은 은유 사용 덕분이다. 교회는 은유로 이해하고 은유로 의사소통을 했다. 은유로 하나님의 뜻을 발견했으니 은유는 교회의 중심에 있었다. '16, 17, 18세기 동안에는 은유의 분석에 대한 광범위한 결과를 보지 못했다. 사회가 주로 기독교적이었다는 사실은 은유 현상에 대한 고찰에 영향을 미쳤다. 은유의 개념은 기독교의 이데올로기적 성분으로부터 진화했다. 은유 연구가들은 주로 개인적 정확성이 아니라 대중적 수용성과 공동 경험에 관여했다. 세계는 신이 쓴 책이라는 은유가 중심적이었다. 사실상, 세계는 은유로 가득 차 있는 것으로 가정되었는데, 그것은 적절하게 해석될 때 우리에게 의미를 전달하기 위해 신이 구성했던 은유이다. 은유는 신의 의미를 발견한 산물이다.'[220]

교회 시대, 세계는 신이 쓴 책이라고 하는 은유가 중심이었다. 지금은 그렇지 않은가? 여전히 세계는 하나님이 쓴 책이 중심에 있다. 예수님 당시나 지금이나 세계는 예수님의 글인 은유가 중심이다.

은유가 중심인 데는 이유가 있다. 은유를 통하면 놀라운 결과가 만들어지기 때문이다. 아리스토텔레스는 이렇게 말한다. "일상적인 낱말은 우리가 이미 알고 있는 것만을 전달한다. 생생한 어떤 것에 이르는 최선의 길은 은유를 통하는 것이다." 생생한 어떤 것에 이르려면 은유를 통해야 한다. 은유를 통하는 순간 놀라운 결과가 만들어진다. 설교에서 은유를 사용하면 생생한 어떤 것에 이르므로 은유를 사용해야 한다. '은유란 한 사물을 다른 사물과 비교하면서 말하는 방법이다'[221]라는 말에서 은유를 사용해야 하는 당위성이 명확해진다.

은유는 한 사물을 다른 사물과 비교하며 말한다. 비교하는 순간 사물이 생생해진다. 설교자가 은유를 통할 때 청중은 설교를 생생하게 받아들인다. 설교가 생생한 언어가 되면, 살아 움직이는 언어로 인해 살아 있는 설교가 된다.

은유는 낯설게 만들어준다

은유는 설교를 생생하게 만들어준다. 그리고 은유는 설교를 낯설게 만들어준다. 아리스토텔레스는 은유를 이렇게 말한다. "어떤 것에다 다른 낯선 어떤 것에 속하는 이름을 옮겨 놓은 것이다." 은유는 새로운 개념을 생성해 낯설게 만든다.

낯설게 만들어지면 청중이 갖고 있던 생각이 뒤흔들어진다. 워렌 W 위어스비는 『상상이 담긴 설교』에서 샐리 맥패그의 말을 빌려 이렇게 말한다. "좋은 은유란 듣는 청중에게 충격을 주어 기존의 생각을 뒤흔들고 긴장시키는 혁명적인 것이다."[222]

설교가 낯설어야 기존의 생각이 뒤흔들린다. 청중에게 낯설게 들리려면 은유를 사용하면 된다. 은유를 사용하면 청중의 생각이 흔들려지는 것에 머물지 않는다. 청중이 충격을 받는다. 설교자가 추상적인 하나님의 말씀을 낯설게 만들면 충격으로 다가온다. 설교가 청중에게 충격으로 다가가려면 은유를 사용해야 한다.

마지막으로 은유를 사용하면 전인격에 영향을 미친다. 설교는 전인격적인 변화를 목표로 한다. 그 목표를 이루려면 설교자는 영혼을 일깨우는 은유 사용에 능통해야 한다. '은유는 영혼을 일깨우는 생명과 같은 언어의 기술이기 때문이다. 은유는 영혼만 일깨

우지 않고 우리의 전인격에 영향을 준다.' [223]

은유는 영혼을 일깨운다. 물론 전인격에 영향을 미친다면 설교자는 은유를 쓰는 방법을 터득하여 은유를 설교에 적극적으로 활용해야 한다.

히틀러는 사람들을 선동하기 위해 은유를 사용했다. 설교자는 청중을 생명의 길로 인도하기 위해 은유를 사용해야 한다. 은유를 사용해 설교를 생생하게, 낯설게 만들어줘야 한다. 세상에 영향을 주는 시인이나 정치가, 탁월한 설교자는 은유를 사용한다. '시인이 시를 지을 때나 작사가가 노랫말을 만들 때 외에도 정치인이 연설할 때, 종교인이 설교할 때, 인문학자나 사회학자가 자신의 이론을 발표할 때, 특히 자연과학자가 대중에게 자신의 발견 또는 발명에 관해 설명할 때, 선생님이 학생들을 교육할 때 왜 자주 은유를 사용하는지, 또 사용해야만 하는지를 짐작할 수 있다.' [224] 론 로젤은 "좋은 작가는 은유에 많은 시간을 보낸다"라고 했다. [225]

시인, 작사자, 정치인, 교육자, 인문학자, 사회학자, 자연과학자가 은유를 사용한다. 그리고 종교인도 은유를 사용한다. 설교자는 은유 사용에 앞장서야 한다. 은유를 사용해 낯설음을 추구하는 시대를 낯설게 만들어 주어야 한다. 은유로 낯설게 만들어 청중에게 충격을 주어야 한다. 그리고 청중의 전인격에 영향을 미쳐야 한다.

시는 은유의 보고다

은유는 시(詩)가 가장 많이 활용하는 수사법이다. 그런 의미에서 시는 은유의 보고다. 안도현은 시로 들어가는 첫 번째 관문이 은유라며 다음과 같이 말한다.

"시 창작 시간에 나는 사랑에 대해서 쓰려면 '사랑'이라는 말을 시에다 쓰지 말아야 한다"며 "그 말을 아예 잊어버려야 한다"고 학생들에게 주문한다. 도리어 다른 개념을 사용해야 한다. '사랑'에 '멀리 보기'를 쓴다거나 '동전 파스 붙여주기' 등을 사용해야 한다. '시로 들어가는 첫 번째 관문은 은유다. 잘 알다시피 은유는 차이성 속에서 유사성을 끄집어내는 비유의 방식이다.'[226] 대상의 차이를 인정하면서 참신한 본질을 찾아내기 위한 수사다. 은유는 직설적인 언어의 뻔뻔함과 뻣뻣함을 누그러뜨리는 데 기여한다. 어떤 의미를 전달하는 데 시간이 좀 걸리기는 하지만 은유가 앞장서서 갈등을 조장하지는 않는다. 은유는 부드러움의 편이다."[227]

은유는 참신한 본질을 찾아내기에 가장 철학적이고 문학적인 표현기법이다. 쓰는 이에게도, 읽은 이에게도 얼마간의 사유(思惟)를 필요로 하는 수사법이다.

직유법이 유사성을 토대로 만들어지는 표현기법이라면, 은유법은 전혀 유사성이 없는 사물이나 개념을 대비시켜 동일성을 느끼도록 만드는 표현기법이다.

'시는 은유와 상징체계로 이루어져 있다'[228]는 말처럼 은유는 시에서 가장 많이 사용된다. 어떤 것보다 은유는 시에서 비중이 가장 크다. 시는 은유에서 시작해서 은유에서 끝난다고 할 정도다. "처음 시를 접하는 사람들은 시의 낯섦이나 해독의 어려움에 부딪치며 멈칫한다. 뭔가에 가로막히는 기분이 드는 것은 시가 일상적으로 쓰는 생활 어법과 다른 어법을 쓰기 때문이다. 시는 은유라는 이상야릇한 수사법을 품는데, 은유는 일상 화법과 다르게 말하기다. '비가 온다'라고 해도 될 것을 굳이 '하늘이 운다'라고 쓰는 것이다. 시를 가르치는 모든 교과서들은 한결같이 은유에 대해 말하는데, 그만큼 은유의 비중이 큰 까닭이다. 시는 은유에서 시작해서 은유에서 끝난다."[229]

시는 은유의 비중이 커, 은유로 가득 차 있는 '은유의 보석 상자'다.[230] 시가 은유들의 보석상자인 것은 시가 은유의 태동, 은유의 발생에서 시작하기에 그렇다. 은유 없는 시를 상상할 수 없으니, 시는 은유를 많이 사용할 수밖에 없다. '시가 은유를 많이 사용할 수밖에 없는 것은 은유는 하나의 사물, 하나의 말을 다른 것으로 대체한다. 시만 은유를 독점적으로 쓰는 것은 아니지만 은유 없는 시를 상상하기는 어렵다.'[231]

시는 은유로 도배되어 있다. 안도현은 은유의 시를 쓰려면 은유로 가득 찬 시집을 읽으라고 한다. "부디 은유적 대화를 회복하라. 긴긴 겨울밤 은유로 가득 찬 시집이라도 좀 펼쳐 보라"며 말이다.[232]

언어가 은유적이고, 은유적 언어가 되려면 은유로 가득한 시를 많이 읽어야 한다.

은유를 많이 사용하는 시에는 멋진 은유가 많다. 장석주는 시 안에 있는 멋진 은유를 아래와 같이 열거한다.

"고양이를 '밤의 야경꾼', 비 온 뒤 길에 고인물 웅덩이를 '길의 눈동자', '아직도 나는 밤의 설교자를 이끌고 다니는 낙타의 발바닥이다'(홍일표, <구두>), '계단을 펼쳤다 접으며 아코디언을 켜고 계단은 사람들의 귓속으로 밀려들어 왔다가 밀려 나가고'(강성은, <아름다운 계단>), '수천만 년 말을 가두어 두고 그저 끔벅거리고만 있는 오, 저렇게도 순하고 둥그런 감옥이여'(김기택, <소>), '땅의 푸른 뿔인 풀잎들'(최승호, <가죽 뒤로 펼쳐지는 것>) 등이다. 이런 시들은 다 멋진 은유다. 은유는 시에서 가장 흔한 수사법 중의 하나다. 따라서 시는 은유들의 보석상자라 할 만하다."[233]

시가 은유의 보고이듯이, 성경의 시도 은유의 보고다. 시편 18편 2절은 은유로 가득 차 있다. '여호와는 나의 반석이시요. 나의 요새시요. 나를 건지시는 이시요. 나의 하나님이시요. 내가 그 안에 피할 나의 바위시요. 나의 방패시요. 나의 구원의 뿔이시요. 나의 산성이시로다.' 이 짧은 구절 안에 하나님에 대한 많은 은유가 담겨 있다.

성경은 예수님을 은유로 표현한다. "'세상의 빛'(요 8:12), '생명의 떡'(요 6:48), '포도나무'(요 15:1), '성전'(요 2:19), '부활'(요 11:25),

'생명'(요 11:25), '길'(요 14:6), '진리'(요 14:6) 등으로 묘사한다."[234]

위의 말들이 설교가 하나의 시적으로 써야 하는 이유를 설명해 준다.

은유는
청중을 압도한다

은유는 보조관념으로 원관념을 설명한다

청중은 은유에 압도당한다. 압도당하는 이유가 있다. 보조관념으로 새로운 의미를 만들어내니 당해낼 재간이 없다.

은유란 무엇인가? '보조관념(vehicle)을 통해 원관념(tenor)을 나타내는 표현법'이다.[235] 은유는 원관념과 보조관념 사이에 조사를 끼워 넣지 않고 원관념과 보조관념을 동일한 것으로 보는 비유로서의 메타포다.[236]

원관념과 보조관념의 차이는 무엇인가? 원관념은 표현하고자 하는 실재 사물, 단어, 내용이다. 보조관념은 원관념의 뜻을 표현하기 위해 사용한 대상이다. 그러니 은유는 '보조관념 만들기'라고 보면 타당하다.

원관념과 보조관념이란 무엇인가? 실례를 들면 이해가 된다. '내 마음은 호수요'에서는 '마음'이 원관념이다. '호수'가 보조관념이다. 문장의 핵심이 되는 단어는 원관념이다. 핵심 되는 단어를 표현한 것이 보조관념이다. 눈에 보이지 않아 말로 표현하기 어려운 마음이란 원관념을 눈에 보이는 호수의 잔잔함이란 보조관념으로 표현했다.

또 다른 실례를 들어보자. '그칠 줄 모르고 타는 나의 가슴은 누구의 밤을 지키는 약한 동물입니까'라는 문장이 있다. 원관념은 '나의 가슴'이다. 원관념인 '나의 가슴'을 표현한 보조관념이 '약한 동물'이다.

세 번째 실례를 들어보자. '구름은 보랏빛 색지 위에 마구 칠한 한 다발 장미'라는 문장이 있다. 원관념은 '구름'이다. 원관념인 '구름'을 표현한 보조관념은 '장미'다.

네 번째 사례를 들어보자. '내 누님같이 생긴 꽃이여'라는 문장이 있다. 원관념은 '꽃'이다. 원관념인 '꽃'을 표현한 보조관념은, '누님'이다.[237]

김용규, 김유림은 "은유의 생명은 이처럼 '보조관념으로 형상화된 이미지'에 있다"[238]고 한다. 이처럼 보조관념을 통해 원관념을 설명하면 청중은 만들어진 보조관념에 마음이 압도당한다. 은유가 보조관념으로 원관념에 대한 이해를 돕는 것이기에 보조관념을 통해 원관념을 쉽고 정확하게 이해하게 한다. 이해로 그치지 않고 청중은 은유에 마음을 빼앗긴다. 그러면 설교자의 청중 설득은 아주 쉬워진다.

김용규, 김유림은 『은유가 바꾸는 세상』에서 은유를 '설득의 아버지' [239]와 '창의의 어머니' [240]라고 한다. 필자는 본서에서 창의적인 부분은 다루지 않는다. 이미지 설교를 통해 청중을 설득해야 하기에 '설득' 부분을 다룬다.

은유는 어떻게 설득의 아버지가 될까? 설교자가 은유를 사용해 공감대를 형성하면 청중에게 보다 쉽게 다가갈 수 있어 설득력이 높아진다. 더불어 남다른 표현력을 쓰게 된다. 결국 청중을 압도하니 은유는 설득의 아버지다.

'아트설교연구원'에서의 원관념과 보조관념 사용

'아트설교연구원의 아트설교아카데미'에서는 은유를 설교에 접목한다. 은유를 접목하니 청중이 설교에 압도당한다. 설교에 불만 있던 청중도 원관념을 보조관념으로 신선하게 표현하면 설교에 푹 빠진다. 청중은 원관념은 잊을지라도 보조관념은 결코 잊지 못한다. 오랫동안 낯선 보조관념이 머릿속에서 떠나지 않는다.

'아트설교연구원의 아트설교아카데미'에서는 은유를 사용하기 위한 원관념인 단어를 어떻게 보조관념으로 만들 것인가에 집중

한다. 이때 차용하는 원관념은 성경에서 언급된 추상적인 단어들이다. '사랑', '감사', '은혜', '봉사', '헌신', '충성', '사명', '섬김', '신앙생활' 등이다. 설교에서 중요한 것은 적용이다. 그래서 설교자들도 적용을 힘들어한다. 설교자들의 적용 문제를 이미지 시대에 맞게 어떻게 적용할 것인가를 연구하다가 찾은 해결책이 바로 은유의 사용이었다. 은유 쓰기 적용을 위한 원관념을 보조관념으로 만드는 용례는 아래와 같다.

첫째, '사랑'이다. 원관념이 추상적인 '사랑'의 보조관념을 만든다. 보조관념은 '장점 찾기'라고 만든다. 보조관념인 '장점 찾기'로 원관념인 '사랑'을 이해하면 사랑이 무엇인지 단박에 이해할 수 있다.

둘째, '신앙생활'이다. 원관념이 추상적인 '신앙생활'의 보조관념을 만든다. 보조관념은 '연필 깎기'라고 만든다. 보조관념인 '연필 깎기'로 원관념인 '신앙생활'을 단박에 이해할 수 있다.

셋째, '사명'이다. 원관념이 추상적인 '사명'의 보조관념을 만든다. 보조관념은 '맛내기'라고 만든다. 보조관념인 '맛내기'로 원관념인 '사명'의 삶을 살 수 있도록 청중을 압도할 수 있다.

그 외에도 은유는 신앙적인 단어, 설교 시 낯선 개념을 만들어내는 데 그 사용이 적합하다. '아트설교연구원의 아트설교아카데미'에서는 은유를 두 가지에 사용한다. 하나는 설교의 '적용'이다. 다른 하나는 낯선 개념을 활용하는 '개념으로 글쓰기'다.

은유는 의미를 새롭게 한다

은유가 이미지 시대에 더 가치를 발휘하는 이유는 은유를 사용하면 의미가 새로워지기 때문이다. 보이지 않던 의미가 새롭게 발견된다. 소설가 워커 퍼시는 은유를 사용하면 "둘을 하나로 연결시켜 놓고 보면 그 전까지는 보이지 않던 의미가 새롭게 발견된다"고 말한다.

은유는 보조개념 즉, 다른 개념을 만든다. 그리고 또 다른 개념과 연결한다. 다른 개념과 연결하면 새로운 것이 나온다. 워렌 W 위어스비는 이렇게 말한다. "예수님께서 제자들에게 '너희는 세상의 소금'이라 말씀하실 때, 소금과 제자를 하나로 연결시키신 것이다. 이후 주님을 믿는 사람들이 줄곧 이 은유를 통해 자라고 열매 맺을 씨를 심으신 것이다. 그런데 알다시피 예수님께서는 '너희는 세상의 소금'이라는 말씀 뒤에 '너희는 세상의 빛'이라는 말씀도 덧붙이셨다. 이로써 삼각관계가 형성된다. 즉 그리스도인들은 소금과도 같고 빛과도 같다. 동시에 소금과 빛 사이에도 새로운 의미 관계가 생긴 것이다. 이래서 은유는 '참으로 이상한 것이다.'"[241]

은유를 사용하면 전혀 새로운 것이 되어 나온다. 워렌 W 위어스비는 "은유는 참으로 이상하다"고 말한다. 소금과 빛 사이에도 새로운 의미 관계가 만들어지기에 그렇다.

설교에서 의미가 새롭게 된다는 것은 생각하지 못한 새로운 개념이 만들어졌다는 것이다. 동시에 설교가 새롭고 신선하게 보인다는 것이다. 은유를 사용함으로 설교가 새로워져 새롭고 신선하게 보인다는 것은 청중이 설교를 보았음이다. "은유란 얼핏 서로 무관한 두 사물을 '말을 통해 운반하여' 결합시킴으로써 전혀 새로운 어떤 것을 창조하는 기능을 말한다."[242]

은유는 얼핏 서로 무관한 두 사물을 새롭게 결합시킨다. 결합은 결합으로 그치지 않고 새로운 시각을 갖게 해준다. 워렌 W 위어스비는 이런 말도 덧붙인다.

"이사야가 '모든 육체는 풀과 같고…!' 하며 탄식했을 때, 그는 은유를 써서 듣는 자들이 사람과 풀 사이에 어떤 연관성을 생각하게끔 만들고 있는 것이다. 예수님께서 '하나님의 말씀은 씨앗'이라 하셨을 때도 역시 은유적으로 말씀하신 것이다. 듣는 사람들은 이미 씨앗이 뭐라는 걸 안다. 하지만 그것을 하나님의 말씀과 연결시킬 수 있다는 사실을 안 사람은 그 가운데 몇이나 됐을까? 이렇게 은유적 언어를 씀으로써 사람들이 귀로 들은 것을 눈으로 떠올려 보게 하며 새롭게 진리를 볼 수 있도록 돕는 것이다."

'씨앗'을 은유적으로 표현했을 뿐인데 청중으로 하여금 귀로 들은 것을 눈으로 떠올려 하나님과 연결시켜 진리를 볼 수 있게 한다는 사실이 놀랍다.

설교에서 은유적 표현을 사용하면 의미가 새롭게 만들어진다.

청중은 새로운 의미에 관심을 갖게 되며, 새로운 것에 빠져 결국 설교에 압도당한다.

은유적 표현은 시적이라 청중의 마음에 자신도 모르게 다가간다. 마음만 아니라 눈도 가고 심지어 손도 간다.

은유는 마음이 가는 시적 표현이라 쓰이는 곳이 많다. '연애할 때, 웃길 때, 감정을 드러낼 때, 주장을 할 때 등이다. 즉 코미디 방송, 연애소설, 정치담화, 브랜딩과 마케팅 현장에 은유가 넘쳐난다. 은유를 통해 의미를 새롭게 만들고 유포하는 핵심 장치가 된다.'[243]

은유는 의미를 새롭게 만든다. 같은 말만 반복되는 설교 현장에서 새로운 것으로 드러나는 은유는 청중이 설교를 새로운 눈으로 바라보게 하는 기폭제가 된다.

은유는 보이게 한다

은유는 그게 무엇이든지 선명하게 보이게 한다. 은유는 새롭고 낯설게 보이게 한다. 선명하게, 새롭게, 낯설게 보이게 하는 은유는 보이는 시각 정보다.

이미지 시대의 설교에는 은유가 핵심적인 위치를 차지해야 한다. 동시에 은유의 한 작품이어야 한다. 데이비드 버트릭은 "설교란 피할 수 없는 은유의 한 작품"이라고 했다. 설교가 은유의 한 작품이 되면 청중에게 그 설교는 한눈에 보여진다.

설교자는 은유 사용으로 생생한 이미지 설교를 해야 한다. 은유를 사용해 신학적 의미를 삶의 이미지로 변환해 생생한 이미지를 그려내야 한다. 데이비드 버트릭은 "신학적 의미는 생활에서 끌어온 이미지를 통해서 구현되어야 한다"고 했다. 그렇다. 설교는 신학적, 성경적 의미를 삶의 이미지로 청중에게 전달하는 일련의 과정이다.

청중의 삶까지 파고들게 하는 이미지화에 은유가 최적이다. 은유를 사용해 청중에게 전달하면 성경의 의미가 와닿는다. 그리고 성경이 청중의 삶에 와닿는다. '은유를 사용하면 의미가 와닿는다. 의미를 와닿게 하므로 성경은 은유와 이미지로 가득 차 있다.'[244] 은유를 사용하면 성경이 와닿는다. "아, 이 성경 말씀이 나에게 말을 걸어오는구나! 오늘 나에게 직접 관련이 있는 말씀이로구나!"[245] 라고 고백하게 한다.

은유를 사용하면 성경이 와닿아 성경이 보인다. 희미한 것이 선명하게 보인다. 신선하지 않던 것이 신선하게 보인다.

설교자는 이미지 시대에 최적의 설교 글쓰기인 은유 사용에 앞장서야 한다. 은유 사용에 머물지 않고 은유 사용의 거장이 돼야 한다. 거장이 되는 길은 단순하다. 은유와 시간을 많이 보내면 된다. 좋은 작가는 은유와 많은 시간을 보낸다. 탁월한 설교자도 은유와 시간을 많이 보낸다. 그러면 은유 표현이 일상이 된다.

우리가 늘 들었던 은유가 좋은 것은 내 마음에 와닿았기에 그렇다. "'내 마음은 호수요', '내 마음은 촛불이요', '내 마음은 나그네요', '내 마음은 낙엽이요'"[246]는 마음에 와닿는다. 이처럼 은유는 일상에서 사용한다.

'맛있는 건 제로 칼로리', '물은 셀프', '아는 것이 힘이다' 등의 은유가 일상에서 널리 사용되고 있다.[247] 은유를 사용하면 청중마음이 은유 안에 녹아든다.

김동명 시인의 <내 마음은 호수요>를 보면 "'내 마음'은 '호수', '촛불', '나그네', '낙엽'으로 대치된다. 이처럼 새로운 관념과 밀착 관계를 만드는 방식이 은유다."[248] 은유를 사용하면 '사랑'을 '여행'으로 표현한다. '여행자는 연인이고 차량은 사랑 관계이고 목적지는 상술되어 있지 않으며, 여행에서는 어떤 장애물이 존재하는데, 그런 장애물은 사랑 관계에서 발생하는 문제로 사상된다.'[249]

은유는 광고에서 많이 사용한다. 자동차 BMW 광고 중에는 표범이 달리는 장면 다음에 경쾌한 음악과 함께 BMW 스포츠카가 등장한다. 이는 BMW 스포츠카는 표범이 되어 질주하는 은유적 의미를 함축한 것이다..

명문대생을 사칭한 사기꾼들이 넘친다는 TV 보도 중에 서울대학교 정문이 나타난다. 그럼 '서울대는 곧 명문대'라는 시각적 은유가 자연스럽게 전달된다.[250]

은유가 설교에서, 일상에서, 광고에서, 정치에서, 마케팅에서,

시각 정보로도 활용된다. 이로써 『은유와 영상도식』에서 M. 산드라 페냐가 한 말처럼 "은유는 우리의 길을 안내해 주는 하나의 주요한 수단으로 간주된다"[251]고 할 수 있다. 은유를 사용하면 무엇을 말하는지 보이기 때문이다.

은유는 보이게 한다. 그것도 새롭고 낯설게 보이게 한다. 의미를 새롭게 더 잘 만들어 보이게 한다. 그뿐 아니라 은유는 뭔가 느껴지게 한다. 워렌 W 위어스비는 생생하고 살아있는 은유는 뭔가를 느껴지게 한다며, "뭐가 보인가! 뭐가 느껴진다! 뭔가 알겠다!' 하는 기분이 들게 한다"[252]고 표현한다.

은유를 사용하지 않는 설교와 은유를 사용한 설교의 청중 반응은 확연히 차이가 난다. 은유의 느껴지게 하는 효과 때문이다.

『네루다의 우편배달부』로 본 은유의 힘

칠레의 작가인 안토니오 스카르메타의 대표 소설은 『네루다의 우편배달부』다. 이 소설은 1994년 이탈리아에서 '일 포스티노'(Il Postino)라는 영화로 만들어졌는데, 소설보다 영화로 더 유명하다. 이 소설은 안토니오 스카르메타가 신문사에서 문화 담당 기자로 일할 당시, 이슬라 네그라 해안에 거주하는 시인 파블로 네루다를 인터뷰하면서 마리오를 주인공으로 쓴 것이다.

주인공 우편배달부 마리오 히메네스는 시인 네루다 한 사람만을 위한 우편배달부다. 마리오는 네루다로부터 '메타포(은유)'라는 말을 처음 듣는다. 네루다는 메타포를 이렇게 정의한다. "한 사물을 다른 사물과 비교하면서 말하는 방법이지." [253] 마리오가 메타포에 관심을 갖고 묻자, 네루다는 메타포의 한 예를 든다. "하늘이 울고 있다고 말하면 무슨 뜻일까?" 그러자 마리오는 "비가 온다는 거잖아요"라고 답한다. [254]

은유를 알게 된 마리오는 은유를 사용하게 된다. 그가 은유의 힘을 발휘하게 된 것은 마리오가 사랑하는 여자 베아트리스를 만난 뒤부터다. 베아트리스의 엄마인 로사 부인은 딸이 마리오를 만나는 것을 탐탁해하지 않았다. 로사 부인은 마리오를 사위로 맞기를 주저한다. 로사 부인이 반대하는 데는 이유가 있다. 로사 부인은 마리오를 이렇게 평가한다. "가진 것이라곤 알량한 무좀균뿐인 작자 때문에 말입니다. 발은 병균으로 득실거리는 주제에 주둥아리만 살아서 나불대죠." [255] 이처럼 평가가 최악이니 자기 딸과의 결혼을 승낙하지 않으려 한다. 이에 그치지 않고 로사 부인은 네루다를 협박해 그 말을 마리오에게 전해 달라고 부탁까지 한다. "오늘부터 평생 딸 앞에 얼씬도 말라고요. 또 전해 주세요. 한 번만 더 얼씬거리면 내가 직접 두 눈알을 뽑아버릴 거라고요. 그 뻔뻔스러운 우체부 미하일 스트로고프가 겪은 것처럼 말입니다." [256]

로사 부인은 딸 베아트리스에게 마리오를 어떻게 만났는지 추궁한다. 그 추궁에 베아트리스는 '메타포' 이야기를 한다. 베아트리스는 엄마에게 마리오의 메타포, 즉 "가슴 가리개 안에서 불길을 사르고 있었다고요?" [257]를 소개하며 사랑에 빠졌음을 고백한다. 그러면서 베아트리스는 마리오가 한 메타포를 이렇게 평가한다. "마리오가 해준 말은 허공에서 사라지지 않았어요. 저는 외우고 있을 뿐만 아니라 일할 때도 그 생각을 할 거예요." [258] 마리오가 베아트리스에게 한 메타포는 이렇다. '제 미소가 얼굴에 나비처럼 번진대요', '제 웃음이 한 떨기 장미이고 영글어 터진 창이고 부서지는 물이래요. 홀연 일어나는 은빛 파도라고도 그랬고요.' [259]

마리오의 메타포로 인해 베아트리스는 엄마인 로사 부인의 결사반대도 마리오를 꺾지 못할 사랑으로 여긴다. 로사 부인의 강한 반대에도 불구하고 마리오와 베아트리스는 메타포로 맺어진 인연으로 결혼에 골인하는 것으로 소설은 마무리된다.

둘의 결혼 골인은 메타포의 힘이 어느 정도인지 보여준다. 메타포는 마리오의 열악한 생활 수준, 부모의 극심한 반대를 뚫을 수 있을 만큼 강렬하다.

『네루다의 우편배달부』는 은유로 가득 차 있고, 은유가 무엇인지, 그리고 은유의 힘을 보여준다. 안도현은 이 소설의 은유에 대해 이렇게 말한다. "세계적인 시인 파블로 네루다와 순정한 시골 청년 마리오의 만남도 은유고, 그들의 대화도 은유고, 우편배달부가 된 마리오가 시를 읽고 쓰며 사랑과 세상에 눈뜨는 과정도 은유고, 밤하늘에 빛나는 별빛을 녹음하는 어처구니없는 장면도 뛰

어난 은유다. 자본주의 대 사회주의의 이념적인 갈등도 은유 속에 부드럽게 용해되어 있다." [260]

김용규, 김유림은 마리오에게서 표현된 은유의 결과를 이렇게 결론짓는다. 첫째, 마리오는 은유를 통해 아름다운 여인을 얻었다. 우체국장 코스메의 증언에 의하면, 마리오라는 놈팽이가 은유 몇 마디로 결혼에 골인하기까지 겨우 두 달밖에 걸리지 않았다. 둘째, 삶과 자연의 아름다움을 깨달아 시인이 되었다. 셋째, 세상을 보는 눈을 갖게 되어 참세상을 만들어 가려는 꿈을 갖게 되었다. 한마디로 그는 삶에서 소중한 것들을 모두 은유를 통해 얻었고 전혀 새로운 사람으로 다시 태어났다. [261]

『네루다의 우편배달부』는 한마디로 은유가 지닌 마술과 같은 기능과 은유의 힘은 마술처럼 정말 세다는 것을 보여주는 소설이다.

예수님처럼
비유를 사용하라

왜 예수님처럼 비유를 사용해야 하는가?

설교자는 예수님처럼 비유를 사용해야 한다. 예수님의 비유는 하나님과 청중을 강력하고 친근하게 연결한다.

비유는 자기 생각을 전달하는 데 최상의 도구다. 스티브 잡스도 비유를 통해 자기 생각을 전달하는 데 능했다. 미국 TV 프로그램 '60분'에서 사업에 관련된 질문을 받았을 때 잡스는 이렇게 답했다.

"제 비즈니스 모델은 비틀스입니다. 비틀스 멤버 4명은 서로의 부정적인 성향을 상쇄해 주었지요. 그 넷은 서로 균형을 맞췄고, 함께 모여서 시너지 효과를 냈습니다. 이처럼 훌륭한 사업 성과는 한 사람에 의해 이루어지지 않고, 모두의 노력에 의해 이루어집니다."

많은 사람이 애플의 성공 원인으로 잡스의 천재적 감각과 노력을 꼽는다. 하지만 잡스는 사업의 성공 요인을 자신에게 집중하는 견해에 거부감을 보인다. 전설적인 록 밴드인 비틀스에 비유하며 많은 사람의 창의성과 협력이 만들어낸 결과임을 강조한다. 비틀스는 존 레넌, 폴 매카트니, 조지 해리슨, 링고 스타가 협력하고 조화를 이루었기에 뛰어난 음악성과 대중성으로 세계적인 인기를 얻을 수 있었다. 멤버 대부분이 뛰어난 작곡가이며 유능한 가수였다. 이들의 능력이 서로의 한계를 보완하고 상승 작용을 일으키면서 성과로 이어졌다. 비틀스에 비유함으로써 애플의 성공이 사업 파트너들의 협동과 분업이 이루어낸 결과라는 점을 효과적으로 전달한다.[262]

　　스티브 잡스는 예수님처럼 비유의 강력함을 알았다. 예수님의 비유는 두 가지 역할을 한다. 첫째는 청중과 연결하는 다리다. 하늘의 언어를 땅의 사람이 알아듣도록 하는 다리다. 둘째는 청중의 감성을 자극한다. 청중은 논리적이다. 동시에 감성적이다. 논리는 이해로는 다가오지만 변화로까지 끌고 가지 못한다. 감정은 다르다. 청중은 논리에 따라 움직이지 않고 감성에 따라 움직인다.

　　예수님의 비유는 청중의 감성 자극을 통해 청중과 연결한다. 연결되면 청중은 말씀에 설득당하고, 압도당한다. 하나님의 말씀이 청중의 뇌리에 오래 박혀 있게 한다.

　　예수님은 비유로 하나님과 청중을 연관 지으셨다. 워렌 W 위어스비는 『상상이 담긴 설교』에서 '비유가 성공적으로 발생하려면 '연관 짓기'여야 하는데, 최소한 다리가 세 개는 있어야 한다'[263]고 전제한다.

첫 번째 다리는 현대 독자와 고대의 책 사이를 이어 주는 다리다. 청중이 비유를 듣고 비유가 전달하는 그림을 떠올리면서 '아, 이 성경 말씀이 나에게 말을 걸어오는구나! 오늘 나에게 직접 관련이 있는 말씀이로구나!'라고 느껴야 한다. 이미지로 전달했을 때의 유익은 성경의 세계를 오늘날과 똑같은 인간 현실 세계로 시간과 공간을 초월해 진리를 전할 수 있다는 것이다.

두 번째 다리는 과거와 현재를 이어 주는 다리다. 비유는 청중의 과거와 현재를 연결한다. 즉, 과거 경험을 오늘 새롭게 변화시킬 가능성과 접목시켜 청중으로 새 희망과 용기로 살게 해 준다. 사람들이 자기가 살아온 인생을 설명하는 방식을 들어보면 대부분 은유다. "자네 요즘 어때? 잘 싸워 이기고 있나?" 등의 인사가 그렇다.

세 번째 다리는 듣는 청중의 머리와 가슴을 연결해 주는 다리다. 좋은 은유는 사람에게 설교가 보이게 하므로 충격파를 던진다.

비유는 세 개 다리로 연관 짓기를 한다. 연관 짓기를 하면 비유의 표현이 된다. 비유로 표현되면 청중의 머리에 메시지가 각인된다. '비유의 표현을 넣으면 청중의 머리에 메시지를 더욱 각인시킬 수 있다.'[264]

비유는 청중의 머리에 메시지를 각인시켜 충격을 준다. 샐리 맥페이그는 "좋은 비유란 듣는 청중에게 충격을 주어 기존의 생각을 뒤흔들고 긴장시키는 혁명적인 것이다"라고 하였다.

비유는 기존의 생각을 뒤흔들고 긴장시키는 혁명적인 방법이다. 그렇다면 설교자는 기필코 비유를 사용해야 한다. 예수님이 비유가 아니면 말씀하지 않으신 것처럼 비유가 아니면 설교하지 않아야 한다.

설교자는 성경을 주해해 설교한다. 그 설교에 청중의 변화는 쉽게 일어나지 않는다. 성경 주해 설명은 마땅히 들어야 한다. 하지만 설명은 잔소리로 들릴 때가 많다. 잔소리는 사람을 변화시키지 못한다.

중학교 때, 아버지께로부터 한 달에 한 번 정도 훈계 말씀을 들었다. 훈계를 받을 때마다 들었던 생각은 '그 상황을 어떻게 벗어날 수 있나? 언제쯤 끝마치려나?' 등이다. 아버지께서 큰아들에게 표현하고 싶은 사랑의 시간은 아버지의 지식과 경험을 총동원한 주옥같은 말씀으로 채워졌다. 하지만 하나도 귀에 들어오지 않았다. 필자는 그저 잔소리로 여겼을 뿐이다.

아내가 잔소리를 한다. 30년 넘게 잔소리하고 있지만 필자의 변화는 거의 없다. 필자 역시 '아트설교연구원' 회원들에게 잔소리하지만 변화가 거의 없다.

설교자의 설명이 잔소리로 들릴 수 있다는 것을 기억해야 한다.

잔소리로 변화되는 청중은 없다. 오히려 반항심만 커진다.

설교에서 설명의 영향이 전혀 없는 것은 아니다. 설명은 청중의 고개를 끄덕이게 한다. 즉, 이해가 되게 한다. 하지만 행동까지 연결되지 않는다. 유영만은 『폼 잡지 말고 플랫폼 잡아라!』에서 이렇게 말한다. "설명은 머리를 끄덕이지만 설득하면 행동한다."[265] 설교자는 예수님처럼 설명이 아니라 비유로 설득해야 한다. 비유를 사용하면 청중은 충격을 받는다. 그 설교의 충격으로 기존의 생각이 뒤흔들린다. 청중의 마지막 행동은 예수님의 제자로 살겠다는 헌신이다.

성경에는 비유 사용이 많다

성경은 비유를 여러 곳에서 사용한다. 비유를 사용하는 이유는 비유가 청중의 변화를 가져오기 때문이다. 성경에 비유의 힘을 입증한 중요한 사건이 있다. 나단이 다윗의 죄를 깨우치기 위해 그에게 들려준 비유다.[266] 사무엘하 12장 1-4절이다.

'여호와께서 나단을 다윗에게 보내시니 그가 다윗에게 가서 그에게 이르되 한 성읍에 두 사람이 있는데 한 사람은 부하고 한 사람은 가난하니 부한 사람은 양과 소가 심히 많으나 가난한 사람은 아무것도 없고 자기가 사서 기르는 작은 암양 새끼 한 마리뿐이라 그 암양 새끼는 그와 그의 자식과 함께 자라며 그가 먹는 것을 먹으며 그의 잔으로 마시며 그의 품에 누우므로 그에게는 딸처럼 되었거늘 어떤 행인이 그 부자에게 오매 부자가 자기에게 온 행인을 위하여 자기의 양과 소를 아껴 잡지 아니하고 가난한 사람의 양새끼를 빼앗아다가 자기에게 온 사람을 위하여 잡았나이다 하니.'

이 비유는 다윗과 우리아의 관계를 잘 대변한다. 다윗을 양과 소가 심히 많은 부자로 비유하고, 우리아를 아무것도 없고 오직 작은 암양 새끼 한 마리만 사서 키우는 가난한 자로 비유한다. 우리아가 자신의 아내 밧세바를 얼마나 사랑하는가를 가난한 자가 작은 암양 새끼를 사랑하는 모습을 통해 보여준다. '그 암양 새끼는 그와 그의 자식과 함께 자라며 그가 먹는 것을 먹으며 그의 잔으로 마시며 그의 품에 누우므로 그에게는 딸처럼 되었거늘'(삼하 12:3).

이 비유를 듣고 있던 다윗의 마음을 뒤집어 놓은 것은, 이 부자가 양과 소가 심히 많음에도 불구하고 자기에게 손님이 찾아오자, 이 가난한 자가 그렇게 애지중지 사랑하는 새끼 양을 빼앗아다가 손님을 위해 잡아 주었다는 대목이다. 다윗은 이 부자가 자신을 비유하고 있음을 깨닫지 못하고 심지어 이렇게 외치기까지 한다. "이 일을 행한 그 사람은 마땅히 죽을 자라"(삼하 12:5).

다윗의 말도 안 되는 말을 들은 나단은 이렇게 말한다. "당신이 그 사람이라"(삼하 12:7). 다윗의 허를 찌른 것이다. 이에 다윗은 회개의 무릎을 꿇는다. 얼마나 멋있는 비유인가! 이처럼 비유를 통해 드러나는 힘은 우리가 생각하는 것 그 이상이다.

성경의 저자인 예수님은 비유 사용에 대가였다. KBS 아나운서이자 휴먼커뮤니케이션 1호 박사인 김은성은 그의 책 『마음을 사로잡는 파워스피치』에서 예수님의 설교 특징을 이렇게 말한다. "예수님은 풍부한 비유를 사용하여 자신의 생각을 효과적으로 전달하는 데도 탁월했다. 누구나 인정하고 누구도 부인할 수 없는 비유법의 달인이 예수님이셨다."

예수님이 비유의 달인이었다면, 설교자는 예수님처럼 비유의 대가여야 한다. 비유란 수사학에서 화자가 표현하고자 하는 관념을 다른 대상에 빗대어 나타내는 기술이다. 이 기술로 예수님은 효과적으로 진리를 전달했다. '성경이 많은 은유와 이미지로 가득한 이유도 시간과 공간을 초월해서 모든 사람에게 유효한 진리를 전달하는 데 그보다 좋은 방법이 없기 때문이다.'[267]

비유가 청중에게 진리 전달에 좋은 방법인 것은 인물의 감정을 전달하는 효과적인 방법이기에 그렇다. '은유나 직유 같은 수사적 표현 또한 인물의 감정을 전달하는 효과적인 방법이다.'[268]

비유가 대상, 시간, 공간을 초월해 강력한 효과를 나타내기에 예수님은 비유를 가장 잘 사용했다. '무엇보다 이 책에서 인용하는 설교자 가운데 그림 언어(이미지)와 대구법(예수님의 비유법)을 가장 탁월하게 사용한 분이 예수님이라는 사실에 주목할 필요가 있다. 주님께서 사용한 설교 기법을 누가 감히 사용할 수 없다고

말하겠는가?'[269]

　예수님은 비유를 탁월하게 사용했다. 경전은 비유로 넘쳐난다. 고전은 비유로 넘쳐난다. 설교자도 최대한 비유를 사용해야 한다. 비유 사용으로 청중으로부터 외면받고 있는 설교를 청중으로부터 환영받을 수 있도록 만들어야 한다.

경전과 고전은 비유를 사용한다

성경, 불경, 논어, 장자 등의 경전과 고전은 비유 사용의 보물창고다. 시인 김혜순은 『김혜순의 말』에서 '마치 성경에 등장하는 신의 비유들처럼 말입니다'[270]라고 썼다.

　"경전은 『불경』이든 『논어』든 『장자』든 『성경』이든 대부분 은유적 스토리텔링의 보물창고다. 대중이 경전에 관심을 갖도록 필요할 때마다 은유적 표현, 흥미로운 이야기로 교훈했다. 세간에서는 흔히 '성인들은 비유를 통해 가르치셨다'라고 하지만, 우리는 이때 말하는 비유가 수사법의 하나인 비유법을 뜻하는 것이라고 오해해서는 안 된다. 그것은 우화와 마찬가지로 은유적 스토리텔링의 한 유형을 가리키는 말이다."[271]

　먼저 공자를 보자. 공자는 『논어』 곳곳에서 비유를 통한 설명에 적극적이다. 예를 들어 〈공야장〉에서 공자는 낮잠을 즐기는 제자 재여를 크게 나무란다. "'썩은 나무로는 조각을 할 수가 없고, 더

러운 흙으로 친 담은 흙손으로 다듬을 수 없다. 여에게 무엇을 책하겠는가!' 공자가 보기에 낮잠은 나태한 행위일 뿐이다. 낮잠을 자는 제자를 가혹할 정도로 몰아세운다. 낮잠, 즉 게으름을 피우는 자는 아무짝에도 쓸모없는 썩은 나무이고 더러운 흙에 불과하다. 게으른 자는 이미 망가질 대로 망가진 사람이니 더 바랄 것도 없다. 그러니 이제 뭐라 할 말도 없다. 낮잠을 즐기던 그 제자를 본 후에 말이 아니라 행실을 보고 사람을 대하게 되었다고 한다. 제대로 된 사람인지 판단할 때 게으름 여부를 기준으로 삼았다."[272]

공자는 계속 가르침을 주어도 계강자가 알아듣지 못하자, 직접적으로 말하는 것보다 비유로 말하는 것이 더 효과적이라고 생각해 이렇게 비유를 들었다. 그는 위정자를 바람에, 백성을 풀에 비유했다. 풀이 혼자 힘으로 누울 수 없고 바람이 부는 방향으로 눕듯이, 위정자가 백성이 바르지 못한 것을 탓하기 전에 먼저 자신이 어떤 방향으로 불고 있는지를 생각하라는 것이다.[273]

다음으로 장자다. 장자 역시 비유를 통한 설명에 둘째가라면 서러워할 정도다. 『장자』 외편의 <천도>에서, 책에 의존하는 지식 중심의 공부를 수레를 깎는 목수의 작업에 비유하며 비판한다.

"'수레바퀴를 깎을 때 지나치면 헐렁해서 꼭 끼이지 못하고 모자라면 빡빡해서 들어가지 않습니다. 지나치지도 않고 모자라지도 않는 것은 손에 익숙하여 마음에 응하는 것이라, 입으로는 표현할 수가 없습니다. (…) 옛날의 성인도 마찬가지로 깨달은 바를

전하지 못하고 죽었을 것입니다. 그러니 대왕께서 읽으시는 것도 옛사람의 찌꺼기일 뿐입니다.'

책에 담긴 옛 성인의 말은 '옛사람의 찌꺼기'일 뿐이다. 수레바퀴를 깎는 요령조차도 자식에게 말로는 표현할 수가 없기에 그렇다. 수레바퀴를 더도 덜도 아니게 안성맞춤으로 깎을 수 있는 것은 오직 오랜 작업 경험으로 터득한, 손에 익숙하게 남은 감각과 이를 기억하는 마음 덕택이다. 수레바퀴뿐 아니라 인간이 지닌 모든 기술이 그러하다. 자기 손으로 직접 작업하는 것도 가장 가까운 자식에게조차 말로 전수할 수 없는데, 하물며 성인의 말씀은 어떻겠느냐는 것이다."[274]

공자나 장자도 어려운 고전을 쉽게 이해시키고 설득하기 위해 비유를 사용했다. 특히 장자는 비유를 누구보다 많이 사용했다. 장자만큼 비유를 즐기고 강력한 효과를 발휘한 사상가가 없다.

예수님의 비유는 이미지보다 그 효과가 강력하다

이미지 글쓰기를 하려면 비유 사용에 적극적이어야 한다. 이미지 글을 쓰려고 하면 비유를 제외하면 안 된다. 비유를 적극적으로 사용해야 한다. 비유는 이미지보다 더 강력하다.

질문해 보려고 한다. 비유와 이미지 중 어떤 것이 더 강력한가? 이미지가 더 강력하다고 생각할 것이다. 반대로 예수님의 비유는 이미지보다 더 효과가 강력하다. 비유는 이미지를 만든다. '이미지가 메시지다'[275] 라는 말에서 알 수 있듯이 이미지를 만들어야 한다. 강력한 이미지를 만들려면 비유를 사용해야 한다.

예수님께서 비유로 메시지를 전했다. 비유가 이미지인 것을 아셨기 때문이다. 설교자도 예수님처럼 비유로 이미지를 만들어야 한다. 이미지가 메시지이기 때문이다. 비유는 청중의 삶에 이미지를 만들어 준다. 그 비유로 만들어진 이미지가 청중의 삶을 변화시킨다. '비유는 청중의 마음속에 이미지를 만들어 주기 때문에 쉽게 이해할 수 있고, 마음에 잘 와닿는다. 그리고 마침내 삶의 변화로 나아가게 한다.'[276]

예수님은 말씀으로 사람을 변화시켰고, 세상을 바꾸셨다. 비유의 말씀이었기에 가능했다. 비유는 변화만 일으키지 않고 역사까지 일군다. 위어스비는 "역사를 일구는 가장 큰 힘이 뭐냐? 이에 대해 나는 비유, 즉 형상을 그리는 그림의 표현이라고 대답하겠다"[277]라고까지 한다. 비유가 역사를 일군다면 설교자는 비유 사용에 적극적이어야 한다.

반드시 비유를 사용해야 하는 이유 한 가지가 더 있다. 비유는 이미지보다 더 오랫동안 기억을 이끌기 때문이다. 유영만은 『폼 잡지 말고 플랫폼 잡아라!』에서 비유의 강력함을 이렇게 말한다. "이미지보다 더 오랫동안 기억되는 게 있다. 바로 비유다. 사물이나 현상의 본질적 속성을 적절히 대변하는 비유는 사진 1,000장보다 더 힘이 강하다. 복잡하고 어려운 개념도 적절한 비유를 활용하면 아주 쉽게 사람들을 이해시키는 무기가 된다. 장황한 논리적 설명보다 촌철살인의 감성적 비유가 사람들을 끌어당긴다. 비교는 좌뇌의 논리가 필요하고, 비유는 우뇌의 직관이나 상상력을 필요로 한다." [278] 비유는 이미지 사진 1,000장보다 더 힘이 강하다. 복잡하고 어려운 개념도 적절한 비유를 활용하면 아주 쉽게 사람들을 이해시킬 수 있다.

유영만은 주철환의 『청춘』에 나오는 글을 통해 이미지 글의 힘을 이렇게 표현한다 '비교는 비극으로 가는 길이고, 비유는 비전으로 가는 길이다.' 비유가 비전으로 가는 길을 제시한다면, 비유 사용은 당연하다.

사람은 단어보다 이미지로 잘 기억한다. "이미지 한 장은 단어 1,000개보다 더 힘이 세다고 한다. 사람은 뭔가를 기억할 때 단어로 기억하는 대신 이미지로 더 잘 기억한다. 어머니의 모습을 떠올릴 때, 어머니가 자신에게 베푼 사랑이 어떤 모습으로 추억되는지 이미지로 먼저 떠올린 다음, 그 이미지를 적절히 표현할 수 있는 개념을 찾아 기억한다." [279]

이미지 한 장이 단어 1,000개보다 더 힘이 세다. 비유는 사진 1,000장보다 더 힘이 강하다. 결국 단어보다는 이미지, 이미지보다는 비유가 힘이 강하기에 비유를 사용해야 한다.

대부분의 설교자는 단어 설명에 머문다. 단어만 사용하면 청중의 마음을 끌어당기거나 청중의 삶을 변화시킬 수 없다. 설교자가 할 일은 단어 설명보다는 이미지 글을 쓰는 것이다. 더 나아가 설교자는 이미지 글보다는 비유를 써야 한다. 설교자는 청중이 변화되지 않는다고 불평만 할 것이 아니라 비유를 쓰지 못한 것에 한탄해야 한다.

예수님의 비유, 일반 작가로부터 배워라

이미지를 설교에 활용하려면 이미지 글쓰기를 배워야 한다. 신학교나 목회 현장에서는 배울 데가 없다. 필자는 신학교에서나 신학교를 졸업한 뒤 설교 글을 예수님의 비유로 써야 한다는 말을 들은 적이 없다. 비유 글의 중요성을 작가로부터 배웠다. 샘 혼은 『사람들은 왜 그 한마디에 꽂히는가』에서 청중의 필요를 만족시키는 방법에는 세 가지가 있다고 한다.

첫째, 비유적인 이야기다. 이는 짧고 간단하면서도 상당한 영향력이 있다. 청중이 많을 때 좋은 방법으로 예수께서 사용하신 이야기 방법이다.

둘째, 촉매제가 되는 이야기다. 이는 구체적인 이야기로 시사점을 던져 주어 청중에게 반향을 불러일으키는 방법이다.

셋째, 재미있는 이야기다. 가장 흔히 이야기라고 하는데, 인물 묘사가 풍부하고 대개 우스운 내용이 많으며 개인이나 조직의 특성을 구체적으로 담아낸다. 이 방법은 긍정적인 느낌을 준다. 또한 인상 깊은 장면을 순간적으로 포착하게 한다.

샘 혼은 이 세 가지 방법을 모두 사용하길 권한다. 하지만 그중 한 가지를 선택하라면 셋 중 예수님의 비유라고 말한다. 그녀가 예수님의 비유를 선택하라고 한 것은 청중이 많을 때 가장 좋은 방법이 예수님의 비유이기에 그렇다. 즉 대중 설교에 적합한 것이 비유다.

비유는 사전지식이나 정보가 없는 상태에서도 쉽게 이해되게 한다. 설교를 듣는 청중이 설교의 사전지식이 있는 채로 교회에 오지 않는다. 주일날 예배에 참석하면서 설교 본문, 설교 제목 등을 알게 된다. 이처럼 비유는 정보가 없는 상태에서 청중에게 쉽고 친숙하게 다가가도록 도와준다.

30년간 글을 쓴 시나리오 작가 유선경은 『어른의 어휘력』에서 비유와 은유인 메타포에 대해 이렇게 말한다. "사람이 나누는 대화의 상당 부분이 메타포. '그녀를 처음으로 본 순간 종소리가 들렸어', '둘이 먹다 하나 죽어도 모른다', '내 눈에 흙이 들어가기 전엔 절대 안 돼.' 비유의 목적은 사전지식이나 정보가 없는 상태에서도 쉽게 이해할 수 있도록 하는 데 있고, 그래서 세계 어느 나라를 불문하고 속담은 비유가 절묘하다."

작가들은 비유를 사용하는 목적과 비유가 미치는 효과를 알고 있다. 설교자도 알아야 한다.

예수님은 일상 언어를 사용해 비유하셨다

예수님의 설교는 신학 언어가 아니라 일상 언어다. 일상의 언어를 사용해 청중과 소통하셨다. 하늘의 언어를 알아들을 수 있는 청중은 거의 없다. 땅에 사는 청중과는 땅의 언어로 소통해야 한다. 설교는 일상 언어를 사용하는 청중이 그 대상이다. 설교자도 청중의 상황을 아신 예수님처럼 일상 언어로 설교해야 한다.

설교자의 가장 큰 문제가 무엇이라고 생각하는가? 두 가지다. 첫째는 설교를 잘한다는 생각이다. 15년 동안 설교 글쓰기로 설교를 가르치면서 만난 글쓰기 기준으로 설교를 잘하는 설교자는 극소수다. 둘째는 글쓰기가 설교에 거의 필요 없다는 생각이다. 설교자들은 자신이 설교를 잘한다고 생각한다. 다른 말로 자신의 설교가 청중과의 소통에 문제가 없다고 확신한다. 그러나 청중은 설교자의 설교가 어렵다고 한다. 이것을 다른 말로 표현하면, 설교자와 청중 사이에 소통 문제가 있다는 것이다.

설교는 내용도 중요하지만 형식 역시 중요하다. 형식이 중요한 이유는 설교의 성패는 소통 여부에 달려 있기 때문이다. 아일랜드의 작가 조지 버나드 쇼가 이렇게 말했다. "나는 커뮤니케이션을 잘하고 있다'라고 착각하는 자체가 커뮤니케이션에서 가장 큰 문제다." 설교자가 설교를 잘한다고 생각하는 것, 즉 소통을 잘하고 있다고 자부하는 것 자체가 가장 큰 문제라면, 설교자의 설교와 소통 문제가 심각하다는 뜻이다.

일상 언어를 사용하는 청중은 설교가의 신학 용어를 알아들을 수 없다. 만약 성경 언어, 신학 용어로 설교하는데 청중과 소통이 잘된다면 고개를 갸우뚱할 수밖에 없다. 설교학 교수인 김진규도 '아내가 일상적인 언어로 설교 용어를 바꾸라'[280]고 했단다. 설교학 교수의 아내가 설교를 일상적인 언어로 바꾸라고 했다면 설교자는 말할 것도 없지 않은가? 설교자가 성경을 예리하게 분석해 설명해도 청중의 마음을 잡아끌지 못한다. 내용이 중요하지만 소통이 안 되면 말짱 도루묵이 아니던가?

참하나님이자 참인간이신 예수님은 소통을 중히 여겨 비유를 사용하셨다. 예수님이 소통할 때 중요하게 여긴 것은 성경이냐, 신학이냐가 아니었다. 일상 용어냐? 비유냐? 였다.

많은 설교자가 사용하는 언어는 성경 언어이거나 신학 언어다. 설교자는 예수님처럼 일상 언어를 사용해 비유로 설교해야 한다.

설교자는 의사나 법률가가 의학 언어, 법학 언어로 설명하면 알아듣는가? 전혀 못 알아듣는다. 병원에 가면 의사가 전문 의학 용어로 처방전에 쓴다. 환자는 그 뜻을 알고 싶지만 전혀 알지 못한다. 법원에 가면 검사, 판사, 변호사가 법률 용어만 사용한다. 도통 알 수 없는 외계어로 받아들인다. 설교자가 성경 언어나 신학 언어를 사용하는 것은 마치 의학 용어와 법률 용어를 사용하는 외계어와 다르지 않다.

설교자는 성경 언어, 신학 용어 사용을 최대한 자제해야 한다. 반대로 일상 언어로 비유하는 것에 적극적이어야 한다. 설교자는 할 수만 있으면 비유로 쉬운 언어를 사용해야 한다. 장정빈은 "초보자나 일반인을 설득할 때는 알기 쉬운 비유와 흥미진진한 에피소드를 섞어 말하는 편이 좋다"[281]라고 권유한다. 설교자는 청중을 초보자로 생각하고 언어를 사용해야 한다.

경희대학교 경영대학원 교수인 이동규는 『한국인의 경영코드』에서 대화하는 방식을 기준으로 사람들의 유형을 4가지 타입으로 나눈다.

첫 번째는 말도 안 되는 이야기를 기분 나쁘게 하는 유형이 있다. 이러한 사람들에게는 뭐 하나 되는 일이 있을 리 없다. 두 번째는 말도 안 되는 것을 기분 좋게 말하는 유형이다. 주로 혈액형이 아부형인 사람이다. 세 번째는 가장 많이 볼 수 있는 유형으로, 옳은 이야기를 기분 나쁘게 하는 유형이다. 고학력자나 전문가 그룹에 속해 있는 사람 중 적지 않은 수가 이 유형에 속한다. 마지막 네 번째는 옳은 이야기를 기분 좋게 하는 유형이다.

설교자들은 어디에 속하는가? 세 번째 그룹에 속해 있지는 않은가? 알아듣지 못하는 이야기를 전문 신학 용어로 어렵게 이야기하고 못 알아듣는다고 핀잔을 주는 유형은 아닌가.

많은 설교자는 자신이 어렵게 설교했다는 것을 받아들이지 않고, 도리어 청중이 진리의 말씀을 받아들일 믿음이 없다고 책망한다. 이 말을 뒤집어 생각해야 한다. 거기서부터 출발할 때 설교를 잘한다는 말을 듣는 출발점이 된다.

'한 단어' 비유

설교는 원재료가 아닌 가공된 제품이어야 한다

비유는 원재료가 아니라 가공한 제품이어야 한다. 설교는 성경을
현시대에 맞게 가공한 제품이다. 원재료가 아닌 현시대에 맞게 가
공한 제품이기에 날개 돋친 듯 팔린다.

설교란 하나님의 말씀을 효과적으로 전달하는 일련의 과정이
다. 원재료인 성경을 그대로 주면 입맛에 맞기 어렵다. 가공해서
입맛에 맞게 줘야 청중이 맛있게 먹는다.

좋은 제품으로 만들어도 전달되는 과정에 소음이 생기 듯이, 설
교도 전달 과정에서 소음이 생긴다. 소음이 생기면 전달 효과가
떨어진다. 비유는 전달 효과를 최적화한다.

설교는 1차 산업 품목이 아니다. 2차 산업 품목, 혹은 3차 산업

품목이다. 성경 주해는 1차 산업 품목인 원재료라고 할 수 있다. 설교는 주해를 상황에 맞게 해석해 나온 가공 제품이다. 4차 산업 상황에서는 좀 더 고급화된 제품이어야 한다. 일반적인 제품이 아니라 소비자가 구입하지 않을 수 없는 제품이어야 한다.

회사가 만들고 싶은 대로 만들면 안 된다. 소비자의 취향에 맞춰 소비자의 원츠(wants)를 만족시켜 주어야 한다. 이런 의미에서 비유는 청중의 원츠를 넉넉히 채워주는 4차 산업에 속한다. 일명 회사인 설교자도 청중이 좋아하고 반드시 소비하도록 만들어 전해야 한다.

설교할 때 성경을 주해한 성경 언어로 전달하는 것은 도정하지 않은 벼일 뿐이다. 정미소에서 도정하지 않은 벼는 먹을 수 없다. 벼를 쌀로 도정한 후, 밥솥에서 가열해 밥으로 만들어야 먹을 수 있다. 밥만 먹기 힘들면 반찬까지 곁들인다. 2차 산업 형태인 떡으로 만들어 팔면 수익이 크다.

농부가 옥수수를 재배한다. 옥수수를 수확한 뒤 날것으로 판매하느냐 가공해 판매하느냐에 따라 수입의 차이가 크다. 옥수수 채로 팔면 소득이 높지 않다. 옥수수를 쪄서 진공으로 포장해 판매하면 높은 소득을 올릴 수 있다. 옥수수를 수확한 상태로 팔 때 개당 400원을 받는다면, 가공 과정을 거치면 2,000원을 받을 수 있다.

아이가 자라면서 먹는 것이 달라진다. 태어나자마자 모유나 우유를 먹지만 4-6개월이 되면 이유식을 먹는다. 이유식을 먹는 시기는 분유 먹는 아기는 4개월부터, 모유 먹는 아기는 6개월부터다. 첫돌이 되면 밥을 먹는다. 만약, 밥을 먹어야 하는데 여전히 모유나 우유를 먹는다면 건강에 불균형이 생긴다. 10살짜리 아이가 여전히 모유를 먹는다고 생각해 보라. 끔찍하다.

설교는 원재료인 성경을 그대로 던져 주면 안 된다. 청중이 맛을 음미하며 맛있게 먹을 수 있도록 일주일 내내 기도하며 연구해 시대, 사람, 상황에 맞게 가공해 줘야 한다. 이때 빼놓지 말아야 할 것이 있다. 바로 예수님처럼 비유로 만들어 맛있게 먹을 수 있도록 해줘야 한다는 것이다.

예수님은 성경을 비유로 가공해 청중에게 주셨다. 설교자는 디지털 시대와 인공지능 시대에 맞게 청중의 니즈와 원츠에 맞춰 가공해 줘야 한다.

예수님의 비유를 시대에 맞게 줄 수 있도록 만든 것이 '한 단어' 비유, '두 단어' 비유다.

'한 단어' 비유 사용 방법

예수님은 설교할 때 '한 단어' 비유를 사용했다. 사용하신 한 단어는 '좁은 문', '잃은 양', '달란트', '므나', '포도원', '겨자씨', '가라지', '누룩', '진주', '종', '무화과나무', '동전', '그물', '등불', '청지기', '드라크마', '어린아이', '농부', '향유', '어린양', '생명의 떡',

'열 처녀' 등이다.

예수님은 자신도 한 단어로 설명했다. 이는 '세상의 빛'(요 8;12), '생명의 떡'(요 6:48), '포도나무'(요 15:1), '성전'(요 2:19), '부활'(요 11:25), '생명'(요 11:25), '길'(요 14:6), '진리'(요 14:6) 등의 단어다.[282]

예수께서 한 단어로 비유를 사용했다면 설교자도 한 단어 비유를 사용해야 한다. 예수님께서 2,000년 전에 사용하신 비유는 오늘날에 맞게 사용해야 한다.

21세기를 살아가는 설교자는 청중의 마음속에 이미지를 만들어 주고, 마음에 잘 와닿게 해 삶의 변화로 나오게 하도록 비유를 사용해야 한다.

설교자가 21세기 인공지능 시대에 비유를 사용하는 목적은 청중에게 들려짐을 지나 청중에게 설교가 보여지게 하기 위함이다.

창의적이고 낯섦을 선호하는 시대의 청중에게 설교자는 신선하고 낯설게 하는 비유를 활용해야 한다. 만약 비유를 활용하지 못한다면 청중은 늘 듣던 설교이므로 무반응을 보인다. 비유를 사용해 청중의 삶에 변화가 일어나게 해야 한다. 한국 사회에 교회다운 역사를 일구어 세상에 그리스도의 계절이 오게 해야 한다. 그렇다면 시대에 맞는 '한 단어 비유'는 어떻게 사용해야 하는가?

첫째, '믿음'을 예를 들면 아래와 같다.

'믿음'이란 단어 그 자체로 설명하면 안 된다. '믿음'과 전혀 관련이 없는 단어인 '벽', '문', '배의 키' 등을 사용해야 한다.

둘째, '위(up)'와 '아래(down)'를 예로 들면 아래와 같다.

김용규, 김유림은 『은유란 무엇인가』에서 '은유적 표현은 은유적 사고의 산물이다'를 설명하기 위해 레이코프 스키와 존슨의 『몸의 철학』에서 사례를 드는 '위(up)-아래(down)'라는 개념을 이렇게 말한다.

"위(up)라는 개념적 은유에서 언어적으로는 '나는 기분이 들떠 있다', '모든 일이 잘되어(looking up) 간다', '일어나라(Get up)', '그녀는 고상하다(upright)', '소득이 늘어난다(going up)'라는 식의 표현이 나왔다. 마찬가지로 아래(down)라는 개념적 은유에서 '나는 기분이 가라앉아(feeling down) 있다', '상황이 최악(all-time low)이다', '그것은 저급한 계략(low trick)이었다', '소득이 줄어든다(fall)'라는 식의 표현이 나왔다."[283]

셋째, '순종'을 예를 들면 아래와 같다.

'순종'이란 단어 그 자체로 설명하면 '순종이 제사보다 낫다', '이삭의 순종'으로 설명한다. 시대에 맞게 사용하려면 '순종이 제사보다 낫다', '이삭의 순종' 등을 사용하면 안 된다. '순종'과 전혀 관련이 없는 단어인 '신호등', '웅크림', '화룡점정' 등을 사용해야 한다.

디지털 시대와 인공지능 시대에 예수님의 비유법 사용은 원관념인 '믿음', '위(up)', '아래(down)', '순종' 그 자체로 사용하지 않고 전혀 관련성이 없는 단어를 사용해야 한다.

'한 단어'의 특징 100개를 찾아라

예수님이 사용하신 비유를 설교에 활용하려면 두 단계를 거쳐야한다. 첫째 단계는 특징(속성) 찾기다. 둘째 단계는 특징(속성)을 설교 문장으로 쓰기 단계다.

먼저 할 것은 사물 혹은 단어의 특징(속성) 찾기다. 단어(사물)의 특징(속성) 100개를 찾는다. 100개를 찾는 두 가지 목적이 있다. 하나는 오래, 그리고 깊이 생각하기 위함이다. 다른 하나는 다양한 어휘력을 길러 비유를 풍부하게 활용하기 위해서다. 단어(사물)의 특징(속성)을 통해 단어 100개를 찾으면 사고력과 어휘력이 놀랍게 향상된다.

비유는 사고력, 어휘력, 문장력, 구성력 등에서 판가름 난다. 특히 어휘력이 중요하다. 철학자 루드비히 비트겐슈타인의 말처럼 '언어의 한계는 곧 그 사람의 한계다. 어휘력이 늘면 그만큼 그의 세계도 확장된다.' 이 말을 뒷받침하는 것은 단어(사물)의 특징 찾기를 통해 가능하다. 특징은 두 가지 방법으로 찾는다. 하나는 보이는 특징(속성)이다. 다른 하나는 보이지 않는 특징(속성)이다.

첫째 단계, '이어폰' 특징(속성) 찾기

첫째 단계는 특징(속성) 찾기다. 여기서 제시하는 단어는 '이어폰'

이다. '이어폰'의 특징은 아래와 같다.

　둘이 한 쌍이다. 연결이 생명이다. 집중하게 한다. 몸값이 천차만별이다. 소확행의 즐거움을 선물한다. 몸집은 작은데 소리는 크다. 다른 것과의 단절을 동반한다. 귀는 열고, 눈은 닫게 한다. 타인을 배려한다. 꽂는 순간 타인을 외면하게 만든다. 내 목소리가 커진다. 나를 즐겁게 하나, 나를 바라보는 사람은 지겹게 한다. 주인을 편하게 하려고 꼬리까지 잘랐다. 나를 혹사시키면 주인이 벌 받는다. 알리고 싶지 않은 비밀일지라도 나는 모두 알게 해준다. 이어주고파 이어폰이라 한다. 1시간의 오케스트라 공연을 위해 23시간을 준비한다. 내가 듣고 싶은 소리만 듣게 해준다. 따분한 시간에 친구가 되어준다. 이것만 있으면 어디든 나의 도서관이 된다. 같은 공간에서 다른 생각이 가능하다. 상대방의 목소리에 집중하도록 만든다. '말 걸지 마시오'라는 무언의 표현이다. 여행의 필수품이다. 종종 챙기는 것을 까먹는다. 빌려준다는 것은 정말 소중한 사람이라는 뜻이다. 나와 같은 생각을 하도록 유도할 수 있다. 내가 무엇을 듣던 참견 받지 않는다. 이어폰은 나를 자유롭게 만든다. 소중한 물건인데 막 대한다. 나 홀로 콘서트장이 만들어진다. 같이 쓸 때는 낭만을 동반한다. 어떤 상황에도 자신 일에 최선을 다한다. 주변의 시선을 의식하는 소심한 친구다. 말 많은 수다쟁이다. 귀에 잘 매달려 있는 암벽등반 챔피언이다. 한 번 주인은 영원한 주인이다. 주인이 가는 곳이라면 어디든 따라간다. 똑같아 보여도 좌우 구분이 있다. 가끔은 귀에 꽂아두고 찾는다. 감정의 문을 여는 열쇠다. 아름다운 개인주의다. 1대1 맞춤 서비스를 한다. 청소년들의 필수품이다. 어른들에게는 분노 유발품이다. 마음이 닫히면 입도 닫힌다. 기능과 디자인은 세트 메뉴다. 끼고 다니면 폼 난다. 혼자 들으면 행복하고 같이 들으면 풍성하다. 삶의 여유를 불어넣어 준다. 누구나 가지고 있으나 누구나 쓰진 않는다. 꽂으면 고막만 흔드는 것이 아니라 존재도 흔든다. 인생의 희노애락을 들려준다. 소리만 이어주지 않고 감동도 이어준다. 음악을 올인시켜서 기쁨의 골인을 맛보게 한다. 꽂았을 뿐인데 좋은 소리로 '힘껏' 들려준다. 감정은 없으나 감정을 담아낸다. 물음표의 기분을 느낌표의 기분으로 바꿔주는 힘이 있다. 다른 이의 말을 전하는 것이 사명이다. 패션의 마침표다. 거리의 한계를 뛰어넘는다. 이어폰 길이가 길수록 여유의 길이가 길어진다. 오래 쓰면 이어폰 대신 보청기 쓰게 된다. 귀에 꽂는 순간부터 마음에도 꽂힌다. 음향이 아니라 음질이 중요하다. 집중력이 필요하다. 길동무가 되어준다. 자연스럽게 사람과 밀착한다. 제 기능 못하면 쓰레기통으로 직행한다. 사람을 차별하지 않는다. 가장 작은 소리도 놓치지 않는다. 귀에 꽂으면 다른 소리에 무관심하게 된다. 들으면서 뭐든 할 수 있다. 소리를 내지 못하면 생명 끝이다. 기계에 연결될 때마다 부활한다. 맑고 깨끗한 소리가 생명이다. 스스로 소리를 만들지는 못한다. 언제나 하염없이 주인이 꽂아주기만을 기다린다.

둘째 단계, '이어폰' 특징(속성)의 글쓰기

'이어폰'의 특징(속성)을 찾았다면 '이어폰'의 특징(속성)을 활용해 정황에 맞는 글을 써야 한다. 먼저 쓸 글은 찾은 단어(사물) 자체의 특징을 활용해 영적으로 연결된 글을 쓰는 것이다. '한 단어'인 '이어폰'의 글은 아래와 같다.

인생은 연결이다. 연결되지 못하면 고립된다. 고립되면 불행이 시작된다. 원하지 않는 방구석에서 홀로 외로운 투쟁을 해야 할 수도 있다. 고립을 좋아하는 사람은 거의 없다. 고립되는 순간 극도로 우울감이 몰려올 수도 있기 때문이다.

고립에서 탈피하게 해주는 물건이 있는데 바로 이어폰이다. 연결되는 순간 '고립'에서 '함께'로 상황이 역전된다. '불행'이 '행복'으로 탈바꿈된다. '나 혼자'에서 '공동체'로 전환된다.

삶은 연결이 중요하다. 남의 소중한 것들이 연결되는 순간 내 것은 더 소중해진다. 나와 무관한 것이 나와 유관한 것이 된다. 그 결과 소음일지라도 큰 감동으로 몰려온다.

신앙도 이어폰처럼 연결이다. 신앙은 세상이 아니라 하나님과의 연결이다. 하나님과의 연결은 차원 높은 연결이다. 그리고 사람과 연결해야 한다. 사람과의 연결은 삶을 풍요롭게 한다. 어떤 사람은 연결을 통해 이익을 추구하려 든다. 그 욕심 내려놓고 자신을 사람답게 만드는 하나님과 연결하려 해야 한다. 하나님과 연결되면 나를 바꾸고, 그다음 세상을 바꾸는 연결이 된다.

그리스도인은 하나님과 연결되어야 한다. 하나님과 연결되는 순간 물음표의 삶은 느낌표의 삶으로 바뀐다. 자신에게 집중된 삶에서 다른 것과 연결된 삶으로 바뀐다. 세상에 갇힌 삶에서 우주에까지 열린 삶으로 바뀐다.

이어폰으로 연결하려면 이어폰을 구입하는 대가를 치러야 한다. 귀에 꽂아야 하는 수고도 따른다. 하나님과 연결되는 순간 큰 은혜가 부어진다. 우리는 하나님과 연결되기 전에는 추악하게 살았다. 하나님과 연결되는 순간, 인간답게 살고 있다.

이어폰과 연결되면 몸이 두둠칫 움직이는 정도지만 하나님과 연결되는 순간 내 존재 자체가 확 달라진다. 죄인의 괴수였는데, 예수님의 십자가 피로 값 주고 산 세상에서 가장 존귀한 사람이 된다. 꿈이 없던 사람이었는데 꿈을 꾸는 사람이 된다. 세상으로부터 고립된 사람으로부터 세상의 중심인 사람으로 바뀐다.

삶이란 연결성에 있다. 어떤 것과 연결되었느냐가 중요하다. 누구와 연결했느냐는 더 중요하다. 우리 소망은 하나님과 연결된 사람이어야 한다. 하나님과 연결되면 전혀 새로운 사람이 된다.

연결에만 목적을 두면 안 된다. 제대로 된 연결에 목적을 두어야 한다. 지혜로운 사람은 무관심한 것과 연결하려 하지 않는다. 제대로 된 연결은 하나님과의 연결이다.

사람이 원하는 연결은 일회성으로 그치지만 하나님께서 원하시는 연결은 영원성으로 이어진다. 결국 그리스도인은 하나님과의 연결에 절실해야 한다. 하나님과의 연결이 그리스도인이 추구할 삶의 최대 목적이어야 한다. 그 연결에 참된 평안이 있다.

'두 단어' 비유

대구법을 통해서 배우는 비유

'한 단어' 비유는 한 단어를 사용한다. '두 단어' 비유는 두 단어를 사용한다. 사용하는 두 단어는 대조 혹은 비교되는 단어다.

예수님의 비유에서는 '한 단어'보다 대조와 비교하는 '두 단어'일 때 효과가 좋다. '두 단어' 비유는 설교를 감각적, 감동적으로 만들어 준다. 설교를 청중이 '본 바' 그리고 '만진 바'가 되게 한다.

백석대학교 김진규 교수는 『히브리 시인에게 설교를 배우다』에서 '두 단어' 비유를 '대조적 대구법'이라고 명명한다.[284] 그는 대조적 대구법은 잠언에 가장 많이 나타난다고 말한다. '사람의 마음의 교만은 멸망의 선봉이요. 겸손은 존귀의 길잡이니라'(잠 18:12)는 말씀에서 '교만'과 '겸손', '멸망의 선봉'과 '존귀의 길잡이’는 대조적 대구를 이룬다. 이처럼 대조적 대구법을 사용함으로써 이루는 효과는 앞뒤 콜론 간의 반대 뜻을 나타내는 것이 아니라, 오히려 뒤의 긍정적인 뜻을 더욱 강화, 강조하는 효과가 있다.[285] 김진규는 성경의 시인들이 사용한 대구법을 우리가 깨닫지 못했다고 말한다.

시편 6편은 열 개 구절이 모두 대구법으로 구성되어 있다. 1절은 ‘주의 분노’와 ‘주의 진노’, ‘나를 책망하지 마시오며’와 ‘나를 징계하지 마옵소서’이다. 2절은 ‘내가 수척하였사오니’, ‘나의 뼈가 떨리오니’이다. 3절은 ‘나의 영혼도 매우 떨리나이다’와 ‘여호와여 어느 때까지니이까’이다. 4절은 ‘여호와여 돌아와’와 ‘주의 사랑으로’이다. 5절은 ‘사망 중에서’와 ‘스올에서’, ‘주를 기억하는 일이 없사오니’와 ‘주께 감사할 자 누구리이까’이다. 6절은 ‘내 침상’과 ‘내 요’, ‘띄우며’와 ‘적시나이다’이다. 7절은 ‘근심으로 말미암아’와 ‘내 모든 대적으로 말미암아’, (내 눈이) ‘쇠하며’와 ‘어두워졌나이다’이다. 8절은 ‘악을 행하는 너희는 다 나를 떠나라’와 ‘여호와께서 내 울음소리를 들으셨도다’이다.[286]

김진규는 티 디 제임스가 2001년 「타임」지가 뽑은 미국 최고의 설교자가 된 이유로 탁월한 대구법 사용을 꼽는다. 아울러 김진규는 티 디 제임스의 설교를 이렇게 평가한다. “티 디 제임스의 설교를 듣고 있노라면 그가 자주 사용하는 반복적 대구법에 압도당한다. 비슷한 말을 반복하는 것을 두고 자칫 지겹다고 생각할 수도 있으나 전혀 그렇지 않다. 사실 효과는 그런 생각과 정반대이다. 그가 반복적 대구법을 사용하면 할수록 그의 메시지는 더욱더 깊이 우리의 심금을 울린다."

김진규가 말하는 대구법은 예수님이 사용한 비유나 대조적 대구법이 아니라 반복적 대구법이다. 아무튼 반복적 대구법이든 대조적 대구법이든 대구법은 청중의 마음을 사로잡는 데 효과가 탁월하다. 대조적 대구법은 대조가 되므로 두 단어가 선명하게 대조되어 설교가 뇌리에 오래 머문다.

설교자는 대조적 대구법 사용을 잘해야 한다. 대조적 대구법이 많은 시가서를 읽고 연구해 예수님의 비유를 통해 청중의 마음을 예수님께로 향하게 해야 한다.

'두 단어 비유'와 '대조적 대구법'의 차이

대조적 대구법은 성경의 시인들이 사용한 대구법 중 하나다. 대조적 대구법은 필자가 말하는 두 단어 비유와 네 가지 차이가 있다.

첫째, 대조적 대구법은 문장에서 단어 자체만 언급된다. 두 단어 비유는 두 단어가 문장에서 그 자체로 활용됨은 물론, 두 단어의 뜻이 풍성하게 사용되어 청중의 마음을 파고드는 문장까지 만든다.

둘째, 두 단어 비유는 대조적 대구법보다 선명하게 대조되는 단어를 사용한다. 시편 114편 1절에서 8절까지는 여덟 절 가운데 일곱 절이 대구법으로 구성되었다. 대표적으로 2절의 '유다는 여호와의 성소가 되고 이스라엘은 그의 영토가 되었도다'에서 '성소'와 '영토'이다. 5절의 '바다야 네가 도망함은 어찌함이며 요단아 네가 물러감은 어찌함인가'에서 '도망함'과 '물러감'이다. 8절의 '그가 반석을 쳐서 못물이 되게 하시며 차돌로 샘물이 되게 하셨도다'에서 '못물'과 '샘물'이다.

두 단어 비유는 '세움과 부서짐', '외부와 내부', '청신호와 적신호', '올리기와 내리기', '동그라미와 네모', '자존감과 자존심', '안과 밖', '인풋과 아웃풋', '잃어버림과 잊어버림', '넘침과 부족함', '인생 역전과 인생 여전' 등 확연하게 대조(대비)되는 단어들을 사용한다. 이처럼 확실하게 대조되는 단어들을 사용하면 청중이 쉽고 분명하게 이해하며 눈에 보이게 한다.

셋째, 대조적 대구법을 사용하면 조금 약한 감이 있다. 반면 두 단어 비유는 사용하면 파워플하다. 그 효과는 청중의 뇌리를 사로잡는다.

넷째, 대구법과 두 단어 비유의 공통점이 있다. 책을 많이 읽고, 글을 많이 써야 한다. 어휘력, 사고력을 사용해야 한다. 설교자가 언어적 감각이 있더라도 따로 비교, 대조, 대구를 공부해야 한다.

두 단어 비유를 잘 사용한 사람이 장자다. 장자는 두 단어 비유로 강력한 효과를 발휘한다. "전문가들은 『장자』라는 책은 처음부터 끝까지 흥미진진한 비유로 가득하다고 한다. 특히 상반된 요소를 비교함으로써 주제와 쟁점의 핵심으로 단박에 들어가는 데 아주 능했다. 『장자』 외편인 〈거협〉에 나오는 도둑과 제후의 비교도 그중 하나라고 할 수 있다.

'허리띠 고리를 훔친 자는 처형을 당하지만 나라를 도둑질한 자는 제후가 된다. (…) 그러므로 큰 도적의 방법을 따라 제후가 일어나게 되는 것이다. (…) 도척을 매우 이롭게 하고 그것을 금지시킬 수 없는 것은 바로 성인의 잘못 때문이다.' 장자는 도적으로 유명한 도척과 현실의 제후를 비교한다."[287]

변호사이며 미합중국 헌법 제정자 중 한 명은 패트릭 헨리이다. 그가 1775년 3월, 버지니아주 리치먼드에서 열린 민중대회에서 한 연설은 미국 독립운동을 상징한다. 당시 세계 최강으로서 전 세계 식민지 지배의 원동력이던 영국 군대에 맞서 독립전쟁을 벌여야 할지 논란이 벌어지는 와중에 헨리가 연설대에 올랐다.

"'우리가 자유인이 되느냐, 노예가 되느냐 하는 문제입니다. (…) 쇠사슬을 차고, 노예가 되는 대가를 치르고 사야 할 만큼 우리의 목숨이 그렇게도 소중하고, 평화가 그렇게도 달콤합니까? 전능하신 하나님, 그런 일은 절대로 없게 해주십시오! 여러분은 어떤 길을 택할지 모르지만, 저는 이렇게 외칩니다. 내게 자유가 아니면 죽음을 달라!' 이는 군대를 소집해 영국군과 정면으로 맞서 싸워야 한다는 단호한 내용이다."[288]

두 단어 비유는 대조적 대구법과 같으나 차이가 있다. 둘의 차이를 비교하고 사용하길 권한다. 할 수만 있다면 둘 다 사용해 이미지 글을 만들어 청중을 쉽게 이해시켜야 한다.

예수님의 비유는 글쓰기의 중요한 원리다

예수님의 비유는 글쓰기의 중요한 원리다. 김진규는 시인들이 사용한 반복적 대구법은 글쓰기의 중요한 원리라고 말한다. 문제는 이를 설교에서 사용하도록 이론화하고 체계화하지 못한 것이란다.

예수님의 비유는 최고의 글쓰기 방식이지만 마찬가지로 이론화되지 못했다. 이론화되지 못하니 설교자가 사용하기 어렵다. 한 단어 비유와 두 단어 비유는 이론화 작업을 거치고 있다. '아트설교연구원의 아트설교아카데미'에서 설교자를 가르침을 통해 이론 작업은 물론 실전에 사용할 수 있도록 작업 중이다. 이미『설교는 글쓰기다』를 통해 세상에 도전을 주었다. 본서『설교는 글쓰기다 3-들리는 글에서 보이는 글로』를 통해서 '한 단어 비유'와 '두 단어 비유'의 이론화 작업의 끝자락에 가까워졌다.

예수님의 비유는 글쓰기의 중요한 원리다. 예수님 당시에도 중요한 원리였다. 지금 시대에는 더 중요한 원리다.

세상의 것은 시대에 따라 변한다. 1차 산업혁명에서 2차 산업혁명, 3차 산업 혁명을 거쳐 4차 산업혁명 시대가 되었다. 5차 산업혁명 이야기도 나오고 있다.

대학 입학하는 학과도 변한다. 경제적 보상이 따르는 학과에 높은 성적을 얻은 사람들이 진학한다. 1960-1970년대는 화학공학, 토목학과, 1980-1990년대는 전기전자, 기계, 2020년대는 의대가 입시 성적이 가장 높다.

자원 활용도 시대에 따라 변한다. 19세기는 석탄, 20세기는 석유와 전기, 21세기에 이르러 신재생에너지로 변했다. 지금 전 세계는 희토류 확보에 전쟁을 치르고 있다. 달에 희토류가 많아 미국은 50년 만에 달에 관심을 갖고 있고, 최근 인도가 탐사선을 보내 희토류 확보 전쟁 중이다.

글도 변한다. 글의 시대인 21세기에도 언어는 우리의 생각을 뛰어넘는 발전과 변모가 진행 중이다. 알파세대, MZ세대가 사용하는 줄임말과 이모티콘은 언어의 변화가 무서울 정도임을 알려준다.

설교도 변해야 한다. 설교자의 언어 사용도 변해야 한다. 성경 해석은 변할 수 없지만 구성력과 표현력은 변해야 한다. 예수님의 비유도 시대에 맞게 활용해야 한다. 김진규는 『히브리 시인에게 설교를 배우다』에서 이렇게 말한다. "오늘날 강단에서의 승패는 성경 해석의 문제라기보다는 성경을 전달하는 언어의 문제가 가장 큰 관건이라고 생각한다."[289] 설교자의 언어력은 빈약하다. 이를 일취월장시켜야 한다. 설교가 쓰리 포인트 설교에서 원 포인트 설교로 변했다. 설명하던 설교에서 이미지로 변했다. 설명하던 설교에서 두 단어 비유로 보이는 설교를 해야 한다.

언어는 늘 시대의 산물이었다. 설교자가 사용하는 언어도 시대와 같이 가야 한다. 설교자의 언어는 성경의 언어, 상투적인 언어, 진부한 언어에 머물러 시대에 뒤떨어지니 강단의 낙후화, 황폐화를 가져왔다. 오늘날 강단의 황폐화 원인은 '진부한 언어'에 사용에 있다. 시대에 맞는 언어, 청중의 감각을 깨우는 언어를 사용해야 한다. 그 대안 중 하나가 예수님이 즐겨 사용하신 비유인 '한 단어 비유'와 '두 단어 비유'다.

두 단어 비유는 설교를 주옥같이 만들어준다

예수님은 '두 단어 비유'를 사용했다. '주인과 종', '부자와 거지', '양과 염소', '하늘과 땅' 등이 그것이다. 이미지 시대에 설교자는 예수님처럼 '두 단어 비유'를 사용해 청중에게 이미지로 전해야 한다. 설교자가 사용할 '두 단어 비유'는 아래와 같다.

'선순환'과 '악순환', '복덩이'와 '구박덩이', '대박 인생'과 '쪽박 인생', '고수'와 '하수', '부자 인생'과 '부도 인생', '덕분에'와 '때문에', '쉼표'와 '마침표', '설탕 같은 사람'과 '소금 같은 사람', '인생 역전'과 '인생 여전', '풍부 의식'과 '핍절 의식', '플러스'와 '마이너스', '거침돌'과 '디딤돌', '스침'과 '마주침' 등이다. 그 외는 설교자가 만들어 사용하면 된다. 사용할 수 있는 단어는 한국어 어휘가 45만 단어 정도 되니 평생 사용 가능하다.

설교 중 '두 단어 비유'는 이렇게 사용할 수 있다. 설교 제목이 '기준'일 때, '두 단어 비유'는 '근심 보따리'와 '웃음보따리'를 사용한다. '두 단어 비유'로 설교하면 청중의 반응은 설교에서 이미지가 그려진다고 말한다. 설교가 귀에 쏙 들어옴을 물론 설교 논지가 보여진다. 흥미로운 것은 한 달이 지나도 '두 단어 비유'를 잊지 않고 기억한다는 점이다. '두 단어 비유'에 한 청중은 설교가 주옥같다고 한다. 그 설교를 짧게 옮겨 적으면 이렇다.

신앙생활은 해석이다. 신앙생활을 할 때 해석이 자기 기준이 되면 언젠가 '근심 보따리가'가 된다. 하지만 기준이 하나님의 말씀이 되면 매 순간 '웃음보따리'가 된다.

예수님께서 사용하신 두 단어 비유를 현대에 맞게 사용하면, 청중은 어떤 설교인지 눈에 선명하게 보인다. 마음에 박힌다. 설득을 지나 감동이 넘친다.

두 단어 비유 사용으로 청중의 마음을 사로잡아야 한다

두 단어 '오프라인'과 '온라인'으로 예수님처럼 비유하고자 한다.

'두 단어 비유'를 사용하려면 다섯 단계를 거쳐야 한다.

첫째, 공통점 찾기를 한다.
둘째, 차이점 찾기를 한다.
셋째, 차이점 찾기를 통해 찾은 단어 50개 중 5개 전후를 선정한다.
넷째, 차이점으로 글을 쓴다.
다섯째, 영적인 것(은혜, 기도, 믿음, 예배, 희생, 배려, 나눔, 선교) 등과
연결해 글을 쓴다.

먼저 할 일은 단어의 공통점과 차이점을 찾는 일이다. 이에 첫째로, 두 단어인 '오프라인'과 '온라인'의 공통점을 찾는다. 다음은 그 예시다.

사람이 그리워 찾는다. 만남이 목적이다. 연결되기 시작한다. 관계가 깊어질 수 있는 기회다. 교회는 예배를 통해 만나는 통로다. 마음이 통해야 가능하다. 알아가는 과정을 만든다. 에티켓이 중요하다. 지켜야 할 예의가 있다. 대화가 이루어진다. 신중해야 실패하지 않는다. 눈으로 보고 귀로 듣는다. 지적 욕구를 채워준다. 콘텐츠가 바탕에 깔려 있다. 재미, 의미, 그리고 가치를 추구한다. 기대하는 목표가 선명하다. 지식이 전달된다. 성장이 이루어진다. 삶에 변화가 일어난다. 청중의 시선을 고려한다. 집중력을 유발해야 성공한다. 언어의 마술사를 만난다.

정체성을 드러낸다. 정보 제공자의 자질에 의해 좌우된다. 정해진 시간이 있다. 기획한 대로 진행된다. 목적에 충실해야 성취감이 있다. 재미가 있으면 지루하지 않다. 소비자가 원해야 접촉이 가능하다. 홍보가 중요하다. 원하는 것을 준비해야 팔 수 있다. 설득력이 관건이다. 익숙한 것과 새로운 것의 조화를 이뤄야 한다. 전략적으로 접근해야 한다. 피드백을 살펴 개선해야 한다. 소비자는 냉정함을 깨닫는다. 욕구가 충족이 안 되면 떠난다. 과장된 것은 언젠가 들통난다. 진실해야 신뢰를 얻는다. 존중하는 태도는 누수를 차단한다. 말의 힘을 단련해야 한다. 인재의 필요성을 절감한다. 헌신적인 일꾼이 필요하다. 소통의 방법을 개발해야 발전한다. 틈나는 대로 가치를 업그레이드해야 한다. 사람들의 마음을 훔쳐야 한다. 매력적인 무기를 장착해야 한다. 뿌리는 똑같다. 시대의 흐름에 반응한다. 자신을 어필해야 한다. 틈새시장을 공략해야 한다. 가능하면 편리해야 한다. 접근성이 좋아야 한다. 복잡하면 싫어한다. 단점을 보완해야 한다. 한계 극복이 시급하다. 방문자 수가 중요하다. 아이디어로 승부한다. 늘 비교당한다. 버텨야 살아남는다. 자신만의 특별함을 갖추어야 한다. 추억을 남길 수 있다. 사랑을 만들수 있다. 생각을 공유한다. 모임 결성이 가능하다. 만남을 통해서 존재를 확인한다. 서로 넘나들 수 있다. 언제 어디서든 마음만 먹으면 접속할 수 있다. 상상을 현실로 만든다. 감정표현을 할 수 있다. 하나가 되는 공동체 의식이 생긴다. 다른 이들의 의견이나 생각들을 알 수 있다. 자신의 의견을 말하고 상대방의 의견을 듣는다. 말하는 사람이 상전이다. 씩씩대고 왔다가 만족하고 돌아간다. 윈윈이 목적이다. 내가 있어야 의미 있다.

둘째로, 두 단어인 '오프라인'과 '온라인'의 차이점을 찾는다.

사람이 생명이다와 컴퓨터가 생명이다. 모인다와 흩어진다. 장소의 제약을 받는다와 매체의 제약을 받는다. 집 밖으로 나온다와 집 안으로 들어간다. 공동체성을 강조한다와 개인을 소중히 여긴다. 시공간의 제약이 있다와 시공간으로부터 자유하다. 아날로그 감성이다와 디지털 감성이다. 접촉이다와 접속이다. 쌍방 통행이다와 일방통행이다. 차별성을 강조한다와 대중성을 강조한다. 정보를 확인한다와 정보를 믿는다. 입체적인 경험이다와 직선적인 경험이다. 공개한다와 숨긴다. 비밀을 공유한다와 비밀을 쌓는다. 노인들이 좋아한다와 젊은이들이 좋아한다. 제대로 하는 합창과 제멋대로 하는 독창. 맛있는 냄새가 난다와 맛있는 냄새가 그립다. 연합이다와 연결이다. 몸 있는 곳에 마음 있다와 마음만 있으면 어디든 상관없다. 많이 모이는 것이 힘이다와 많이 접속하는 것이 힘이다. 보이지 않아 걱정이다와 보이지 않아 걱정 없다. 정한 시간 안에 일 본다와 시간 제약 없이 일한다. 복잡하다와 고요하다. 관계가 깊음을 원한다와 관계가 넓어짐을 원한다. 용기와 시도가 필요하다와 시도 때도 없이 만난다. 자신감이 있어야 한다와 거리감을 줄여준다. 다른 사람이 나를 지켜준다와 백신이 나를 지켜준다.

주사 백신이 필요하다와 컴퓨터 백신이 필요하다. 인사성이 발달한다와 인터넷이 발달한다. 인상이 남는다와 기록에 남는다. 표정관리가 중요하다와 표적 되지 않기가 중요하다. 시간이 많이 필요하다와 시간이 적게 필요하다. 피드백이 즉각적이다와 나중에 피드백이 온다. 표정을 볼 수 있어 정겹다와 표정을 볼 수 없어 삭막하다. 직접 방문해야 한다와 집에서 방문이 가능하다. 한정적이다와 무한정이다. 판매자 중심적이다와 소비자 중심적이다. 발품을 판다와 손품을 판다. 발품을 판다와 클릭 한 번이면 된다. 출퇴근이 있다와 자택근무를 한다. 8시간 근무를 한다와 24시간 근무한다. 매장 인테리어가 눈에 띈다와 홈페이지 구도가 눈에 띈다. 피드백을 입으로 한다와 손으로 댓글을 단다. 매장을 청소한다와 액정을 닦는다. 입어 보고 구매 결정한다와 댓글 사용 후기 보고 구매를 결정한다. 구매자가 직접 배송한다와 택배사가 배송한다. 다리가 아프다와 눈이 아프다. 웃음을 주고받는다와 댓글로 감사와 불만을 주고받는다. 입소문이다와 글 소문이다. 인맥에 의존하다와 인맥을 초월한다. 진상 고객에게 친절이 사명이다와 빠른 교환이 사명이다. 유행에 우물 안 개구리와 유행에 민감하다. 실수를 피해 갈 수 없다와 실수도 편집한다. 혼자서는 힘들다와 혼자서도 가능하다. 체험이 중요하다와 상상력이 중요하다. 사람이 주연이다와 컴퓨터가 주연이다. 공동체의 따스함을 느낀다와 혼자라 외로움을 느낀다. 눈빛을 교환한다와 글로 느낌을 전달한다. 냄새를 맡고 선택한다와 이미지를 보고 선택한다. 향기를 맡는다와 향기를 추측한다. 움직이는 생동감 있다와 정적인 안정감이 있다. 오감을 활용하고 육감을 자극한다. 만져 보고 느껴본다. 닫혀 있다와 열려 있다. 정을 찾다와 실리를 찾는다. 환경의 영향을 받는다와 물가의 영향을 받는다. 눈물로 꿈을 접고 희망으로 꿈을 연다. 부대비용이 든다와 컴퓨터 한 대만 있으면 가능하다. 전통이 있다와 유행이 있다. 시각을 자극한다와 감성을 자극한다. 질로 승부와 양으로 승부한다. 간판 보고 찾아간다와 입소문 듣고 찾아간다. 가심비이다와 가성비이다. 시간의 제약을 받는다와 기술력의 제약을 받는다. 복잡하다와 심플하다. 저녁에 문 닫는다와 24시간 열려있다. 불편하기에 소중함을 느끼고 편하기에 감사함을 느낀다. 사람 때문에 찾고 물건 때문에 찾는다. 감성이 있다와 창의력이 있다. 지는 해이다와 뜨는 태양이다. 악수를 한다와 좋아요를 누른다. 누군지 확인할 수 있다와 익명성이다. 만질 수 있다와 만질 수 없다. 동네를 살리고 세계를 살린다. 덤 챙겨 정들고 쿠폰 챙겨 득 본다. 인맥으로 살아간다와 정보력으로 살아간다. 한번 자리 잡으면 움직이기 힘들다와 숨털같이 가볍게 움직일 수 있다. 비 오면 지붕이 필요하다와 지붕 없는 공장이다. 지역사회의 경쟁력과 국가의 경쟁력. 말이 중요하다와 글이 중요하다. 표현이 자유롭다와 표현이 제한된다. 활동이 제한적이다와 활동이 무한대다. 사람 냄새가 난다와 무색무취다. 마음이 놓인다와 미심쩍다. 코로나 이전이다와 코로나 이후다. 어른들의 세상이다와 아이들의 세상이다. 오해가 풀린다와 오해가 쌓인다. 만남에 제한이 있다와 만남에 제한이 없다. 침이 튀긴다와 침이 튀기지 않는다. 땀 냄새를 맡을 수 있다와 땀 냄새를 맡을 수 없다. 손을 잡을 수 있다와 손을 잡을 수 없다. 함께라는 것을 진하게 느낀다와 여전히 혼자다. 가깝게 느낀다와 멀게 느낀다. 오감으로 만날 수 있다와 오감이 다 사용되기 어렵다. 어깨동무할 수 있다와 팔로잉할 수 있다. 눈물을 닦아 줄 수 있다와 감정을 들어줄 수 있다. 싸우면 몸이 상한다와 싸우면 마음이 상한다. 온몸이 반응한다와 두뇌가 반응한다. 흙에서 배울 수 있다와 코딩에서 배울 수 있다. 지구를 주소 삼는다와 인터넷을 주소로 삼는다. 몸이 죽으면 사라진다와 몸이 죽어도 남아있다. 흔적이 남지 않고와 흔적이 남는다. 촛불이 모일 수 있다와 댓글이 모일 수 있다. 순간이 중요하다와 저장이 중요하다. 한 번 재생 가능하다와 무한 재생이 가능하다. 움직이는 기쁨이 있음과 머무는 기술이 있다. 직접 움직여야 함과 원격으로 가능하다. 바람을 맞을 수 있음과 끊김을 당할 수 있다. 현장감이 느껴진다와 현장감이 느껴지지 않는다. 예전에 잘나갔다와 지금 잘나간다. 여론 형성이 느리다와 여론 형성이 빠르다. 입으로 말한다와 자판으로 말한다. 점점 시장이 줄어든다와 점점 시장이 늘어난다. 주문서를 작성한다와 엔터를 친다. 날씨에 민감하다와 가격에 민감하다. 물리적 공간이다와 사이버 공간이다.

생방송으로 한다와 녹화 방송도 가능하다. 관계성이다와 개별성이다. 아날로그이다와 디지털이다. 느림의 미학을 중시한다와 빠름의 편리함이 중요하다. 로컬적이다와 글로벌적이다. 간헐적 연결과 상시 연결이다. 레드오션이다와 블루오션이다. 전통의 강자이다와 신흥 강자이다. 진정성을 갖춰야 한다와 실용성이 중요하다.

'오프라인'과 '온라인'의 차이점으로 글을 쓴다

'대세를 따라야 한다'고 말한다. 팬데믹 이후 대세는 오프라인이 아니라 온라인이다. 대세를 따르는 것만 정답인가? 온라인만도 정답은 아니다. 오프라인도 뒷받침되어야 한다.

비대면 상황으로 신앙생활을 할 때 예배가 더 중요해졌다. 코로나19 이전에는 예배가 오프라인으로 충분했다. 코로나19로 인해 온라인 예배가 중심이 되었다. 팬데믹 종식이 선언되자 예배는 오프라인으로 전환해 오프라인이 중심이 되었다. 온라인으로 중심축이 이동했다가 오프라인으로 중심축이 이동했다. 온라인 예배를 드릴 때, 일정 부분 하나님 중심에서 인간 중심으로 일대 변화를 가져왔다.

인간은 온라인을 원한다. 하나님은 오프라인을 원하신다. 자기 백성에게 오프라인 상황에서 임재하심으로 일하고 싶어 하신다. 코로나19로 온라인 시대가 되었다. 온라인이 중요할수록 사람은 오프라인을 동경한다. 사람은 스킨십, 즉 접촉이 필요하다. 온라인 접속만으로는 채워지지 않아 외롭다. 사람은 오프라인상의 접촉이 될 때 만족감을 느낀다.

인간은 아무리 코로나19와 같은 전염병이 돌아도 오프라인을 중단할 수 없다. 코로나19가 끝나자마자 오프라인이 대세가 되었다.

대세는 언제든 바뀐다. 상황이 바뀌면 다른 연결 방식이 나온다. 그럴지라도 오프라인은 연결의 근간이다. 하나님은 오프라인 만남을 원하신다. 인간도 오프라인 만남 없이 살 수 없다.

코로나19는 온라인 중심의 예배를 드리라고 억지 강요했다. 전염병으로 인해 온라인으로 중심축이 이동했을지라도 오프라인이 좋다. 하나님을 만나는 통로는 끊어지지 않아야 하기 때문이다.

인간이 온라인 접속만으로도 가능하다지만 하나님은 오프라인으로 만나자고 하신다. 인간은 접속만으로 살 수 없지만 접촉만으로는 살 수 있다. 그러므로 오프라인 만남을 소중히 여겨야 한다.

그래도! 다시,
예수님의 비유로

이찬수, 유기성, 조정민 목사처럼 설교할 수 없나요?

'우리는 설교를 통해 행복할 권리가 없나요?'

최근에 받은 질문이다. 청중은 설교로 행복한 신앙생활을 하려 한다. 자신이 예배드리는 교회의 설교자를 통해 은혜가 넘치는 한 주간을 살고 싶어 한다. 행복한 신앙생활, 은혜를 받고 하나님 나라를 이 땅에서 즐겁게 세우기를 꿈꾼다.

'목사님, 우리 (담임)목사님은 이찬수, 유기성, 조정민 목사님처럼 설교를 잘할 수 있을까요?'

이것은 필자가 받은 또 다른 카톡 질문이다. 청중은 우리나라에서 가장 설교를 잘한다는 설교자가 자신이 드리는 예배의 설교자이길 원한다. 현실은 그렇지 않고 그럴 수 없다는 것을 알기에 답답함으로 질문을 던진다.

최근에 들은 두 가지 슬픈 소식이 있다. '지방의 한 교회 설교자가 설교 표절로 교회가 풍비박산 났다', '서울의 중대형 교회 설교자가 설교 표절로 교회가 시끄럽다'가 그것이다.

설교 문제로 교회가 시끄럽다. 표절 때문이다. 윤리적이어야 할 설교자가 윤리적이지 못해서 빚어지는 슬픈 현실이다.

어떤 설교자와 대화에서 이런 말이 오고 갔다. "한국 사회에서 설교자는 윤리적인 면에서 낙제점을 받는 정도는 아니겠지?" 그의 말은 설교자가 윤리를 대표할 만한 자신이 없다는 말이다. 주된 원인 중 하나가 설교 표절이다. 설교 표절은 윤리성에 심각한 타격을 준다.

최근 어떤 신학교 교수에게 이런 말을 했다. "신학교에서 잘 가르쳐야 합니다. 신학 교육이 목회를 결정합니다. 윤리적이지 못하다는 말은 듣지 않도록 가르쳐야 합니다." 설교자에게 최소한 설교 표절 문제는 부각되지 않아야 한다는 심정을 담고 한 말이다. 하지만 설교 표절 문제가 본격적으로 부각되면 교회는 초토화될 것 같은 예감이 틀리길 바랄 뿐이다.

설교 표절의 해결책은 글쓰기다. 청중에게 보이는 설교의 해결책은 이미지 글쓰기다. 이미지 글은 청중으로 하여금 하나님을 보도록 한다. 보이는 글은 예수님의 비유 활용 여부에 달려 있다. 담임 목사의 설교가 이찬수, 유기성, 조정민 목사의 설교와 비슷해지기 위한 여부는 이미지 글의 대표인 비유 글쓰기에 달려 있다.

예수님은 비유로 하나님 나라를 선포하셨다. '탕자의 비유', '씨 뿌리는 비유', '달란트 비유', '양과 염소의 비유', '가라지 비유', '감추인 보화 비유', '겨자씨 비유' 등이다. 비유의 효과는 지금도 여전히 메가톤급이다.

설교자는 예수님의 비유를 사용해 이미지 설교를 해야 한다. 김진규는 『히브리 시인에게 설교를 배우다』에서 '비유는 또 다른 차원의 그림(이미지) 언어'라고 한다.[290] 여기서 '또 다른 차원'은 '차원 높다'로 해석할 수도 있다.

설교자는 일상 언어를 활용해 구체적으로 글쓰기, 상상력으로 글쓰기, 글 묘사하기, 이미지로 글쓰기, 비유로 글쓰기를 해야 한다. 예수님의 비유 글쓰기를 잘하면 이미지 시대에 신나는 설교, 행복한 설교자, 하나님께 기쁨을 드리는 설교자가 된다.

비유는 할머니, 할아버지도 쉽게 이해한다

'이류이추(以類而推)'라는 사자성어가 있다. 이는 '비유와 인용을 활용한다'는 뜻이다. 이는 쉬운 말로 '만인이 이해하는 언어로 통하게 하라'다. 설교자는 만인이 이해하는 언어로 통하게 하는 '이류이추'를 현실화하기 위해 예수님의 비유를 활용해야 한다.

만인이 이해하는 언어인 예수님의 비유는 천재들도 적극 사용했다. 상대성 이론을 주창한 물리학자인 알버트 아인슈타인은 상대성 이론조차 비유를 들어 설명했다. 그는 비유를 사용해야 하는 이유를 이렇게 말한다. "미녀와의 1시간은 1분으로 느껴지고, 난로 위에 손을 올려놓은 1분은 한 시간보다 훨씬 길게 느껴진다." 그런 후 "옆집 할머니가 알아듣게 설명하지 못하면, 상대성 이론을 알고 있는 것이 아니다"라고 덧붙였다. 상대성 이론도 옆집 할머니가 알아듣게 설명하려면 비유 사용이 필수다. 아주 어려워 전문가만 알 수 있는 상대성 이론을 할머니도 쉽게 알아들을 수 있게 설명해야 한다. 그렇다면 하늘의 언어를 지금 살고 있는 청중에게 들리게 하기 위해서 비유를 사용해야 한다.

요즘에는 할머니와 할아버지들만 있는 교회도 많다. 아인슈타인의 상대성 이론도 비유로 할머니와 할아버지들이 알아듣게 설명해야 한다.

중국의 철학자 혜자도 "모르는 것을 들어서 설명하면 알 수 없고, 알고 있는 것을 비유로 들어서 설명해야 한다"고 말한다. 청중이 모르는 것을 설명할 때는 상대가 잘 알고 있는 것으로 비유해서 설명해야 한다.

비유는 청중이 쉽게 이해할 수 있게 한다

청중은 예수님의 비유를 쉽게 이해한다. 쉬운 것을 싫어하는 사람은 없다. 한 농부의 예를 보자.

남을 돕는 것을 좋아하는 농부가 있다. 사람들이 그가 왜 남을 열심히 돕는지 궁금해 그 이유를 물었다. 그는 이렇게 대답했다. "쉽게 설명할게요. 제가 하나님의 창고에 끊임없이 삽으로 양식을 채우면 하나님도 제 창고에 끊임없이 삽으로 양식을 채워주세요. 단지 하나님의 삽이 제 삽보다 훨씬 크죠."

농부는 남을 도와주는 이유를 남을 도와주면 무엇이 좋은지, 어떤 결과를 가져오는지에 대해 설명하지 않았다. 단지 '삽'이라는 비유를 사용해 설명했다. 농부는 하나님의 삽과 인간의 삽 크기가 남을 도와줄 수 있는 이유라고 말한다. 이처럼 비유는 이해가 쉽다. 설교는 쉬워야 한다. 설교가 쉬우면 청중과 교감이 활발해진다. 손님이 식당에서 맛있는 메뉴를 찾듯이, 청중은 쉬운 설교를 찾는다. 이런 청중의 니즈를 채우려면 설교자가 비유를 사용하면 된다.

비유는 청중에게 쉽게 들린다. 쉬운 것이 비유적 표현의 원칙이기 때문이다. 마크 도티는 『묘사의 기술』에서 비유적 표현의 여섯 가지 원칙[291]을 말한다.

첫째, 우리가 보는 것을 말한다는 것은 비유적으로 말하는 것이다. 직유와 은유의 첫 번째 과제는 묘사, 즉 어떤 것이 무엇과 비슷한지 말하는 것이다. 단순한 측정으로 그치지 않는 한, 비교에 의지하지 않고서는 그렇게 할 수 없다.

둘째, 비유적 표현들은 힘을 합쳐 감각의 네트워크를 형성한다.

셋째, 비유는 자화상의 한 형태다.

넷째, 은유는 언어에 긴장과 양극성을 들여온다.

다섯째, 은유의 거리 두기 측면은 우리가 보다 자유롭게 말하게 한다.

여섯째, 은유는 탐구의 행위다(우리가 이미 알고 있는 것의 표현이 아니다).

비유적 표현의 여섯 가지 원칙에 따라 설교하면 청중은 쉽게 설교를 이해할 수 있다.

요한복음 15장은 하나님을 농부로 비유한다. 하나님을 농부로 비유하면 설명이 쉽다. 하지만 '놀부'를 대비시켜 '농부'를 설명하면 더 쉽고 선명하다.

정보로 복잡한 시대에 설교자는 청중을 보다 쉽게 이해시켜야 한다. 비유가 그 지름길이다. 그러니 예수께서도 비유를 사용해 쉽게 다가가셨다.

비유는 청중에게 감동을 준다

예수님의 비유는 청중에게 감동을 준다. 백승권은 『글쓰기가 처음입니다』에서 '설득 과정에서 비유법을 활용하면 상대방에게 감동을 주어 설득에 성공할 수 있다'라고 조언한다. 예수님의 비유는 청중에게 쉽게 이해되게 함과 동시에 감동까지 준다. 감동되면 설득이 저절로 된다.

예수님의 비유가 청중을 어떻게 감동시키는가? 비유를 사용하는 설교자가 먼저 감동받기에 그렇다. 자신이 감동받지 않고는 청중을 감동시킬 수 없다. 설교를 준비하면서 비유를 사용하면 자신이 어떻게 이런 단어를 사용하고, 이런 표현을 쓰는지 감동이 된다. 스스로에게 큰 감동이 된다. 설교자가 설교로 청중을 감동시키려면 자신이 먼저 감동받아야 한다.

설교자가 자기 설교를 통해 감동받기란 쉽지 않다. 하지만 비유를 사용하면 저절로 감동이 된다. 많은 사람이 비유를 사용하는 이유는 비유를 통해 스스로 감동을 느끼기 때문이다. 오늘날 탁월한 언변을 가졌다고 인정받는 사람들은 여러 가지 특징을 가지고 있다. 그중에서 공통적인 것은 비유로 말하는 데 탁월한 능력을 보인다는 점이다. 오바마 대통령, 워런 버핏, 그리고 스티브 잡스 등은 모두 비유의 기법을 탁월하게 쓴다는 공통점이 있다. 비유는 사람들에게 말하고자 하는 사람의 뜻을 가장 잘, 그리고 확실하게 알게 만든다.

　조윤제는 『말공부』에서 오바마 대통령의 비유 사용을 추켜세운다. 당대 최고의 연설가로 꼽히는 오바마 대통령의 비밀 역시 연설문에 '일화'와 '인용', 그리고 '비유'를 적절히 구사하는 것이다. 그는 흑인인 자신에게 표를 달라고 호소하는 대신 수십 년 전 버스에서 차별을 받던 흑인 여성의 일화를 인용함으로써, 이제는 흑인 대통령이 등장할 때가 되었다는 당위성을 국민의 마음속에 확실히 심어줄 수 있었다. 또한 그는 비유에도 탁월한 능력을 지녔는데, 얼마 전에 발생해 미국 사회에 인종차별의 문제를 야기시켰던 '짐머만 사건'에서도 오바마는 탁월한 비유로 국민들의 마음을 위로했다. 히스패닉계 백인인 짐머만이 무장하지 않은 흑인 소년을 총으로 살해한 사건에서 무죄 평결을 받은 것에 대한 국민들의 반감이 커지자 그는 연설을 통해 "비유적으로 말해, 죽은 마틴은 35년 전의 저였을 수도 있습니다"라고 말했다. 오바마는 흑인인 자신이 마틴과 같은 나이였던 35년 전 똑같은 피해를 입었을 수도 있다고 말하면서, 미국의 대통령인 자신이 결코 '인종차별적인 관점을 허용하지도, 용납하지도 않는다는 것을 확실하게 보여준 것이다.

　이처럼 오바마 대통령, 워런 버핏, 그리고 스티브 잡스 등은 모두 비유의 기법을 탁월하게 사용했다. 이들을 통해 우리는 비유의 강점을 알 수 있다. 곧, '바로 비유는 사람들로 하여금 상상하게 만들고, 이미지를 머릿속에 그리게 만들기 때문이다. 사람들은 이미지로 보거나 그릴 때 가장 잘 인식할 수 있다. 특히 이미지로 말하는 것은 시각적인 감각이 뛰어난 시각형 인간들에게는 가장 효과적이다.'[292]

비유는 청중으로 하여금 상상하게 만들고, 이미지를 머릿속에 그리게 만들기에 설교자는 비유로 청중에게 감동을 주려고 해야 한다.

비유는 기억을 돕는 표현 기술에 효과가 강력하다

예수님의 비유는 설교를 준비하는 설교자에게 감동을 준다. 그리고 남다른 표현을 할 수 있게 해 준다. 언제나 문장 표현 기술은 효과가 강력하다. 아리스토텔레스가 레토릭의 이론가, 키케로가 실천가라면 쿠인틸리아누스(Marcus Fabius Quintilianus)는 레토릭 교육자다. 쿠인틸리아누스는 플라톤의 철학과 아리스토텔레스의 이론, 소크라테스의 기술, 키케로의 실전을 집대성한 레토릭 교과서를 펴냈다. 많은 사람이 그의 책을 통해 공공 의식과 소통 능력을 배양했다. 그는 표현의 기술을 강조한 것으로 유명한데, 그가 말한 '표현의 기술'이란 다음과 같다.

첫째, 비유적인 표현은 자주 사용하라.

둘째, 신조어는 때에 따라 사용하라.

셋째, 고어는 드물게 사용하라.

아리스토텔레스는 표현할 때 비유를 자주 사용하라고 권한다. 문장은 기억이 잘된다. 단어보다, 구절보다 기억이 잘된다. 비유는 기억하는 데 있어 효과가 강력하다. 성균관대학교에서 '스피치와 토론'을 가르치는 백미숙은 저서 『스피치로 승부하라』에서 기억에 남는 표현을 하라고 한다. 기억에 남는 표현은 세 가지다.

첫째, 시각적 언어다. 시각적 언어는 상황과 마음을 구체적으로 설명하는 것이다.

둘째, 비유적 표현 사용이다.

셋째, 반복과 대비로 리듬을 만든다.

그녀는 기억에 남는 표현 중 하나가 비유적 표현이라고 한다. 쿠인틸리아누스와 백미숙은 공통적으로 비유를 사용해 기억하게 만들라고 조언한다.

비유는 이데올로기보다 힘이 세다

예수님의 비유는 이데올로기보다 힘이 강력하다. 김용규, 김유림은 『은유란 무엇인가』에서 '비유가 이데올로기보다 더 힘이 강할 수 있다'[293]고 말한다.

청중은 세상에 지배당하고 있다. 세상의 강한 지배력에서 빠져나오게 하려면 더 강력한 것을 사용해야 한다. 세상 그 어떤 것보다 강력한 것이 비유다. 세상의 생각으로 가득한 청중을 하나님의 생각으로 바꾸려면 이데올로기보다 강력한 비유 외에는 대안이 없다.

그들은 비유가 얼마나 강력한가를 설명하기 위해 스탠퍼드대학교의 인지언어학 교수인 폴 티보도와 레라 보로디스키가 2011년에 발표한 논문 「생각의 도구로서의 은유: 추론에서 은유의 역할」를 통해 다음과 같이 설명한다.

두 사람은 피실험자들을 나이, 성별, 학력, 직업, 종교, 정치 성향 등과 무관하게 무작위로 선정해 두 그룹으로 나누었다. 그리고 그룹 A에는 '범죄는 에디슨시를 먹이로 삼는 맹수다', '범죄는 가까운 곳에 숨어 우리를 노리고 있다'와 같이 범죄를 맹수에 비유한 문장이 들어간 글을 읽게 했다. 또 그룹 B에는 '범죄는 에디슨시를 감염시키는 바이러스다', '범죄는 우리 주변을 감염시킨다'와 같이 범죄를 바이러스에 비유한 문장이 들어 있는 글을 읽게 했다. 이후 모두에게 이 도시에서 증가하고 있는 범죄를 바라보는 시각을 조사했다. 결과가 어땠을까? 놀라웠다! 범죄를 맹수로 표현한 은유가 들어 있는 글을 읽은 그룹 A 사람들은 범죄자 색출 및 검거를 가장 중요한 대처방안으로 제시했다. 대조적으로 범죄를 바이러스로 표현한 은유를 사용한 글을 본 그룹 B 참가자들은 빈곤을 포함한 각종 범죄의 근본 원인을 제거하고, 사회가 그 원인에 '감염되지 않도록' 하는 사전 예방조치를 최우선으로 꼽았다. 은유가 추론에 어떤 영향을 미치는가를 알아보려고 실행했던 티보도―보로디스키 실험에서는 은유는 인간 정신이 지닌 가장 견고한 사고 형식으로 알려진 이데올로기(ideology)보다도 더 힘이 강할 수 있다는 것을 확인할 수 있다. 그것은 보조관념으로 각각 형상화된 '맹수'와 '바이러스'라는 이미지가 피실험자들의 생각을 지배했기 때문이다.[294]

은유는 인간 정신이 지닌 가장 견고한 사고 형식으로 알려진 이데올로기보다도 힘이 더 강하다. 비유는 세상 어떤 이데올로기보다도 더 강력해 청중의 정신을 강하게 사로잡는다. 비유가 청중의 정신을 강하게 사로잡는다면 설교자는 비유로 세상에 물든 청중을 말씀으로 물들게 해야 한다.

에필로그

교회의 문제는 설교자의 문제다(!)

교회가 추락하고 있다. 추락의 원인은 다양하게 진단된다. 두 가지로 진단해 볼 수 있다. 하나는 본질의 문제다. 본질이 흐려졌다. 본질보다는 프로그램 등 형식에 관심 많다. 늘 그랬듯이 교회의 문제는 언제나 본질과 연결되어 있다.

다음으로 교회의 문제는 본질적으로 설교자의 문제다. 설교자의 문제 중 하나는 설교 글쓰기 문제다. 이미지 시대에 이미지 글을 쓰지 못하는 것이 원인이다.

20세기 설교는 성경 주해로 가능했다. 그 뒤 들리는 논리적 설교로 가능했다. 그러나 이미지 시대에는 묘사, 비유 등의 이미지 글로 설교해야 한다. 이미지 글이 안 되면 교회 문제, 설교자의 문제를 해결할 수 없다.

설교 문제는 설교자의 문제다. 설교 문제에서 하나님은 문제가 되지 않는다. 청중도 문제 되지 않는다. 오직 설교자의 문제다.

잭 트라우트, 앨 리스는 『포지셔닝』에서 커뮤니케이션 문제의 근원지는 성직자라고 지적한다. '종교의 커뮤니케이션에서 문제가 발생하는 부분은 완전무결한 신성이나 불완전한 신도가 아닌 성직자다.'[295] 설교 커뮤니케이션에서 촉발하는 문제는 설교자로부터 시작된다.

설교자에게 문제가 생기면 설교가 약화되고 그 결과, 청중의 신앙은 퇴보한다. 결국 교회의 쇠퇴로까지 이어진다. 설교자에게 문제가 발생하니 설교자의 영적 권위는 거의 사라졌다.

설교자의 문제는 설교자에게 치명적이다. 교회 문제도 치명적이다. 교회에서 설교자의 문제는 설교자의 사역 지속 여부까지 영향을 미친다. 동시에 청중의 영혼이 죽느냐 사느냐 하는 문제까지 직결된다.

임현정은 『당신에게 베토벤을 선물합니다』에서 '음표 하나하나, 박자 하나하나, 프레이징(연속되는 선율을 악구 단위로 분절해 연구하는 기법) 하나하나가 연주자에게는 목숨이 걸린 문제다'[296]고 한다. 음표 하나하나도 연주자의 목숨이 걸린 문제라면, 설교자의 커뮤니케이션 문제는 설교자의 목숨이 걸린 사안이다. 또한 설교자의 문제는 교회 추락으로 이어지는 교회의 문제다.

설교자의 문제는 글쓰기 문제다(!)

교회의 문제가 설교자의 문제에서 기인한다면, 설교자의 문제는 무엇인가? 설교 글쓰기 문제다. 글쓰기 시대에 설교자는 세상 리더 수준에 훨씬 못 미치는 글을 쓴다. 논리가 없는 설교, 원 포인트 시대에 쓰리 포인트로 설교하는 것만으로도 글쓰기 문제임을 알 수 있다. 글을 쓰지 않는 사람이 한 주제를 논리적으로 쓰기는 힘들다.

설교자의 첫 번째 고민은 설교다. 설교는 또한 설교자의 영원한 숙제다. 이 숙제를 영원히 풀지 못하고 은퇴하는 설교자가 많다. 설교자의 고민을 넘어 설교자의 취약함도 글쓰기다. 글을 쓰지 못하니 성경 해석 설교만 할 뿐이다. 그러니 21세기가 요구하는 낯설게, 남다른 사고력, 창의력, 표현력, 어휘력, 묘사 등을 발휘하지 못한다. 특히 사고력이 갇혀 있다. 세상 사람들이 설교자와 대화하기를 좋아하지 않는다. 닫힌 사고력 때문이다. 설교자는 성경 해석 외에는 사고력, 어휘력, 표현력 등이 많이 부족하다.

글을 쓸 줄 알 때 사고력, 창의력, 표현력, 어휘력, 묘사 등을 할 수 있다. '열심히 하는 설교자'는 많다. '잘하는 설교자'는 적다. 전술한 바와 같이 데이비드 고든은 '훌륭한 설교자는 차치하고 평범한 설교자조차도 없다'고 했다. 독서를 거의 하지 않고, 글을 쓸 줄 모르니 평범한 설교자조차 될 수 없다. 글을 쓸 수 있는 수준이 평범한 설교자다.

글을 쓰면 사고력, 어휘력, 표현력 등 설교에서 필요한 문제를 해결할 수 있다. 이미지 시대에 맞는 묘사, 비유 등의 이미지 글을 쓸 수 있다.

인공지능 시대다. 챗GPT를 사용해 설교하는 설교자가 많다고 한다. 첨단 인공지능 시대의 설교가 챗GPT 수준에 머문다면 청중이 더 이상 설교를 듣지 않을 확률이 높아진다. 모방과 참고, 인공지능이 짜깁기한 글로 설교한다는 것은 교회의 위기를 자초하는 것이다. 더 나아가 교회를 심각한 위기로 내몰게 될 것이다.

교회가 설교의 위기에서 벗어나려면 챗GPT가 할 수 없는, 낯설게 하기와 같은 사고력을 활용한 설교를 해야 한다. 또한 설교자는 신학과 인문학을 융합한 학문의 경지에 올라야 한다.

김난도는 『트렌드 코리아 2024』에서 인공지능 시대에 인문학적 소양을 쌓아 창의력을 갖추라고 조언한다. '쓸모없어 보이는 인문학적 소양, 즉 인간과 사회에 대한 본질을 탐구할 수 있는 지적 능력을 기름으로써 우리는 인공지능을 통제할 수 있는 창의력을 갖출 수 있을 것이다.'[297]

글쓰기를 하면 차별화된 설교를 할 수 있다. 자기만의 창의적인 설교를 할 수 있다. 해가 바뀔수록 놀랍게 성장할 수 있다. 반면 글쓰기를 하지 않으면 설교가 성장할 수 없다.

규모 있는 교회 설교자의 표절 문제가 잊을 만하면 들린다. 표절 문제가 끊임없이 발생하는 것은 설교자의 윤리적인 문제 이전에 글쓰기 문제다.

교회의 위기는 말씀의 위기다. 말씀의 위기는 설교의 위기다. 설교의 위기는 글쓰기와 직결된다. 이미지 시대에는 글쓰기가 더 중요하다. 이미지 글을 쓰지 못하면 설교의 위기는 더 심각해진다.

몇십 년을 설교해도 설교가 성장하지 않는 이유는 설교자가 독서도, 글쓰기도 하지 않았기 때문이다. 설교자가 글쓰기를 하면 설교의 폭풍 성장이 이뤄진다. 글쓰기를 하지 않으면 설교는 은퇴할 때까지도 제자리걸음 상태가 될 수도 있다.

설교는 하나님의 말씀과 세상, 사람과의 소통을 전제로 한다. 들리는 설교라는 말은 소통이 이루어진다는 말이다. 그것도 일방 소통이 아니라 쌍방 소통이 이루어진다는 말이다.

우리나라 교육의 문제는 좋은 대학에 입학해도 논리적 글쓰기에 대한 기초가 부족하다는 데 있다. 미국의 톱(top) 대학은 글쓰기, 토론 등의 교육에 집중한다. 한국의 톱 대학들은 등록금을 받아서 무사히 졸업시키는 데 급급한 큰 학원이 돼 가고 있다. 신학교의 글쓰기는 한국의 톱 대학과는 비교할 수 없을 만큼 열악하다.

한국 사회 지도자의 일원인 설교자는 글쓰기를 해야 한다. 특히 글쓰기의 기본인 논리적 글쓰기를 할 수 있어야 한다. 그러나 설교자의 현실은 그렇지 않다. 논리적 글쓰기는 물론 이미지 시대가 요구하는 이미지 글쓰기도 어렵다. 그러니 세상보다 나은 교회를 보여주기 어렵다.

　논리적 글쓰기 기초가 부족하면 먼저 설교 글을 풀 센텐스(full sentence)로 쓰기부터 연습해야 한다. 옥한흠 목사는 설교 잘하는 비결이 풀 센텐스로 설교문을 쓰는 것이라 했다. 설교 원고를 풀 센텐스로 쓰면 설교를 성장시킬 수 있다. 설교가 성장하면 청중이 설교에 설득당한다. 설교의 감동, 하나님과의 만남, 설교를 통한 청중의 변화가 뒤따른다.

　설교자의 문제는 논리적 글쓰기의 문제다. 이미지 시대에 설교자의 문제는 이미지 글쓰기의 문제다. 즉 묘사, 비유 글쓰기의 문제다.

　설교는 하나님의 글과 설교자의 글과의 만남이다. 하나님의 마음과 청중의 마음과의 만남이다. 글과의 만남, 마음과의 만남을 연결하는 것이 글이다. 정보를 전달하는 글, 설득하는 글을 지나 이미지를 보여주는 글일 때, 하나님과 청중 사이에 말씀과의 만남이 이뤄진다.

설교는 '말' 이전에 '글'이다

설교자에게 설교는 1차적으로 선포다. 하나님의 말씀을 청중에게 전달하는 것이다. 즉, 설교자는 강단을 통해 말로 설교를 전달한다.

　'설교는 말이다'라는 정의는 반쪽짜리다. '설교는 글이자 말이다'라고 해야 온전한 설교의 정의다. 설교는 말 이전에 글이다. 설교자가 직접 쓴 글이다. 남의 글이 아닌 내 글이 설교다. 내 글이 아닌 짜깁기는 설교가 아니다. 설교자는 강단에서 자기 입으로 말한다. 이전에 자기 손으로 글로 써야 한다.

설교자는 설교 쓰기를 소홀히 하는 경향이 있다. 말만 설교로 알기 때문이다. 이는 말과 글의 차이를 모르기에 빚어진 현상이다.

설교자가 말과 글의 차이를 안다면 설교는 글로부터 시작해 말(선포)로 마친다. 설교에서는 말보다 글이 앞선다. 글을 바탕으로 강단에서 말을 한다. 글이 말보다 앞서므로 글이 더 중요하다. 말과 글의 특징만 살펴봐도 글이 더 중요하다는 것을 알 수 있다. 배식한과 석기용의 『비판적 사고와 토론』에서는 말과 글의 특징을 대조해 아래와 같이 차이를 설명한다.[298]

말	글
상황 의존적	상황 독립적
즉각적, 감정적	비판적, 이성적
단기적, 단편적 사고	장기적, 체계적 사고

말은 상황 의존적이고 즉각적이다. 따라서 감정에 쉽게 휩쓸린다. 글은 기술되는 내용과 거리를 두고서 냉정하게 사태를 음미하면서 비판적, 이성적 독해를 가능케 한다. 말과 글은 같은 듯 보이지만 큰 차이가 난다. 설교자가 이 차이를 안다면 글이 말보다 먼

저라고 생각해 글을 쓴 다음에 말로 설교하려 들 것이다.

설교에서 글이 먼저라면 설교자는 설교 글을 쓸 줄 알아야 한다. 글을 쓰기 위해 스스로 글쓰기 훈련을 하든지, 전문가로부터 글쓰기 훈련을 받아야 한다. 신학교부터 하면 좋지만, 그럴 환경이 안 되면, 졸업 후에 가장 먼저 글쓰기 훈련부터 해야 한다. 특히 이미지 시대에는 이미지 글을 쓰는 훈련이 모든 것보다 앞서야 한다.

챗GPT가 등장해 인공지능이 글을 써 주니 직접 글을 쓸 필요가 없다. 챗GPT가 글을 쓰므로 낯섦이 강조되는 시대에는 글쓰기가 더 중요하다.

사람들은 좋은 정보를 구별하고, 좋은 글을 써야 한다. 미국 매사추세츠대학 경제학과 교수인 데이비드 오터는 이렇게 말한다. "자동화와 인공지능이 초래한 미래 일자리 경쟁에서 살아남으려면 읽기, 쓰기, 말하기, 분석하기가 매우 중요하다. 분석적으로 생각하고 데이터를 논리적으로 사용하고, 효과적으로 소통하는 능력을 길러야 한다." 그는 자동화와 인공지능 시대에서 글쓰기 능력을 배양해 효과적으로 소통하는 능력을 기르는 것이 더 중요하다고 한다.

자동화와 인공지능 시대에 글쓰기 능력이 중요하다면 교회는 설교자 교육에 투자를 많이 해야 한다. 그중 먼저 할 교육이 바로 글쓰기다. 잭 트라우트, 앨 리스는 『포지셔닝』에서 '가장 먼저 할 일은 설교자를 훈련시키는 일이다'[299] 라고 한다. 설교자가 글쓰기 훈련을 받지 않으니 잭 트라우트는 '오늘날 최고의 연설가는 교회가 아닌 일요일 아침 텔레비전 화면에서 볼 수 있다'[300] 고 한다.

이미지 시대에 설교자는 묘사, 비유 등 이미지 글을 쓸 수 있는 훈련을 해야 한다. '매끄러운 비유를 사용하기 위해서는 서로 다른 둘 사이에 있는 가장 핵심적인 공통점을 뽑아내야 하고, 이를 주장과 매끄럽게 연결시켜야 한다. 비유라는 까다로운 무기는 결국 훈련을 통해서만 제대로 휘두를 수 있다.'[301]

이미지 글쓰기 훈련을 통과하면, 최고의 연설가를 일요일 아침 텔레비전 화면에 빼앗기지 않을 수 있다. 다시 설교자의 설교를 듣기 위해 설교를 떠났던 청중이 교회에 관심을 갖고 모여드는 모습을 볼 수 있을 것이다.

설교자는 신학 훈련 이후 인문학 훈련을 받아야 한다

설교자가 신학교를 졸업하자마자 받아야 할 훈련은 '설교 글쓰기' 훈련이다. 설교자들은 여전히 신학 훈련에 관심이 지대하다. 신학교는 신학 연장 교육을 통해 신학 훈련만 주야장천 한다. 연장 교육은 달라야 하는데 다르지 않다. 계속적으로 신학 훈련만 강조하고 신학 훈련만 한다. 이는 신학교의 한계를 뚜렷하게 보여준다.

계속적인 신학만의 훈련은 청중, 세상과의 소통에 서툰 설교자만 양성할 뿐이다. 반지성적인 설교자만을 양산할 뿐이다. 교회라는 우물에서 세상과 소통할 줄 모르는 우물 안 개구리만 만들 뿐이다.

설교자가 신학 훈련을 통해 하나님을 알았다면 그다음은 사람과 세상을 알기 위해 인문학 훈련을 해야 한다. 산으로 올라간 불교는 사람과 세상을 알려고 한다. 불교도 그렇다면, 우리는 더 많이 사람과 세상을 알려고 해야 한다. 거꾸로 우리는 오직 하나님만 알면 다 된다고 침을 튀며 말한다. 이런 강조가 날개 하나만 달고 날라고 하는 가르침과 뭐가 다른가?

김형석 교수는 백성호 「중앙일보」 종교전문기자의 연재 '백성호의 현문우답' 인터뷰에서 인문학적 소양의 중요성을 도산 안창호 선생과 목회자 설교를 비교하며 이렇게 말한다.[302]

"목사님들은 설교할 때 주로 교회 이야기만 했다. 교리 중심의 교회주의다. 도산 선생은 달랐다. '하나님이 우리를 사랑하신다. 우리도 서로 사랑하자'며 진리를 이야기했다. 예수님도 진리를 이야기했지, 교회 걱정은 하지 않았다. 도산 선생은 설교에서 민족과 국가, 그리고 하나님 나라를 이야기했다."

백성호 종교전문기자가 던진 '둘은 왜 다른 건가'라는 질문에 그는 이렇게 대답한다. "인문학적 소양이 있는 사람은 교회주의를 넘어선다. 문학이나 철학, 역사를 공부하면 기독교 신앙을 인간학적으로 이해할 수 있다. 그래서 이성적으로 판단하고, 양심적으로 판단하니까 교회주의를 뛰어넘게 된다. 반면 문학도 철학도 역사도 모르는 사람은 교회 안에 머문다. 진리가 신앙이 아니라 교리가 신앙이 되고 만다. 결국 교회주의에 빠지게 된다."

신학은 청중에게 교리가 신앙이라고 가르친다. 그런 가르침으로 설교자는 교회주의에 빠진다. 교회주의는 교회 자체는 문제가 없다는 생각이다. 교회는 교리를 절대시한다. 교리는 오류가 없다는 생각으로 모든 것을 판단한다. 그런 사상은 설교자에게까지 이어진다. 설교자는 자신이 하는 설교는 완전무결하다고 생각한다.

설교자를 가르치면서 어느 누구에게도 자신이 설교를 못한다는 말을 들어본 적 없다고 한다(글쓰기로 보면 설교를 못하는데…). 이는 교회주의에 빠져 잘한다는 착각 때문이다. 그것을 깨는 것은 하나님의 회초리가 아니다. 바로 인문학이다. 교회주의 병에 걸리면 다른 학문이 들어올 통로를 완벽히 막아 버린다. 한국 교회가 그런 모습은 아닌가? 심각하게 생각해야 한다. 인문학이 들어오면 반대의 생각을 하게 되므로 자신을 정확하게 볼 수 있다.

검찰주의라는 말이 있다. 이것은 검찰은 선악을 판단할 때 웬만하면 오류가 없다고 생각하는 엘리트주의다. 일부는 잘못이 있더라도 검찰은 잘못이 없다고 생각한다. 교회주의도 검찰주의와 같이 되고 있다. 교회에 문제가 있어도 교리에 비춰서 문제가 없으면 된다고 생각한다. 판단 기준이 교리로 묶여 있으니 교리 외에는 기준이 없다. 그러면 성경도 교리에 밀려 판단 기준이 되지 못한다.

21세기에 맞지 않을 뿐더러 한국 교회를 추락으로 몰아가는 교회주의에서 벗어나려면 인문학을 받아들여야 한다. 천주교가 교리에 함몰되어 잘못된 교리를 진리처럼 만들었기에 마르틴 루터의 종교개혁이 필요했다.

한국 교회는 교회주의에서 벗어나야 한다. 교회주의에서 벗어나게 함에 있어 인문학 소양을 보태면 차츰 달라질 수 있다.[303] 항상 회초리는 내부가 아니라 외부로부터 온다.

설교자의 문제 중 하나는 신학적인 정립이 되어 있지 않은 것이다. 이보다 더 심각한 것은 인문학 소양 부족이다. 세상은 교회와 소통이 되지 않는다고 말한다. 교회를 향한 세상의 이런 판단은 교회주의에 빠져 있기에 그렇다. 설교자의 소양이 세상 리더보다 부족하기에 그렇다. 교회는 기필코 교회주의를 넘어서야 한다. 이를 위해 외부 회초리인 인문학의 도움을 받아야 한다.

과거는 교회 중심, 설교자 중심이었다. 이때는 일방적인 시대였기에 신학만으로 가능했다. 지금은 쌍방적인 시대다. 설교도 설교자보다 청중과 세상에 의해 결정되는 시대다. 설교자에게는 세상과 사람을 알기 위해 인문학 교육이 절실하다.

조화를 이루는 설교자가 되기 위해 인문학 중에서 문학의 도움을 받아야 한다. 이미지 시대는 언어 능력이 더욱 중요하다. 하버드대학교 학생에게 자기소개서를 가르친 글쓰기 코치인 토머스 리처드는 언어 능력이 미래 가치가 된다며 다음과 같이 말했다.

"업무에서 유리한 성과를 내는 이에게 두드러지는 것이 언어 능력이다. 그래서 기업들이 지원자의 언어 실력을 최대한 명확하게 측정해서 그 사람의 미래 가치를 판단하려 한다."

내러티브 시대, 이미지 시대에 설교자에게 문학적 소양은 더 중요해지고 있다. 문학은 인간의 내면을 성찰토록 도와준다. 인간의 내면, 인간이 무엇을 느끼고 생각하는가를 알려면 문학을 탐독해야 한다. '성경 안에서는 온갖 종류의 문학이 다 들어있다. 이야기, 시, 잠언, 노래, 비유, 상징, 드라마, 역설, 풍자 등등. 따라서 성경의 숨은 보화를 캐내려면 다양한 문학 장르들을 알고 접근해야 한다.'[304]

인문학, 문학, 그리고 신학이 조화를 이룰 때가 지금이다. 설교자가 이 세 분야의 조화를 이룬다면 교회는 하나님께 희망을 줄 것이고, 그렇지 않다면 희망은 사그라들 것이다.

이미지 문장은 행동 변화를 일으킨다

의사소통 방법에는 두 종류가 있다. 언어적 의사소통과 비언어적 의사소통이다. 비언어적 의사소통에는 신체언어, 얼굴 표정, 몸짓 등이 있다. 소통에 있어 언어적 소통도 중요하지만 비언어적 소통은 더 중요하다. 이것은 언어적 소통이 35%, 비언어적 소통이 65%를 차지하는 것으로 알 수 있다. 언어로 소통할 때 효과적인 것이 이미지로의 소통이다. 이미지 소통은 비언어적 소통처럼 효과 면에서 탁월하다.

우리는 청각언어와 시각언어로 의사를 전달한다. '인간은 자신의 의사를 남에게 전달하는 데 있어서 크게 청각언어와 시각언어라는 2가지 방법을 취하게 된다. 장구한 세월 동안 인간의 전달 방법은 청각언어를 위주로 하고 다른 촉각적 또는 시각적 방법은 부수적으로 사용되었다. 그러나 오늘날 시각 전달의 중요성은 날로 커지고 있다. 대도시의 안내시스템을 비롯해서 광고포스터, 브로슈어, TV 영상 등은 문자언어와 더불어 분명하고 신속한 정보의 전달 수단이 되고 있는 것이다.'[305]

예수님은 비언어적 요소, 시각언어인 이미지로 설교하셨다. 즉, 이미지의 언어인 비유를 사용했다. 이제 설교자가 이미지 언어를 사용해야 한다. 예수님처럼 이미지 언어를 사용해 청중을 하나님의 사람으로 변화시켜야 한다.

이미지가 대세가 된 디지털, 인공지능 시대다. 설교는 영상, 그림, 사진을 조금 사용하지만 주로 언어로 한다. 언어로 하려면 묘사, 은유, 비유 등을 통해 이미지로 소통해야 한다. 워렌 W 위어스비는『상상이 담긴 설교』에서 '지난 수십 년간 의미론 학자들이 주장해 왔듯이, 단어에는 의미가 없다. 의미는 단어를 쓰는 사람에게 있다'며 이미지 문장을 쓰는 사람에게 집중한다.[306]

단어에는 의미가 없지만 문장에는 의미가 있다. 글을 쓴다는 것은 문장을 쓴다는 것이다. 문장을 쓰되, 할 수만 있다면 문학가처럼 이미지 문장을 써야 한다.

문학은 이미지 글쓰기에 최상의 도움 창구다. 이미지 글로 청중을 하나님의 사람으로 변화시켜야 한다. 설교자가 이미지 문장을 쓰는 목적이 있다. 첫째, 설교자의 변화다. 둘째, 청중의 변화다.

설교자가 이미지 문장을 씀으로 청중이 설교를 통해 하나님이 어떤 분인지를 똑똑하게 보도록 만들어야 한다. 설교가 보이면 청중은 설교 문장을 통해 변화의 행동이 일어난다. '문장이란 읽히기 위해 쓰는 것이 아니라 행동을 일으키기 위해 쓰는 것이다.'[307] 문장이 행동을 일으킨다면, 설교자는 자신과 청중을 변화시키기 위해 이미지 글을 써 청중의 행동 변화를 일으켜야 한다.

신학교는 글쓰기 교육을 강화할 수 있을까?

15년째 설교자 글쓰기로 설교 훈련을 하고 있다. 필자의 경험으로 신학교는 글쓰기 교육에 거의 관심이 없다. 조금씩 관심을 가져볼까 생각하고 있다고 느낄 정도다.

신학교는 전부터 오직 성경의 바른 해석 외에는 관심이 없다. 누군가 이런 말을 한다. "지금 시점에 한국 교회에는 교리만 남았다." 교리를 전부로 여기니 교리 외에는 관심이 없다. 과거에는 교리로 대응할 수 있는 이단과의 전쟁이 있었다. 이젠 세상과 전쟁을 치러야 한다. 세상과 전쟁을 치를 무기는 교리로 되지 않는다. 세상보다 탁월한 글일 때 대응 무기가 된다.

설교는 필드인 강단에서 완성된다. 강단에서 완성시키려면 교실에서 완성된 글이 있어야 한다. 교실에서 쓴 글이 있을 때 강단에서 완성된 작품을 펼칠 수 있다.

2000년 초반에 만들어진 닥스(Daks) 광고에는 미국의 유명 골프 선수인 커티스 스트레인지가 모델로 나온다. 광고 내용은 이렇다.[308] '골프는 자기와의 싸움이라고도 하고, 골프에서 이기고 지는 것은 마음가짐의 몫이라고 합니다. 그 수많은 경기를 하면서 저는 필드에서 그 말들을 경험하고 새롭게 배웁니다. 승리했을 때, 저는 필드에 있었고, 패배했을 때, 그때도 저는 필드에 있었습니다. 저는 저의 삶을 필드에서 시작했고 필드에서 완성하며 살아갈 것입니다. 저는 골퍼니까요.'

골퍼는 필드에서 시작하고 필드에서 완성한다. 설교는 설교자의 서재에서 시작하고, 설교자의 강단에서 전달되며, 청중의 삶의 현장에서 완성된다. 강단으로부터 전달된 설교가 청중의 삶의 현장에서 완성되려면 서재에서 청중을 설득하고, 감동을 주고, 행동을 변화시킬 수 있는 무기를 장착해야 한다.

과거의 설교는 청중 설득에 그 목적이 있었다. 이미지 시대에는 설득을 지나 청중의 행동 변화에 그 목적이 있다. 행동의 변화에 목적이 있다면 먼저 이미지 글로 청중을 감동시켜야 한다. 감동은 하나님 말씀, 설교자, 청중의 교감에서 온다. 이미지 글은 교감의 일등 공신이다.

안도현은 시의 감동은 일차적으로 시인과 독자와의 교감에서 온다며 다음과 같이 서술했다. '모든 감동은 교감에서 나온다. 시의 감동은 일차적으로 시인과 독자와의 교감, 즉 소통 위에서 이루어진다. 그러나 소통이 이루어졌다고 해서 모든 시가 다 울림을 갖는 것은 아니다. 허망한 소통보다는 고독한 단절이 오히려 서로를 행복하게 할 때도 있으니까 말이다.'[309]

시가 시인과 독자와의 교감으로부터 이루어지듯이, 설교도 청중과의 교감을 통해 감동을 줄 수 있다. 감동을 주는 글은 다른 글이 아닌 이미지 글이다.

설교자는 세상의 리더다. 세상에 글을 못 쓰는 리더는 없다. 예외 되는 분야가 설교라는 말을 들은 적 있다. 서구 유럽이나 미국의 대학 교육은 글쓰기 교육이 중심에 있다. 하버드대학교의 글쓰기 프로그램인 '익스포스(Expos)'는 미국에서 가장 오래된 논증적 글쓰기 프로그램으로 알려져 있다. 하버드에 입학한 학생이라면 누구나 해당 글쓰기 교과목을 수강해야 하고, 이외에도 거의 모든 과목에서 글쓰기 과제가 나가고 있다. 예일대학교의 경우에는 무려 11개의 '글쓰기 세미나(Writing Semimar)'가 진행되고 있으며, 영국의 옥스퍼드와 케임브리지대학교에서는 전(全) 교과를 글쓰기와 연계하는 방식으로 수업이 이루어지고 있다.

한국 신학교육은 교리 교육이다. 리더가 되려면 교리 교육 못지않게 글쓰기 교육을 중심에 두어야 한다. 인풋보다 중요한 교육이 아웃풋 교육이다. 아웃풋 교육의 백미는 글쓰기다.

신학교육은 집어넣는 인풋(in-put)교육이다. 글쓰기 교육은 들은 것을 빼내는 아웃풋(out-put) 교육이다. 즉, 어떤 작품을 만들어내는 교육이다.

아무리 많이 집어넣어도 만들어내지 못하면 강단에서 허둥대기 바쁘다. 한국의 좋은 대학들을 비롯해 세계의 명문 대학들이 글쓰기 교육에 진심이듯이, 신학교육의 중심에 글쓰기 교육이 있어야 한다.

신학교는 글쓰기 교육을 안 하는가? 못 하는가? 신학교가 지적인 면에서는 일반 대학에 많이 뒤떨어지니 글쓰기 교육을 할 엄두도 내지 못하는 것은 아닐까? 세계 명문대학교와 한국의 명문대학교가 글쓰기 교육을 중심에 두는 것은 지적인 면에서 최상이기 때문인가? 그들이 글쓰기 교육을 시키는 이유는 학생들을 사회의 리더로 키우기 위함이다. 신학교는 교회에서만의 리더면 충분하다고 생각하는 걸까?

신학교는 하루라도 빨리 글쓰기 교육을 중심에 두어야 한다. 글쓰기는 지적인 것의 총합이다. 설교자가 글을 잘 쓸 때, 한국 교회의 미래는 밝다. 설교자는 사회의 리더다. 교회의 희망이다. 교회의 답이다. 교회의 희망이자 답인 설교자는 시대가 요청하는 이미지 문장 쓰기에 달인이 돼야 한다.

신학교는 변할 것인가? 신학교는 글쓰기 교육을 강화할 것인가? 라는 질문을 던지며 이 책을 마무리한다.

이미지 글쓰기!

영상의 시대, 이미지 시대에 설교자가 통과해야 할 숙명과 같다. 설교자는 이미지 언어의 시대에 이미지 글쓰기로 청중의 지성과 감정에 부딪히게 해야 한다. 그럴 때 청중이 설교를 듣고 변화가 일어난다. 그 변화의 물결은 말씀으로 사회를 뒤덮을 수 있다.

아트설교연구원 대표, 김도인 목사가 설교자가 이미지 글을 쓸 줄 알길 원하는 절절한 마음을 담고….

주

1   이경은,『이경은의 글쓰기 강의노트』, 선우미디어, 2021, p. 82.

2   김정석,『팔리는 콘텐츠의 비밀 (ft.스토리텔링)』, 생각정거장, 2019, p. 185.

3   김윤배, 최영길,『시각이미지 읽고 쓰기』, 미담북스, 2005, pp. 1-14.

4   김정석,『팔리는 콘텐츠의 비밀 (ft.스토리텔링)』, 생각정거장, 2019,
    pp. 222-223.

5   같은 책, p. 188.

6   이외수,『글쓰기의 공중부양』, 해냄, 2007, p. 171

7   '예수께서 이 모든 것을 무리에게 비유로 말씀하시고 비유가 아니면 아무것도
    말씀하지 아니하셨으니'(마 13:34).

8   권대근,『문장가로 가는 길』, 에세이문예사, 2022, p. 209.

9   같은 책, p. 208.

10 론 로젤,『소설쓰기의 모든 것 2 : 묘사와 배경』, 다른, 2018, p. 89.

11 이장연,『청중분석과 설교』, 크리스챤출판사, 2006, p. 15.

12 최윤아, 『뽑히는 글쓰기』, 스마트북스, 2017, p.117.

13 론 로젤, 『소설쓰기의 모든 것 2 : 묘사와 배경』, 다른, 2018, p.98.

14 김용규, 김유림, 『은유가 만드는 삶』, 천년의상상, 2023, p. 137.

15 후지요시 유타카, 오가와 마리코, 『결국은 문장력이다』, 앤페이지, 2022, pp. 58-59.

16 바버라 베이그, 『하버드 글쓰기 강의』, 에쎄, 2011, pp. 144-145.

17 김윤배, 최영길, 『시각이미지 읽고 쓰기』, 미담북스, 2005, pp. 1-4.

18 박진환, 『당신도 시인이 될 수 있다』, 자유지성사, 2000, p. 69.

19 이미지는 인간이 가진 상상력에서 생긴다. 상상력의 단어인 'imagine'는 'image'에 접미사 '-action'가 붙으므로 상상력과 이미지는 깊은 관련이 있다.

20 박진환, 『당신도 시인이 될 수 있다』, 자유지성사, 2000, p. 107.

21 같은 책, p. 105.

22 임현정, 『당신에게 베토벤을 선물합니다』, 페이스메이커, 2020, p. 34.

23 김난도 외 10인, 『트렌드코리아 2024』, 미래의창, pp. 13-14.

24 조동범, 『묘사』, 모악, 2017, p. 96.

25 같은 책, p. 97.

26 같은 책, p. 97.

27 김용규, 김유림, 『은유란 무엇인가』, 천년의상상, 2023, p. 107.

28 같은 책, p. 107.

29 조동범, 『묘사』, 모악, 2017, p. 98.

30 같은 책, pp. 93-95.

31 워렌 W 위어스비, 『상상이 담긴 설교』, 요단출판사, 1997, p. 32.

32 조동범, 『묘사』, 모악, 2017, p. 95.

33 연지원, 『교양인은 무엇을 공부하는가』 28쪽에서는 융합을 이렇게 설명한다. '융합(融合)'은 기막히게 멋진 단어입니다. 통합과 융합은 비슷하게 보이지만 다

른 개념이죠. 통합은 모아서 합친다는 뜻이지만 융합은 그 이상을 뜻합니다. 서로 녹아 구별이 없어질 정도로 합해지거나 또는 둘 이상이 합쳐져 하나의 통일된 감각을 일으키는 것이 융합입니다. 융합이라고 할 때의 한자어 '融'은 화(和)하다는 뜻입니다. 화(和)는 서로 뜻이 맞아 사이좋은 상태가 됨을 일컫고요. 여러 가지를 대충 모아둔다고 융합이 되지는 않습니다. 서로 맞는 부분들이 어우러져야 융합이 일어납니다.'

34   세미오시스 연구센터, 『이미지, 문자, 해석』, 한국외국어대학교출판부 지식출판원(HUINE), 2013, p. 86.

35   김윤배, 최영길, 『시각이미지 읽고 쓰기』, 미담북스, 2005, pp. 2-3.

36   신동일, 『미학적 삶을 위한 언어감수성 수업』, 필로소픽, 2023, p. 54.

37   조윤경, 『보는 텍스트, 읽는 이미지』, 그린비, 2012, p. 65.

38   조동범, 『상상력과 묘사가 필요한 당신에게』, 삼인, 2019, p. 103.

39   같은 책, p. 104.

40   김진규, 『히브리 시인에게 설교를 배우다』, 생명의말씀사, 2015, p. 228.

41   데이비드 고든, 『우리 목사님은 왜 설교를 못할까』, 홍성사, 2013, p. 13.

42   같은 책, p. 22.

43   같은 책, p. 228.

44   같은 책, p. 229.

45   월터 브루그만, 『텍스트가 설교하게 하라』, 성서유니온선교회, 2012, p. 55.

46   김진규, 『히브리 시인에게 설교를 배우다』, 생명의말씀사, 2015, p. 147.

47   같은 책, p. 229.

48   같은 책, pp. 12-13.

49   같은 책, p. 13.

50   같은 책, p. 47.

51   데이비드 고든, 『우리 목사님은 왜 설교를 못할까』, 홍성사, 2013, p. 55.

52 조윤경, 『보는 텍스트, 읽는 이미지』, 그린비, 2012, p. 65. p. 101.

53 조동범, 『상상력과 묘사가 필요한 당신에게』, 삼인, 2019, p. 144.

54 박진환, 『당신도 시인이 될 수 있다』, 자유지성사, 2000, p. 106.

55 같은 책, p. 69.

56 조동범, 『묘사 | 시인수업 6』, 모악, 2017, p. 101.

57 한병철, 『서사의 위기』, 다산초당, 2023, p. 7.

58 월터 브루그만, 『텍스트가 설교하게 하라』, 성서유니온선교회, 2012, p. 70.

59 이경은, 『이경은의 글쓰기 강의노트』, 선우미디어, 2021, pp. 84-85.

60 조윤제, 『말공부』, 흐름출판, 2014, pp. 157-158.

61 유영만, 『폼 잡지 말고 플랫폼 잡아라!』, 모루, 2022, p. 173.

62 워렌 W 위어스비, 『상상이 담긴 설교』, 요단출판사, 1997, p. 27.

63 같은 책, pp. 28-29.

64 김난도 외 10인, 『트렌드코리아 2024』, 미래의창, 2023, p. 213.

65 같은 책, p. 26.

66 같은 책, p. 31.

67 잭 트라우트, 앨 리스, 『포지셔닝』, 을유문화사, 2021, p. 329.

68 존 어데어, 『위대한 리더들 잠든 시대를 깨우다』, 미래의창, 2006, p. 21.

69 조동범, 『묘사』, 모악, 2017, p. 19.

70 김진규, 『히브리 시인에게 설교를 배우다』, 생명의말씀사, 2015, pp. 336-337.

71 마크 도티, 『묘사의 기술』, 엑스북스, 2022, p. 12.

72 조동범, 『묘사』, 모악, 2017, p 23.

73 같은 책, p. 6.

74 조동범, 『상상력과 묘사가 필요한 당신에게』, 삼인, 2019, p. 31.

75 같은 책, p. 19.

76 이정일, 『문학은 어떻게 신앙을 더 깊게 만드는가』, 예책, 2020, P. 170.

77   한병철, 『서사의 위기』, 다산초당, 2023, pp. 94-95.

78   같은 책, p. 6.

79   조동범, 『상상력과 묘사가 필요한 당신에게』, 삼인, 2019, p. 196.

80   같은 책, p. 26.

81   워렌 W 위어스비, 『상상이 담긴 설교』, 요단출판사, 1997, pp. 33-34.

82   한병철, 『서사의 위기』, 다산초당, 2023, p. 135.

83   같은 책, p. 135.

84   리사 크론, 『스토리만이 살길』, 부키, 2022, p. 91.

85   김진규, 『히브리 시인에게 설교를 배우다』, 생명의말씀사, 2015, p. 33.

86   한병철, 『서사의 위기』, 다산초당, 2023, p. 19.

87   조동범, 『상상력과 묘사가 필요한 당신에게』, 삼인, 2019, p. 30.

88   권대근, 『문장가로 가는 길』, 에세이문예사, 2022, p. 88.

89   조동범, 『상상력과 묘사가 필요한 당신에게』, 삼인, 2019, p. 26.

90   이정일, 『문학은 어떻게 신앙을 더 깊게 만드는가』, 예책, 2020, p. 169.

91   조동범, 『묘사』, 모악, 2017, p. 23.

92   한병철, 『서사의 위기』, 다산초당, 2023 p. 14.

93   김도인, 『설교를 통해 배운다』, 기독교문서선교회, 2018, p. 33.

94   조동범, 『상상력과 묘사가 필요한 당신에게』, 삼인, 2019, p. 31.

95   권대근, 『문장가로 가는 길』, 에세이문예사, 2022, pp. 87-88.

96   김은정, 『창의적 글쓰기와 명저 읽기』, 양성원, 2022, p. 50.

97   권대근, 『문장가로 가는 길』, 에세이문예사, 2022, p. 88.

98   봉은희, 『'스토리 셰프' 봉 작가의 맛있는 글쓰기 레시피』, 벗나래, 2022, p. 106.

99   조동범, 『상상력과 묘사가 필요한 당신에게』, 삼인, 2019, pp. 28-30.

100 같은 책, p. 19.

101 박진환, 『당신도 시인이 될 수 있다』, 자유지성사, 2000, p. 242.

102 https://blog.naver.com/PostView.naver?blogId=xy3965297&log
No=221001722970(2023년 8월 30일 접속)

103 권대근, 『문장가로 가는 길』, 에세이문예사, 2022, p. 39.

104 조동범, 『상상력과 묘사가 필요한 당신에게』, 삼인, 2019, pp. 21-23.

105 같은 책, p. 22.

106 론 로젤, 『소설쓰기의 모든 것 2』, 다른, 2018, pp. 203-204.

107 시편 1편 1-3절.

108 시편 1편 4-6절.

109 마크 도티, 『묘사의 기술』, 엑스북스, 2022, pp. 48-49.

110 조동범, 『상상력과 묘사가 필요한 당신에게』, 삼인, 2019, p. 24.

111 같은 책, p. 25.

112 같은 책, p. 22.

113 같은 책, p. 19.

114 같은 책, p. 40.

115 같은 책, p. 12.

116 조동범, 『묘사』, 모악, 2017, p 15.

117 마크 도티, 『묘사의 기술』, 엑스북스, 2022, p. 85.

118 조동범, 『상상력과 묘사가 필요한 당신에게』, 삼인, 2019, p. 24.

119 조동범, 『묘사』, 모악, 2017, p 11.

120 같은 책, pp. 15-16.

121 같은 책, p. 58.

122 같은 책, p. 15.

123 마크 도티, 『묘사의 기술』, 엑스북스, 2022, p. 18.

124 샌드라 거스, 『묘사의 힘』, 월북, 2021, p. 25.

125 론 로젤, 『소설쓰기의 모든 것 2』, 다른, 2018, p. 122.

126 같은 책, p. 11.

127 같은 책, p. 120.

128 캐런 스왈로우 프라이어, 『소설 읽는 신자에게 생기는 일』, 무근검(남포교회출판부), 2022, p. 332.

129 샌드라 거스, 『묘사의 힘』, 윌북, 2021, pp. 37-45.

130 김도인, 『설교는 글쓰기다』, 기독교문서선교회, 2019, p. 99.

131 제임스 스콧 벨, 『소설쓰기의 모든 것 1』, 다른, 2018, p. 356.

132 같은 책, pp. 245-246.

133 같은 책, p. 13.

134 같은 책, pp. 14-15.

135 조단 로젠펠드, 『손에 땀을 쥐게 하는 이야기 쓰는 법』, 아날로그(글담), 2022, pp. 384-385.

136 샌드라 거스, 『묘사의 힘』, 윌북, 2021, p. 45.

137 론 로젤, 『소설쓰기의 모든 것 2』, 다른, 2018, P. 126.

138 같은 책, p. 18.

139 조동범, 『상상력과 묘사가 필요한 당신에게』, 삼인, 2019, p. 29.

140 권대근, 『문장가로 가는 길』, 에세이문예사, 2022, p. 109.

141 강원국, 『강원국의 글쓰기』, 메디치미디어, 2018, pp. 222-223

142 정홍섭, 『영어공부와 함께한 삶의 지혜를 찾는 글쓰기』, 좁쌀한알, 2015, p. 94.

143 마크 도티, 『묘사의 기술』, 엑스북스, 2022, p. 60.

144 한양대학교 교양국어교육위원회, 『글이 삶이다』, 한양대학교출판부, 2017, p. 142.

145 마크 도티, 『묘사의 기술』, 엑스북스, 2022, p. 18.

146 김상훈, 『10주, 글쓰기 완전 정복』, 카시오페아, 2017, p. 139.

147 박진환, 『당신도 시인이 될 수 있다』, 자유지성사, 2000, p. 242.

148 이정일,『나는 문학의 숲에서 하나님을 만난다』, 예책, 2022, p. 171.

149 론 로젤,『소설쓰기의 모든 것 2』, 다른, 2018, p.157-158.

150 템플 그랜딘,『템플 그랜딘의 비주얼 씽킹』, 상상스퀘어, 2023, p. 10.

151 모텐 H. 크리스티안센, 닉 채터,『진화하는 언어』, 웨일북, 2023, p. 94.

152 론 로젤,『소설쓰기의 모든 것 2』, 다른, 2018, p. 342.

153 F. 스콧 피츠제럴드의『위대한 개츠비』, 민음사, 2010, p. 274.

154 1910년대 미국의 삶을 이해하려면 시어도어 드라이저의『시스터 캐리』(1900)
를 읽어야 하고, 1930년대 미국의 삶을 이해하려면 존 스타인벡의『분노의 포
도』(1939)를 읽어야 한다.

155 조윤경,『보는 텍스트, 읽는 이미지』, 그린비, 2012, p. 22.

156 김용규, 김유림,『은유란 무엇인가』, 천년의 상상, 2023,p. 118.

157 조단 로젠펠드,『손에 땀을 쥐게 하는 이야기 쓰는 법』, 아날로그(글담), 2022,
pp. 402-404.

158 론 로젤,『소설쓰기의 모든 것 2』, 다른, 2018, p. 281

159 조윤경,『보는 텍스트, 읽는 이미지』, 그린비, 2012, p. 78.

160 김진규,『히브리 시인에게 설교를 배우다』, 생명의말씀사, 2015, p. 80.

161 같은 책, p. 34.

162 연지원,『교양인은 무엇을 하는가?』, 삼인, 2019, p. 55.

163 김진규,『히브리 시인에게 설교를 배우다』, 생명의말씀사, 2015, p. 172.

164 같은 책, pp. 42-43.

165 조윤경,『보는 텍스트, 읽는 이미지』, 그린비, 2012, p. 7.

166 김윤배, 최영길,『시각이미지 읽고 쓰기』, 미담북스, 2005, pp. 2-4.

167 김난도와 10인,『트렌드코리아 2024』, 미래의창, 2023, pp. 141-142.

168 조동범,『상상력과 묘사가 필요한 당신에게』, 삼인, 2019, p. 71

169 김정석,『팔리는 콘텐츠의 비밀 (ft.스토리텔링)』, 생각정거장, 2019, p. 26.

170 김용규, 김유림, 『은유가 만드는 삶』, 천년의상상, 2023, pp. 218-219.

171 조동범, 『상상력과 묘사가 필요한 당신에게』, 삼인, 2019, p. 73.

172 조단 로젠펠드, 『손에 땀을 쥐게 하는 이야기 쓰는 법』, 아날로그(글담), 2022, p. 376.

173 권대근, 『문장가로 가는 길』, 에세이문예사, 2022, p. 176.

174 워렌 W. 위어스비, 『상상이 담긴 설교』, 요단출판사, 1997, p. 34.

175 월터 브루그만, 『텍스트가 설교하게 하라』, 성서유니온선교회, 2012, p. 65.

176 바버라 베이그, 『하버드 글쓰기 강의』, 에쎄, 2011, p. 143.

177 워렌 W. 위어스비, 『상상이 담긴 설교』, 요단출판사, 1997, p. 146.

178 월터 브루그만, 『텍스트가 설교하게 하라』, 성서유니온선교회, 2012, pp. 69-70.

179 장경철, 『진작 이렇게 책을 읽었더라면』, 생각지도, 2020, p. 139.

180 워렌 W. 위어스비, 『상상이 담긴 설교』, 요단출판사, 1997, p. 34.

181 같은 책, p. 35.

182 박진환, 『당신도 시인이 될 수 있다』, 자유지성사, 2000, p. 77.

183 김윤배, 최영길, 『시각이미지 읽고 쓰기』, 미담북스, 2005, pp. 1-3.

184 마크 엘리엇, 『당신의 설교는 창조적입니까』, 그루터기하우스, 2001, p. 258.

185 같은 책, p. 262.

186 김진규, 『히브리 시인에게 설교를 배우다』, 생명의말씀사, 2015, p. 15.

187 박진환, 『당신도 시인이 될 수 있다』, 자유지성사, 2000, p. 257.

188 같은 책, p. 69.

189 김진규, 『히브리 시인에게 설교를 배우다』, 생명의말씀사, 2015, p. 79.

190 같은 책, p. 78.

191 바버라 베이그, 『하버드 글쓰기 강의』, 에쎄, 2011, p. 152.

192 이경재, 『심리청백전!』, 글과길, 2022, p. 82.

193 김진규, 『히브리 시인에게 설교를 배우다』, 생명의말씀사, 2015, p. 88.

194 박세니,『멘탈을 바꿔야 인생이 바뀐다』, 마인드셋, 2023, p. 28.

195 이경재,『심리학 청백전!』, 글과길, 2022, pp. 32-33.

196 워렌 W 위어스비,『상상이 담긴 설교』, 요단출판사, 1997, p. 43.

197 이경재,『심리학 청백전!』, 글과길, 2022, p.

198 최윤아,『뽑히는 글쓰기』, 스마트북스, 2017, p. 115.

199 이유미,『오늘로 쓴 카피 오늘도 쓴 카피』, 북스톤, 2023, p. 224.

200 최윤아,『뽑히는 글쓰기』, 스마트북스, 2017, p. 113.

201 박홍순,『말의 전쟁』, 웨일북, 2016, p. 68.

202 https://www.christiantoday.co.kr/news/354126(2023년 8월 16일 접속)

203 박진환,『당신도 시인이 될 수 있다』, 자유지성사, 2000, 173.

204 론 로젤,『소설쓰기의 모든 것 2』, 다른, 2018, p. 89.

205 박진환,『당신도 시인이 될 수 있다』, 자유지성사, 2000, p. 174.

206 신동일,『미학적 삶을 위한 언어감수성 수업』, 필로소픽, 2023, p. 53.

207 M. 산드라 페냐,『은유와 영상도식』, 한국문화사, 2006, p. 37.

208 같은 책, pp. 72-73.

209 마크 도티,『묘사의 기술』, 엑스북스, 2022, p. 127.

210 같은 책, pp. 127-128.

211 김도인,『설교는 글쓰기다』, 기독교문서선교회, 2019, p. 99.

212 론 로젤,『소설쓰기의 모든 것 2』, 다른, 2018, p. 98.

213 김윤배, 최영길,『시각이미지 읽고 쓰기』, 미담북스, 2005, pp. 10-23.

214 마크 도티,『묘사의 기술』, 엑스북스, 2022, pp. 126-127.

215 김용규, 김유림,『은유가 바꾸는 세상』, 천년의상상, 2023, p. 24.

216 마크 도티,『묘사의 기술』, 엑스북스, 2022, p. 127.

217 워렌 W 위어스비,『상상이 담긴 설교』, 요단출판사, 1997, p. 67.

218 박홍순,『말의 전쟁』, 웨일북, 2016, p. 229.

219 M. 산드라 페냐, 『은유와 영상도식』, 한국문화사, 2006, p. 1.

220 같은 책, pp. 18-19.

221 안토니오 스카르메타, 『네루다의 우편배달부』, 민음사, 2004, p. 27.

222 워렌 W 위어스비, 『상상이 담긴 설교』, 요단출판사, 1997, p. 126.

223 같은 책, pp. 126-127.

224 김용규, 김유림, 『은유란 무엇인가』, 천년의상상, 2023, pp. 31-32.

225 론 로젤, 『소설쓰기의 모든 것 2』, 다른, 2018, p. 180.

226 은유란 두 개의 의미를 견주어 새로운 의미를 만드는 수사의 하나다. 전혀 다른 의미가 서로 충돌하고 융합하면서 놀라운 의미를 창출하는 것이다. 그것은 흔히 차별성과 유사성의 개념으로 설명된다. 즉, 서로 차별되는 것들에 내재된 유사성을 길어 올리는 게 은유의 궁극적인 목적이다. 서로 다른 것들이라고 해서 다 다른 건 아니다. 은유는 새로운 의미망을 형성하기 위해 서로 다른 것들을 화해시키는 고도의 기술이라 할 수 있다. 가령 촛불과 연탄은 용도가 다르지만 똑같이 불꽃을 품고 있으며 자신의 몸을 송두리째 타자를 위해 사른다는 점에서 유사하다. 촛불과 사찰은 경건함을 같이 함의하고 있고, 연탄과 삼겹살과 소주는 서민의 애환이라는 관념과 내통하는 사이다. 이에 비해 차별성은 나는 너하고 다르다는 것을 인식하고 선언하는 데서 출발한다(안도현, 『그런 일』, 삼인, 2016, pp. 278-279.

227 안도현, 『그런 일』, 삼인, 2016, p. 262.

228 M. 산드라 페냐, 『은유와 영상도식』, 한국문화사, 2006, p. 54.

229 장석주, 『은유의 힘』, 다산책방, 2017, p. 29.

230 같은 책, p. 180.

231 같은 책, p. 30.

232 안도현, 『그런 일』, 삼인, 2016, p. 263.

233 장석주, 『은유의 힘』, 다산책방, 2017, pp. 30-31.

234 김진규,『히브리 시인에게 설교를 배우다』, 생명의말씀사, 2015, p. 128.

235 같은 책, p. 25.

236 박진환,『당신도 시인이 될 수 있다』, 자유지성사, 2000, p. 181.

237 https://blog.naver.com/pso164/222422083168(2023년 8월13일 접속)

238 김용규, 김유림,『은유가 바꾸는 세상』, 천년의상상, 2023, p. 25.

239 같은 책, p. 30.

240 같은 책, p. 38.

241 워렌 W 위어스비,『상상이 담긴 설교』, 요단출판사, 1997, p. 109.

242 같은 책, p. 59.

243 신동일,『미학적 삶을 위한 언어감수성 수업』, 필로소픽, 2023, p. 53.

244 워렌 W 위어스비,『상상이 담긴 설교』, 요단출판사, 1997, p. 113.

245 같은 책, p. 111.

246 김용규, 김유림,『은유란 무엇인가』, 천년의상상, 2023, p. 24.

247 신동일,『미학적 삶을 위한 언어감수성 수업』, 필로소픽, 2023, p. 62.

248 같은 책, pp. 51-52.

249 M. 산드라 페냐,『은유와 영상도식』, 한국문화사, 2006, p. 43.

250 같은 책, p. 63.

251 같은 책, p. 1.

252 워렌 W 위어스비,『상상이 담긴 설교』, 요단출판사, 1997, p. 110.

253 안토니오 스카르메타,『네루다의 우편배달부』, 민음사, 2004, p. 27.

254 같은 책, p. 28.

255 같은 책, P. 80.

256 같은 책, p. 82.

257 같은 책, p. 80.

258 같은 책, p. 63.

259 같은 책, p. 62.

260 안도현, 『그런 일』, 삼인, 2016, p. 278.

261 김용규, 김유림, 『은유가 바꾸는 세상』, 천년의상상, 2023, p. 137.

262 박홍순, 『말의 전쟁』, 웨일북, 2016, pp. 68-69.

263 워렌 W 위어스비, 『상상이 담긴 설교』, 요단출판사, 1997, pp. 111-113.

264 추교진, 『10일 안에 쓰고 100일 동안 고친다』, 바이북스, 2020, p. 83.

265 유영만, 『폼 잡지 말고 플랫폼 잡아라!』, 모루, 2022, p. 143.

266 김진규, 『히브리 시인에게 설교를 배우다』, 생명의말씀사, 2015, pp. 140-141.

267 워렌 W 위어스비, 『상상이 담긴 설교』, 요단출판사, 1997, p. 113.

268 샌드라 거스, 『묘사의 힘』, 윌북, 2021, p. 94.

269 김진규, 『히브리 시인에게 설교를 배우다』, 생명의말씀사, 2015, p. 20.

270 김혜순, 『김혜순의 말』, 마음산책, 2023, p. 129.

271 김용규, 김유림, 『은유가 만드는 삶』, 천년의상상, 2023, p. 239.

272 박홍순, 『말의 전쟁』, 웨일북, 2016, pp. 70-71.

273 조윤제, 『말공부』, 흐름출판, 2014, p. 177.

274 박홍순, 『말의 전쟁』, 웨일북, 2016, pp. 70-71.

275 김용규, 김유림은 『은유가 만드는 삶』, 천년의상상, 2023, p. 161.

276 김진규, 『히브리 시인에게 설교를 배우다』, 생명의말씀사, 2015, p. 35.

277 워렌 W 위어스비, 『상상이 담긴 설교』, 요단출판사, 1997, pp. 32-33.

278 유영만, 『폼 잡지 말고 플랫폼 잡아라!』, 모루, 2022, pp. 89-90.

279 같은 책, p. 89

280 김진규, 『히브리 시인에게 설교를 배우다』, 생명의말씀사, 2015, p. 17.

281 장정빈, 『고수의 설득법』, 올림, 2020, p. 156.

282 김진규, 『히브리 시인에게 설교를 배우다』, 생명의말씀사, 2015, p. 128.

283 김용규, 김유림, 『은유란 무엇인가』, 천년의상상, 2023, pp. 73-74.

284 김진규, 『히브리 시인에게 설교를 배우다』, 생명의말씀사, 2015, p. 268.

285 같은 책, p. 269.

286 같은 책, pp. 237-238.

287 박홍순, 『말의 전쟁』, 웨일북, 2016, p. 76.

288 같은 책, p. 224.

289 김진규, 『히브리 시인에게 설교를 배우다』, 생명의말씀사, 2015, p. 336.

290 같은 책, p. 51.

291 마크 도티, 『묘사의 기술』, 엑스북스, 2022, pp. 130-134.

292 조윤제, 『말공부』, 흐름출판, 2014, p. 177.

293 김용규, 김유림, 『은유란 무엇인가』, 천년의상상, 2023, p. 98.

294 같은 책, pp. 96-99.

295 잭 트라우트, 앨 리스, 『포지셔닝』, 을유문화사, 2021, p. 324. .

296 임현정, 『당신에게 베토벤을 선물합니다』, 페이스메이커, 2020, p. 138.

297 김난도 외 10인, 『트렌드 코리아 2024』, 미래의창, 2023, p. 173.

298 배식한, 석기용, 『비판적 사고와 토론』, 태학사, 2023, pp. 114-115.

299 잭 트라우트, 앨 리스, 『포지셔닝』, 을유문화사, 2021, p. 336.

300 같은 책, p. 336.

301 최윤아, 『뽑히는 글쓰기』, 스마트북스, 2017, p.117.

302 백성호, "17세 때 만난 도산 안창호…104세 김형석, 그때 인생 바뀌었다", 「중앙일보」, 2023년 10월 27일.

303 혹자는 이렇게 생각한다. '하나님만이 하신다.' 하나님은 이런 것에 침묵하실 확률도 크다는 것을 생각해야 한다. 결국 우리가 할 일 우리가 해야 한다. 우리가 만든 교회주의는 우리가 풀어야 한다.

304 워렌 W 위어스비, 『상상이 담긴 설교』, 요단출판사, 1997, p. 40.

305 김윤배, 최영길, 『시각이미지 읽고 쓰기』, 미담북스, 2005, pp. 2-3.

306 워렌 W 위어스비, 『상상이 담긴 설교』, 요단출판사, 1997, p. 369.

307 멘탈리스트 다이고, 『끌리는 문장은 따로 있다』, 반니, 2019, p. 23.

308 안도현, 『그런 일』, 삼인, 2016, p. 209.

309 같은 책, p. 176.

설교는 글쓰기다 3
– 들리는 설교에서 보이는 설교로

지은이 김도인

발행일 초판 1쇄 발행 2024년 3월 6일
발행인 김도인
펴낸곳 글과길

출판사 등록 제2020-000078호[2020.5.29.]
서울특별시 송파구 삼학사로 19길 5 3층
wordroad29@naver.com
편집 오현정
디자인 안영미
공급처 하늘유통
경기도 파주시 광탄면 분수리 350-3
전화 031—947-7777
팩스 0505-365-0691
©2024, Kim Do In allrights reserved
ISBN 979-11-984685-6-7 03230
값 20,000원